한국의 레지스탕스

작가의 일러두기

1. 책에 수록된 인용문은 최대한 원문을 그대로 발췌하고자 했다. 그러나 오늘날 잘 쓰지 않는 한자어나 표현은 독자가 이해하기 쉽도록 풀어 썼으며, 인용문이 너무 긴 경우는 중략하거나 적당히 요약했다.

2. 중국의 인명·지명은 원지음대로 적고 한자를 함께 표기했다. 다만 지명이 들어가는 조직명이나 사건명 등은 한자 그대로 썼다. 예) 상해→상하이(上海), 만주→만저우(滿洲), 상해파 고려공산당, 만주사변

3. 문장부호는 다음과 같이 통일했다. 책 『』, 논문·소제목 「」, 신문과 잡지 《》, 기사 〈〉

4. 책 내용의 많은 부분은 많은 선후배 역사가들의 주옥같은 연구 성과에 기대어 있다. 하지만 아쉽게도 전문 학술서가 아니다 보니 본문에 세세하게 출전을 달지 못하고 대신 책 말미에 참고한 문헌들의 목록을 달아놓았 다. 미흡하나마 감사의 마음을 전하고 싶다. 아무쪼록 이 책이 선배 역사가들의 소중한 연구 성과에 누가 되지 않기를 바란다.

한국의
레지스탕스

✕

야만의 시대와 맞선 근대 지식인의
비밀결사와 결전

조한성 지음

생각
정원

자유와 자유 아님이 갈리는 것은
개인의 자유를 속박하는 법이 어디에서 오느냐 하는 데 달렸다.
자유 있는 나라의 법은 국민의 자유로운 의사에서 오고
자유 없는 나라의 법은 국민 중 한 개인 또는 한 계급에서 나온다.

– 백범 김구

그들은 어떤 국가를 꿈꾸었는가?

대한제국의 종언

"한국의 현 제도는 치안을 유지하는 데 충분치 않고 의심과 걱정이 국내에 가득
하여 백성이 편안치 못하니, 공공의 안녕을 유지하고 민중의 복리를 증진하기 위
해서는 현 제도의 혁신이 불가피한지라. 짐은 한국 황제 폐하와 더불어 이러한
사태를 살피고 한국을 들어 일본 제국에 합병함으로써 시세의 요구에 응하는 것
이 부득이한 점이 있음을 고려하여 이에 영구히 한국을 제국에 병합케 하노라."

– 일본 천황의 칙령, 『조선총독부관보』, 1910년 8월 29일

1910년 8월 29일 대한제국이 멸망했다. 일본 천황은 대한제국이 더 이상
나라를 유지할 수 없으니 일본에 영구히 합병한다고 선언했다. 이로써 한
국은 일본의 식민지로 전락했고, 한국인들은 하루아침에 일본 제국주의의
신민臣民이 되었다. 5,000년 역사를 자랑하던 민족에게 치욕이자 최대 시련

이었다.

일제는 '동화주의同化主義'를 앞세워 미개한 한국을 문명화하겠다고 선언했지만, 세계에서 가장 악랄한 직접 통치로 한국인들을 통제하면서 한국 사회 전반을 종속화시켰다. 대한제국의 멸망은 단순히 한 왕조의 몰락만을 의미하지 않았다. 제국주의의 지배는 피지배국의 구성원 개개인의 삶까지 뒤흔들어놓기 때문이다. 일제 식민 치하에서 한국인들은 자유와 권리를 철저히 억압받고 차별당했다. 그리고 동화주의라는 미명하에 민족의 정체성까지 부정되기에 이르렀다.

한국 독립 투쟁사의 재구성

> 땅이 없으면 어떻게 먹을 것이며 나라가 없으면 어떻게 살 것인가. 나의 몸이 죽으면 어느 산에 묻고, 우리 아이가 자라면 어느 집에 살 것인가. 나는 모른다 하지 마라. 우리 재산을 내가 잊으면 어찌 저들이 빼앗아가지 않겠는가. 나는 무죄다 하지 마라. 우리 천직을 내가 버리는데 어찌 저들이 엿보지 않겠는가. (……) 눈물을 흘리며 궁천窮天의 치욕을 받겠는가. 아니면 힘을 길러 종국終局의 결과를 보겠는가.
>
> — 「경학사耕學社 취지서」

나라와 민족의 위기 앞에 자신이 가진 것을 모두 버리고 결연히 일어선 사람들이 있었다. 절망과 파괴의 시대적 한계를 뛰어넘어 창의적이고 이상적인 국가를 새로 열기 위해 치열하게 고뇌하고 명랑하게 투쟁했던 지성들. 그들에게 망국은 결코 영원한 것이 아니었다. 제2차 세계대전 당시 나치 독일에 맞서 싸웠던 유럽 각국의 레지스탕스처럼 근대 한국의 지식인들은 일제의 탄압에 깨지고 부서지기를 반복하면서도 결코 저항하기를 멈추지 않았다. 민족해방과 새 조국 건설을 위해 끝까지 투쟁하며 가슴 뛰는 삶을 살았던 강심장들, 바로 한국의 레지스탕스였다.

대한제국 말기 최초의 비밀결사 신민회新民會, 의병운동과 계몽운동의 접점에서 의협 투쟁을 열었던 대한광복회大韓光復會, 정의의 이름으로 암살 테러 전술을 본격화했던 의열단義烈團, 혁명의 기치 아래 공산주의국가 실현을 꿈꿨던 조선공산당朝鮮共産黨이 그들이다. 동맹 휴학과 대중 시위로 일제에 저항한 학생들의 비밀결사 성진회醒進會와 독서회 중앙부, 무장투쟁과 인민전선 결정으로 맞섰던 조국광복회祖國光復會, 광범한 민족통일전선을 결성하여 민족해방을 앞당기고 건국을 준비하고자 했던 조선건국동맹朝鮮建國同盟, 그리고 민족을 대표하는 정부로서 독립운동 최고기관이 되고자 했던 대한민국임시정부大韓民國臨時政府가 그들이다.

이 책에서 나는 한국의 독립운동사를 이해하는 방법의 하나로 일제 강점기에 존재했던 비밀결사 7개와 대한민국임시정부를 주목했다. 물론 이외에도 일제에 저항했던 단체들은 수도 없이 많았지만, 이들의 투쟁이 일제 강점기 저항운동의 각 국면을 가장 잘 대변한다고 생각하기 때문이다.

한국의 독립운동은 대한제국의 복원을 추구하는 복벽주의復辟主義·보황주의保皇主義에서 점차 공화주의共和主義로 발전했고, 민족주의가 강화되는 가운데 민족해방운동의 이념으로 아나키즘이나 공산주의 같은 사회주의 이념의 수용으로 나아갔다. 그리고 마지막으로 자본주의적 발전을 지향하는 민족주의 세력과 사회주의적 발전을 지향하는 사회주의 세력으로 나뉘어 한 편으로는 경쟁하고 다른 한 편으로는 협력하면서 민족해방을 위해 싸웠다. 7개 비밀결사와 대한민국임시정부는 이러한 한국 독립운동의 발전 과정을 여실히 보여준다. 각 조직의 의의와 활동 내용을 통해 한국의 저항사가 어떻게 변화하고 전개되었는지 살펴보게 될 것이다.

오직 자유를 위하여

"비록 달성하려는 방법은 달랐지만, 모든 조선인들은 오로지 두 가지를 열망하고 있었다. 독립과 민주주의. 실제로 그것은 오직 한 가지만을 원하는 것이었다. 자유. 자유란 말은 자유를 알지 못하는 사람들한테는 금덩어리처럼 생각되는 것이다. 어떤 종류의 자유든 조선인들에게는 신성한 것으로 보였던 것이다."

– 김산金山

오늘날 기준에서 한국 레지스탕스의 삶을 이해하기란 결코 쉬운 일이 아니다. 일제의 통치에 맞선다는 것은 자신의 생명까지 포함하여 자신이 가진 모든 것을 버려야 가능한 일이었다. 그들은 왜 목숨을 건 투쟁의 대열에 뛰어들었을까? 그 과정에서 그들은 무엇을 얻고자 했을까? 그들이 지키고자 했던 것은 무엇일까? 한국 레지스탕스의 삶을 추적하면서 내 머릿속을 떠나지 않았던 물음들이었다.

한국의 레지스탕스 가운데는 민족주의자도 있었고 공산주의자도 있었고 아나키스트도 있었다. 그들은 경우에 따라 서로 협력하기도 하고 갈등과 반목을 거듭하기도 했다. 하지만 사상과 상관없이 공통된 꿈이 하나 있었다. 자유! 그들은 자유를 쟁취하기 위해 투쟁의 대열에 나섰고, 그 과정에서 입헌주의와 근대 민주주의를 배우며 인간의 기본권과 자유 · 평등 이념을 학습했다.

그리고 새로운 나라를 꿈꾸기 시작했다. 어떤 이는 서방의 자유민주주의 국가를, 또 어떤 이는 소비에트 러시아의 공산주의국가를 모델로 삼았다. 그런데 어느 것을 모델로 삼든 간에 그들이 공통적으로 꿈꾸던 나라는 하나였다. 억압과 착취가 없는 나라, 인간의 기본권과 자유와 평등이 보장되고 입헌주의와 근대 민주주의의 가치가 지켜지는 나라였다.

나는 한국의 레지스탕스가 일제의 억압에 대항하여 어떻게 싸웠는지, 어떻게 싸우려 했는지 살펴볼 것이다. 그 과정에서 자연스럽게 그들의 꿈과 이상을 만날 테고, 그들이 얻고자 했던 것과 지키고자 했던 것, 그들이 세우고자 했던 나라의 모습들을 발견하게 될 것이다. 동시에 이것은 그들의 삶이 현재의 우리와 어떻게 연결되어 있는지를 확인하는 작업이 될 것이다. 왜냐하면 그들이 꿈꾸던 많은 것들은 경쟁과 합의, 선택과 배제의 과정을 거쳐 오늘의 우리를 규정하는 요소요소가 되었기 때문이다.

대한민국의 탄생

최근 한국 근현대사를 다루는 일부 학자들이나 정치가, 언론인들이 의도적으로 한국의 독립운동가들을 폄하하여 크게 논란이 된 적이 있다. 대한민국의 정통성을 대한민국의 '건국'에 두고 그 공로를 1948년 정부 수립에 참여한 인물들로 한정하려는 정치적 목적에서 나온 주장이었다. 이 과정에서 그들은 의도적으로 일제의 지배에서 해방된 '광복'의 의미를 단지 강대국에 의해 주어진 것으로 축소 해석하고, 당시 우리 민족은 어떤 국가를 세울지에 대해 전혀 준비하지 못했다고 호도했다.

그들의 논리에 의하면 독립운동가들의 목숨을 건 투쟁은 아무런 가치가 없는 것이 되고 만다. 그들은 독립운동가들의 투쟁이 민족해방에 아무런 기여도 하지 못했다고 생각하기 때문이다. 그들의 주장에 따르면 독립운동가들이 세웠던 무수히 많은 국가 수립 계획도 깡그리 없었던 사실이 되고 만다. 그들은 대한민국의 건국이 1948년 정부 수립에 참여한 세력들만의 공로라고 여기기 때문이다. 이 말은 정부를 수립한 '공로자'들이 어떤 준비도 없는 상황에서 누구의 도움도 받지 않고 건국에 성공했다는 주장과 같다. 또한 그들의 말대로라면 독립운동가들의 투쟁이나 해방은 대한민국의 정통성과 아무런 관련이 없다. 대한민국의 정통성은 오로지 1948년 건국 그 자체에 있기 때문이다. 그러나 안타깝게도 이는 전혀 사실이 아니다. 자신의 정치적 목적을 앞세워 객관적인 사실까지 부정하고 무시한 결과일 뿐이다. 보고 싶은 것만 보는 것은 역사가 아니다.

　이 책은 그들과 정반대의 지점에 서 있다. 수많은 독립운동가들의 투쟁이 강대국들 사이에 한국의 독립을 기정사실로 인식하게 만들었고, 독립운동가들이 세웠던 여러 국가 수립 계획들과 해방을 전후한 시기에 그들이 만든 여러 법안들이 1948년 정부 수립의 직간접적인 기초가 되었다고 생각하기에 그렇다. 또 대한민국의 정통성은 건국 그 자체에만 부여되는 것이 아니라, 수많은 한국의 레지스탕스들이 일제의 통치에 맞서 싸우며 새 나라의 건국을 꿈꾼 그 순간부터 1945년 일본의 압제에서 해방되고 1948년 헌법을 제정하여 정부를 수립하고 산업화와 민주화를 달성하기까지 그 모든 과정을 통해 부여되고 강화되어온 것이라 믿기에 그렇다.

　대한민국의 시작은 한국의 레지스탕스, 그들의 투쟁에서부터 비롯했다. 자유를 위한, 억압과 착취에서 벗어나기 위한 고귀한 싸움에서부터 오늘의 역사가 시작된 것이다. 이것이 바로 우리가 지금 한국의 레지스탕스에 대해 제대로 이해해야 하는 이유다.

자, 이제부터 그들의 진짜 드라마를 시작하겠다. 이것은 일제에 끝까지 맞서 치열하게 그리고 명랑하게 싸웠던 저항의 보고서이자, 이상적인 나라를 갈망하며 포기하지 않고 나아갔던 건국 프로젝트 그 대장정의 기록이다.

차례

1

×

입헌공화국 건설
프로젝트의 시작

| 신민회 |

아! 이 나라는 나의 나라인데 내가 지금 죽고자 한다면
이 나라를 어느 곳에 버려둘 것이며,
이 나라는 나의 나라인데 내가 숨는다면 이 나라를 누구에게 맡길 것인가?
(……)
오늘 나라를 위하는 길은 오직 스스로를 새롭게 하는 것뿐이니라.
— 대한신민회 취지서

한국은 한국인의 손으로 혁신하게 하라

이토 히로부미 : 내 평생의 이상이 셋 있으니, 하나는 일본을 열강과 각축할 만한 현대 국가로 만드는 것이요, 둘째는 한국을 그렇게 하는 것이요, 셋째는 청국을 그렇게 하는 것이라. 일본의 힘만으로는 서양 세력의 아시아 침입을 막을 수 없으니, 한국과 청국이 힘을 키우고 일본과 함께 힘을 합쳐야 한다. 지금 우리는 한국의 재건에 전력을 다하고 있다. 이것이 완성되면 나는 청국으로 갈 것이다. 그대는 나와 함께 이 거대한 사업을 경영하지 않겠는가? 나와 함께 세 나라의 힘을 합쳐 동양의 영원한 평화를 세우자.

안창호 : 삼국의 친선이 동양 평화의 기초라는 것은 동의하는 바다. 그대가 지난날 그대의 조국 일본을 혁신한 것을 치하하며, 한국을 도우려는 호의는 감사하다. 그러나 우리를 진정으로 돕고 싶다면 한국은 한국인의 손으로 혁신하게 하라. 불행하게도 일본은 한국과 청국에서 인심을 잃었다. 이것은 일본의 불행이자 삼국 전체의 불행이다. 한국이 일본의 압제 밑에 있는 한, 한국인은 서양 세력에 도움을 구할 것이다. 일본이 한국의 주권을 깎는 한, 한국이 일본에 협력할 것을 바라지 마라. 청국도 한국이 일본의 보호국으로 있는 한, 결코 일본을 믿지 않을 것이다. 이러한 삼국의 불행한 사태를 그대와 같은 대정치가의 손으로 해결하길 바라노라.

— 주요한朱耀翰, 『안도산전서安島山全書』 상, 1990년

1907년 노회한 정치가 이토 히로부미
(우)가 재미 한인 지도자로 부상하여 갓
귀국한 청년 안창호(좌)를 만났다. 29세
의 안창호는 비밀결사 신민회를 결성하
여 본격적으로 구국운동에 나섰다.

1907년의 어느 날, 한국의 청년 지도자가 조선통감부朝鮮統監府 초대 통감 이토 히로부미(伊藤博文)를 만난다. 당시 이토의 나이는 66세로 이미 머리는 희끗희끗 하얗게 세고 얼굴은 자글자글 굵은 주름으로 덮인 노인이지만 온갖 풍파를 겪은 노회한 정치가답게 눈빛만은 여전히 날카로웠다. 일본 근대화의 주역으로 부강한 일본을 위해 한평생을 살았던 그는 이제 열강과 어깨를 나란히 하게 된 일본의 대신으로 한국의 식민화를 위해 현해탄을 건너왔다.

이토는 청년에게 동양의 평화를 위해 함께 일하자고 권유한다. 하지만 청년은 단호하게 거절한다. "한국을 돕고 싶다면 한국인의 손으로 혁신하게 하라." 청년은 동양의 평화를 해치는 것이 바로 일본의 침략임을 설파한다. 그의 목소리에 한 치의 망설임도 없다. 미국에서 귀국하여 민족운동을 위해 나서는 순간 그는 자신이 어떤 길을 가야 할지 명확히 알았기 때문이다.

이토와의 대담에서 한 치의 흔들림도 없이 자신의 뜻을 분명히 했던 한국의 청년 지도자, 그의 이름은 안창호安昌浩(1878~1938)였다. 당시 나이는 아직 이립而立에도 이르지 못한 29세. 하지만 그는 등장과 함께 어느새 조국

• 한국의 레지스탕스

과 민족의 미래를 짊어진 유력한 지도자로 떠오르고 있었다. 그는 어떤 사람이었을까?

돌아온 청년 지사, 안창호

안창호는 1878년 평안남도 강서의 평범한 가정에서 출생했다. 그는 1895년 미국 북장로회 계통의 구세학당敎世學堂(경신학교의 전신)에 들어가 처음으로 신학문을 접했고, 1897년 독립협회에 들어가 민족운동에 눈떴다. 그러나 이듬해 독립협회가 해산하자 곧바로 낙향하여 '점진학교漸進學校'를 세우고 교육자로 변신했다. 그는 점진학교를 운영하면서 교육이 세상을 바꿀 만큼 크고 가치 있는 일이라는 사실을 깨닫게 되었다.

안창호는 3년 만에 모든 활동을 접고 미국 유학길에 올랐다. 미국 유학은 전문 교육가가 되기 위한 새로운 도전이었다. 하지만 미국에서의 삶은 생각만큼 쉽지 않았다. 노동과 학업을 병행하며 꿈을 향해 한 걸음 한 걸음 나아가는 것도 힘겨웠지만 무엇보다 미국 내 한국인들의 비참한 삶을 지켜보는 게 가장 힘들었다. 당시 미국으로 이주한 한국인들은 대부분 최하층 노동자이자 영세상인으로 살면서 티끌만큼도 미래를 꿈꾸기 힘든 고단한 삶을 이어가고 있었다. 안창호는 학업을 핑계로 그들의 삶을 더 이상 모른 척해서는 안 된다고 생각했다. 결국 그는 학업을 포기하고 한국인들의 생활 개선과 권익 보호에 나섰다.

한국인들을 위해 일하는 것은 쉽지 않았다. 하지만 시간이 갈수록 뜻을 함께하는 사람들이 늘면서 그들을 중심으로 친목회가 만들어졌다. 한국인

친목회는 점차 한인 사회의 자치기구로 기능하다가 1905년 공립협회共立協會(1909년 2월 국민회, 1910년 2월 대한인국민회로 개편)로 확대 개편되었다. 공립협회는 1907년에 지방회 일곱 개를 가진 북미 최대의 한인 자치단체로 발전했고, 안창호는 가장 성공한 한인 지도자 중 한 명이 되었다.

그런데 1907년 2월 안창호는 불현듯 5년여의 미국 생활을 접고 혈혈단신 한국으로 돌아왔다. 그는 귀국 직후부터 서울과 평양 등 전국을 오가며 부지런히 여러 지도자들을 만났다. 여러 학회에 출석하고, 각종 사회 · 문화단체가 주관하는 연설회에도 참석했으며, 기회가 될 때마다 각종 연설회에 연사로 나섰다. 그의 활동이 사회 전반에 엄청난 반향을 불러일으키면서 침체되었던 한국의 지성계도 들썩이기 시작했다.

성공한 재미 한인 지도자의 돌연한 귀국, 그리고 뒤이어 벌어진 활발한 국내 활동에 세상의 이목이 집중되었다. 그를 주목한 것은 일제 통감부도 마찬가지였다. 그들은 안창호가 한국의 유력한 지도자로 떠오르는 모습을 불안하게 지켜보았다. 1905년 을사조약乙巳條約 체결 이후 한국의 합병을 위해 부단히 노력해오던 그들에게 안창호는 결코 반갑지 않은 존재였다.

안창호는 왜 재미 지도자로서의 성공적인 삶을 버리고 일제의 칼날이 번뜩이는 조국으로 돌아왔을까?

고종의 강제 퇴위

무릇 우리 한인은 내외를 막론하고 통일연합으로 그 진로를 정하고, 독립 자유로 그 목적을 세워야 한다. 이것이 신민회가 발원하는 바이고, 신민회가 회포懷抱하는 바이며, 요약하면 오직 새로운 정신을 환기시키고 새로운 단체를 조직하여 신국가를 건설하는 것뿐이다. (……) 과거 사천재四千載 구한국 말년의 망국혼을 만들고자 할 것인가. 장래 억만 년 신한국의 신년에 흥국민을 만들고자 할 것인가. 무엇을 버리고 무엇을 취할 것이며, 무엇을 버리고 무엇을 따르고자 할 것인가. 오라, 우리 대한 신민이여!

−「대한신민회 취지서大韓新民會趣旨書」

안창호는 귀국하고 얼마 지나지 않은 1907년 2월 22일, 당대 최고의 민족언론 대한매일신보大韓每日申報를 찾았다. 그는 전국적으로 한창 진행 중이던 국채보상운동에 부응하여 공립협회 명의로 국채보상금을 기부할 생각이었다. 하지만 그것은 표면적인 이유일 뿐, 진짜 목적은 독립협회의 옛 동지이자 대한매일신보의 총무였던 양기탁梁起鐸(1871~1938)을 만나는 것이었다. 양기탁은 한국을 대표하는 당대 최고의 언론인이자 지성계를 대변하는 양심적 지식인의 표상이었다.

안창호는 품에서 두 장의 문서를 꺼내 양기탁에게 내밀었다. 하나는 「대한신민회 취지서」였고, 다른 하나는 '대한신민회통용장정大韓新民會通用章程'이라고 쓰인 규약서였다.

본 회의 목적은 우리 대한제국의 부패한 사상과 습관을 혁신하고 국민을 새롭게 하며 쇠퇴한 교육과 산업을 개량하고 사업을 혁신하게 하여, 새로운 국민이 통일 연합하여 새로운 자유문명국을 성립하게 함에 있다.

−「대한신민회통용장정」

안창호가 돌연 귀국길에 오른 목적은 바로 신민회라는 비밀결사를 결성하기 위해서였다. 그는 망국의 길로 들어선 조국과 민족을 구하기 위한 최선의 방편은 바로 신민회라는 국내외 통일연합단체를 조직하여 민족의 힘을 결집하고 이를 바탕으로 새로운 자유문명국을 건설하는 것이라고 믿었다.

안창호는 양기탁을 시작으로 국내 유명 인사들을 은밀히 만나 한 명 한 명 설득해갔다. 귀국 직후 그가 서울과 평양을 비롯한 전국 각지를 돌아다녔던 것도 그래서였다. 그는 양기탁의 주선으로 《대한매일신보》 논설위원이던 신채호申采浩(1880~1936)와 박은식朴殷植(1859~1925)을 만났다. 성균관 박사 출신인 신채호나 뒷날 역사가로 유명해질 박은식 모두 뜨거운 애국논설로 민족의 미래를 걱정하던 우국지사였다. 이들은 모두 신민회의 취지에 공감했고 《대한매일신보》를 적극 활용해 신민회의 활동을 지원하기로 약속했다.

안창호는 기독교 인맥도 적극적으로 활용했다. 그 결과 당대 애국지사들의 산실로 유명했던 상동교회의 목사 전덕기全德基(1875~1914)를 비롯하여 뒷날 임시정부 요인이 되는 이동녕李東寧(1869~1940)과 이시영李始榮(1869~1953), 무정부주의자로 유명해질 이회영李會榮(1867~1932), 임시정부 주석이 될 김구金九(1867~1932) 등이 뜻을 함께했다. 여기에 대한제국 무관 출신인 이동휘李東輝(1873~1935), 이갑李甲(1877~1917), 유동열柳東說(1879~1950), 평안도 민족자본가 출신인 이승훈李昇薰(1864~1930), 안태국安泰國(?~1920) 등도 안창호와 뜻을 함께했다.

하지만 비밀결사 신민회의 결성은 쉽지 않았다. 안창호가 만난 인사들 대부분이 신민회의 취지에 공감하면서도 몇 가지 이유를 들어 주저했다. 첫째, 신민회가 추구하는 신국가의 정체 문제였다. 망국의 길로 들어서긴

했지만 아직 전제왕권국가인 대한제국이 엄연히 현실로 존재하는 상황이었다. 당시 구국운동의 흐름은 위정척사 사상에서 출발한 의병운동과 개화운동에서 출발한 계몽운동으로 나뉘어 있었다. 그 가운데 의병 세력은 대부분 대한제국의 수호를 외치며 온몸을 던져 구국의 최전선에 뛰어든 상태였고, 다른 한 축인 계몽 세력 역시 대한제국에 미련을 두고 개혁을 통한 변화의 가능성을 타진하는 쪽이 훨씬 많았다. 계몽운동가들에게 신민회의 자유문명국이라는 신국가 건설 주장은 당장 동의하기 어려운 부담스러운 문제였다.

둘째, 신민회를 비밀결사로 조직하는 문제였다. 계몽주의자들에게 비밀결사는 익숙하지 않은 형태였다. 그들은 가능한 한, 공개적인 단체에서 합법적으로 움직이는 것을 선호했다. 비록 일제가 정치 활동을 압박했지만 아직은 대한자강회大韓自强會 같은 계몽주의 단체나 대한매일신보 같은 언론사 등 활동 공간은 충분히 존재한다고 생각했다.

하지만 1907년 6월 헤이그 밀사사건이 터지자 정세가 급변했다. 일제는 헤이그 밀사사건을 핑계로 7월 대한제국의 황제 고종을 강제 퇴위시키고 행정·사법·경찰권의 위임 및 군대 해산을 골자로 하는 정미조약丁未條約을 강제로 체결했다. 이와 함께 일제는 신문지법新聞紙法과 보안법保安法을 제정하여 언론과 집회 결사의 권리를 억압하면서 민족운동 전반을 통제하기 시작했다. 이제 객관적인 정세는 누가 보더라도 대한제국의 멸망을 예상할 수밖에 없는 단계에 이르렀다.

고종의 퇴위는 해산 군인을 중심으로 의병전쟁이 전국적으로 본격화하는 계기가 되었다. 반면 계몽주의자들은 자신들이 마지막까지 품고 있던 왕정에 대한 미련을 해소하는 결정적인 기회로 받아들였다. 국가와 민족의 위기를 극복하는 과정에서 만약 대한제국이 이대로 끝난다면 이를 대체할 신국가는 그동안 수많은 약점을 노출한 봉건적 전제왕권 체제가 아니라 보다 선진적인 정치 체제를 가져야 한다며 새로운 꿈을 꾸기 시작했다.

그해 8월 대한자강회가 강제 해산되면서 보다 결정적인 전기가 마련되었다. 대한자강회의 해산은 고종 퇴위와 정미조약이라는 망국적 사태에 일부 회원들이 항의 시위를 주도하면서 벌어진 일이었다. 본래 대한자강회는 교육진흥과 식산흥업을 주장하는 계몽단체로, 당시 계몽주의자 대부분이 집결해 있었지만 정치에는 관여하지 않고 일본인 고문을 둔다는 조건하에 결성된, 한계가 많은 온건 단체였다. 그럼에도 일제는 일부 회원들의 항의 시위를 핑계로 대한자강회를 해산했다. 이 사건은 한국에서 어떤 민족운동 단체도 더 이상 공개적으로는 설 공간이 없음을 의미했다.

대한자강회의 해산은 원하든 원하지 않든 계몽주의자들에게 보다 선명한 노선을 요구했다. 노선을 가르는 기준은 "이대로 일제에 타협할 것인가, 저항할 것인가"였다. 계몽이라는 모호한 가치 속에 혼란스럽게 뒤섞여 있던 계몽주의자들이 드디어 분열했다. 온건한 무리들은 '대한협회大韓協會'라는 타협적 단체로 결집했다가 이내 한계를 극복하지 못하고 친일화했다. 반면 보다 급진적인 무리들은 반일의 기치를 높이 들고 비밀결사 신민회로 모여들었다. 그리고 국권 회복과 자유문명국 건설을 목표로 힘찬 발걸음을 내딛었다. 신민회는 그렇게 시작되었다.

입헌공화국을 꿈꾸다

신민회가 꿈꾸었던 신국가의 모습은 어땠을까? 신민회는 「대한신민회 취지서」에서 대한제국을 풍속이 부패하고 질서가 문란하여 동방예의지국을 운운하던 예전의 가치는 이미 타락한 지 오래되었다고 진단한다. 관리는 권세와 뇌물을 탐하고 인민은 무지와 부패에 찌들었으며 법문은 폐기된 지 오래인 사회, 선비는 공허한 글에 빠져 실제를 논하지 않고 공상ㅗ商은 허식을 쫓아서 정치·문화 어느 하나 퇴보하지 않은 것이 없는 사회, 이것이 신민회의 눈에 비친 대한제국의 모습이었다. 대한제국에 남아 있는 것은 나날이 강해지는 권력의 압제뿐이었다. 권력자는 그 권력을 이용하여 동족을 억압하고, 더 큰 권력을 획득하기 위해서라면 언제든지 국가와 민족을 팔아치울 준비가 되어 있을 지경이었다.

> 아! 이 나라는 나의 나라인데 내가 지금 죽고자 한다면 이 나라를 어느 곳에 버려둘 것이며, 이 나라는 나의 나라인데 내가 지금 숨는다면 이 나라를 누구에게 맡길 것인가? (……) 오늘 나라를 위하는 길은 오직 스스로를 새롭게 하는 것뿐이니라.
>
> － 「대한신민회 취지서」

신민회는 일신의 안위를 잊고 이 나라를 새롭게 하는 것, 일가를 잊고 민족을 새롭게 하는 것을 목적으로 삼아야 한다고 주장했다. 신사상과 신교육, 신윤리와 신학술, 신규범과 신개혁을 통해 국가와 민족을 새롭게 만드는 것이 신민회의 목표였다. 그리고 목표를 향해 나아갈 행동의 주체는 '신국민'으로 설정했다. 신국민이란 신교육을 통해 스스로 나라와 민족의 주인임을 자각한 국민이었다. 그들이 바로 국가와 민족의 미래를 책임질 새 시대의 주인공이었다. 신국민의 통일 연합으로 새로운 자유문명국을 설립하는 것이 신민회의 최고 지향이자 그들이 꿈꾸던 신국가의 모습이었다.

> 문명의 기운이 정신계와 물질계에 미쳐 장족의 진보를 이루니, 이로 인해 국가의 이익이 날로 늘어나고, 인민의 복이 나날이 커져, 낡고 고루한 전제봉건의 시대가 가고, 입헌공화의 복음이 펼쳐져, 국가는 인민의 낙원이 되고, 인민은 국가의 주인이 되었다.
>
> — 신채호, 〈20세기 신국민〉, 《대한매일신보》, 1910년 2월 23일

신채호는 〈20세기 신국민〉이라는 기고에서 당시 신민회가 꿈꾸던 자유문명국의 형태를 보다 구체적으로 암시했다. 그는 20세기를 제국주의·민족주의·자유주의의 시대라고 규정하고 국민주권에 입각한 '입헌공화주의'를 문명의 진보로 보았다. 그가 문명 진화의 최고 단계로 인식했던 입헌공화의 국가가 바로 신민회가 꿈꾸던 자유문명국의 참모습이었다.

입헌공화국의 주인은 국민이었다. 때문에 입헌공화국을 세우려면 무엇보다 국민의 힘이 필요했다. 신민회의 지도자들은 교육을 통한 국민의 각성을 촉구했다. 자각된 국민들은 정치·경제·사회·문화 등 전 부문에 걸친 광범위한 실력 양성을 통해 자력을 키우고 그 힘으로 국권을 회복하여 입헌공화의 신국가를 창설해야 했다.

신민회의 탄생은 1884년 《한성순보漢城旬報》가 이 땅에 공화제를 소개한 이래 최초로 국민주권에 입각한 공화제 국가를 지향하는 정치단체의 출현

을 의미했다. 국가와 민족의 위기가 최고조에 다다른 늦은 시점에 등장했지만 그들의 발걸음 하나하나는 한민족의 역사를 선도하는 것이었다. 입헌 공화국 창건을 위한 민족의 꿈이 마침내 시작되었다.

독립전쟁 준비론

신민회가 국권 회복과 신국가 창설을 위해 수립한 구국운동의 방략은 어떤 것이었을까? 안창호의 연설에서 그 답을 찾을 수 있다.

> 금일로 우리나라를 침해하는 강국과 전격 개전하여 국권을 회복할지니, 제군은 우리의 개전설을 듣고 현재 병력이 미약하고 군함과 대포 등이 부족하니 무엇으로 개전할까 하여 의아할 터이나, 러·일전쟁을 보라. 그 선전포고는 비록 2, 3년 전이나 그 개전 준비는 38년 전이라. 어떻게 그럴 수 있으리오. 38년 전에는 일본도 야만 미개국이라. 다행히 그때 2, 3인의 학생이 미국을 유학하여 점점 학업과 지식을 이뤄 멀리 동양의 형세를 내다보니, 만약 러시아를 격퇴하지 못하면 자국의 보존이 어려울 것이라. 이런 이유로 개전을 준비한 지 38년이 경과하여 필경 이와 같은 결과를 얻었으니 제군은 이 사실을 보아, 금일로 맹세하고 개전을 준비할지어다.
>
> – 안창호의 연설, 《서우西友》 7호, 1907년

안창호의 생각은 확고했다. 그가 국민의 역량을 키우고 산업을 육성하는 등 전 부문에 걸친 실력 양성이 필요하다고 주장했던 이유는 모두 앞으로 있을 전쟁을 수행하기 위해서였다. 신민회는 국권 회복과 신국가 건설을 위한 방략으로 독립전쟁 준비론을 공유하고 있었다.

독립전쟁 준비론은 즉각적인 의병전쟁이나 독립전쟁을 말하는 것은 아니었다. 무엇보다 군비·산업·인재 등 모든 분야에서 독립전쟁을 성공적으로 수행할 정도의 실력 양성이 전제되어야 했다. 신민회는 모든 부문에서 전쟁 준비를 하고 기다렸다가 결정적인 국면이 왔을 때 일제히 선전포고를 함으로써 전쟁을 수행해야만 승리의 가능성을 높일 수 있다고 생각했다.

전쟁을 시작할 결정적인 국면은 일제가 다른 제국주의 국가들과 충돌하는 시점으로 상정했다. 일제와 전쟁을 벌일 가능성이 있는 국가로 처음 주목받은 것은 미국이었다. 1906년부터 미국 내 양산되었던 '미·일전쟁설' 때문이었다. 미주 동포들이 전한 미·일전쟁설은 양국의 전쟁이 한국의 국권 회복에 결정적 기회를 제공할 것이라는 인식으로 발전하는 데 큰 영향을 미쳤다.

신민회의 독립전쟁 준비론은 기존의 계몽운동이 노출했던 약점을 일정 부분 극복한 결과였다. 한국의 구국 세력 가운데 의병 세력은 제국주의 세력을 철저히 침략주의로 인식하고 반제국주의 투쟁을 선도했으나 군비나 사상적 측면에서 후진성을 벗어나지 못했다. 반면 계몽운동가들은 선진 서구 사상을 수용했지만 제국주의의 침략성에 대해 철저히 인식하지 못했다. 그들이 선진 사상으로 믿었던 서구 사상에는 제국주의의 침략을 옹호하는 사회진화론이나 만국공법 사상 등이 포함되어 있었기 때문에 자신도 모르는 사이 제국주의 세력의 침략 논리를 신념화하는 경우가 많았다. 이런 차이로 인해 두 계열은 끊임없이 서로를 비난하며 반목했다.

그러나 신민회는 기본적으로 계몽운동의 입장에 섰으면서도 제국주의의 침략성에 대한 일정한 이해를 바탕으로 일제에 대해 비타협적인 노선을 견지했다. 이와 함께 의병 세력이나 당시 미주 한국인들이 주장하는 즉각적인 독립전쟁론을 최대한 수용하여 자신의 방략으로 가다듬었다. 그 결과가 독립전쟁 준비론이었다. 그들은 승리의 가능성을 고려하지 않고 아무런 준비 없이 수행되는 즉자적인 독립전쟁론과 일정한 선을 긋는 한편, 맹목적인 실력 양성과 준비론 역시 경계하면서 독립전쟁 준비론을 주장했다. 이것은 단기적으로는 성공적인 독립전쟁 수행을 목표로 하는 다양한 실천 방안을 추진하면서 장기적으로는 독립전쟁의 승리 가능성을 높이기 위한 실력 양성도 함께 고려하여 국권 회복을 위한 종합적 방략을 마련하려는 의도였다.

1907년 8월 이후 군대 해산으로 촉발된 의병전쟁의 확산에 대해 신민회와 밀접한 연관을 갖고 있던 《대한매일신보》가 긍정적인 논조를 유지했던 이유는 바로 이런 인식에서 비롯했다. 신민회는 이 시기에 확산된 의병전쟁을 국권 회복의 좋은 계기로 보고 열렬한 지지의 성원을 보냈다. 일제 통감부가 《대한매일신보》의 의병 관련 기사를 의병 확산의 주요 원인 중 하나로 지적한 것은 이런 이유 때문이었다. 그러나 1908년 이후 의병전쟁이 점차 쇠퇴하자 신민회는 장기적인 전망 속에 교육운동 · 청년학생운동 · 실업운동 등 다양한 실력양성운동으로 정세의 변화에 대처했다.

비밀결사 신민회의 공개 활동

신민회는 중앙 조직과 지방 조직으로 나뉘어 구성되었다. 1932년 안창호가 상하이에서 체포된 후 작성된 신문 기록에 따르면 신민회의 중앙 조직은 총감독 양기탁 · 총서기 이동녕 · 재무 전덕기 · 집행원 안창호 등으로 조직되었고, 지방 조직은 도별 책임자들을 중심으로 하부 조직이 구성되었던 듯하다. 김구의 『백범일지』에서 확인되는 도별 책임자는 서울 양기탁 · 평안남도 안태국 · 평안북도 이승훈 · 황해도 김구 · 강원도 주진수朱鎭洙 (1878~1936) 등이다. 신민회는 전국적 조직을 지향했지만 지역에 따라 편차가 있었다. 경기 이북 지역이 이남 지역보다 더 활성화되어 있었다. 안창호의 증언에 따르면 1910년 당시 신민회의 회원수는 총 300명 정도였다. 비밀결사였음에도 규모가 상당했다.

회원은 부호 · 명망가 · 학생들 중에서 모집했는데, 대상자의 선택에 세심한 주의를 기울였다. 회원의 추천이 있더라도 수개월 이상 그 행동을 관찰하고 굳은 의지가 인정되지 않으면 입회시키지 않았다. 입회의 결정은 지도자가 직접 면회하여 국가사상에 대한 문답과 담력을 시험한 후에 결정되었다. 입회하더라도 단체의 존재는 쉽게 알려주지 않았고 표면상의 목적과 회명만을 알려주었다. 입회자가 신민회의 진면목을 알기까지는 빠른 경우 최소한 1년의 시간이 필요했다. 그 교묘함은 참으로 감탄하지 않을 수 없었다.

– 조선총독부 경무과장 구니토모 쇼겐(國友尙謙)의 기록, 「불령사건으로 본 조선인(不逞事件ニ依ツテ觀タル朝鮮人)」
「105인사건 자료집」, 1986년

뒷날 신민회를 수사했던 구니토모는 사건에 대한 기록을 남기면서 신민회의 비밀 유지 수준에 감탄했다. 신민회를 조직하기에 앞서 안창호가 서구의 유명한 종교적 비밀결사인 프리메이슨을 연구했다는 소문이 흔히 회자

되었던 것도 신민회가 그만큼 수준 높은 보안을 자랑했기 때문일 것이다.

안창호는 귀국 직후부터 비밀결사 신민회 활동과 동시에 다양한 공개 활동을 병행했다. 그의 목표는 두 가지였다. 첫째는 공개 활동을 통해 은밀히 신민회의 조직을 확대해나가는 것이고, 둘째는 장기적인 차원에서 실력양성운동을 펼쳐나가는 것이었다. 공개 활동을 통해 만들어진 조직들은 비밀결사 신민회의 외연을 확대하는 효과도 있었다.

안창호가 공개 활동으로 가장 중시한 것은 교육운동이었다. 그는 당대 최고의 부자로 일컬어진 이종호李鍾浩(1885~1932)의 자금을 끌어들여 평양에 대성학교大成學校를 설립했다. 전 독립협회 지도자이자 당대 계몽주의의 대표 지도자였던 윤치호尹致昊(1865~1945)를 교장으로 끌어들여 학교의 인지도를 높였다. 조선광문회朝鮮光文會와 태극서관太極書館을 통한 출판, 서북학회西北學會나 해서교육총회海西教育總會 등의 학회 활동은 교육운동을 지원하여 그 효과를 더욱 배가시키는 장치들이었다.

뒷날 흥사단興士團의 모태가 되는 청년학우회靑年學友會는 실력양성운동을 이끌어갈 청년층의 양성을 목표로 설립되었다. 안창호는 청년학우회가 외부의 어떤 압력에도 흔들리지 않도록 비정치를 표방하는 순수 수양 단체로 활동하도록 설계했다. 윤치호가 회장으로 선임되었고 대성학교의 젊은 청년 교사들이 주요 지도자로 활약했다.

신민회는 교육운동과 청년운동 외에도 경제적 실력양성운동을 적극적으로 추진했다. 평양에 세운 평양자기주식회사가 대표적이었다. 신민회는 자기회사를 통해 민족자본을 육성하고 민족의 경제적 실력을 양성하고자 노력했다. 이 외에 《대한매일신보》와 청년학우회의 기관 잡지 《소년》을 활용한 언론 활동, 각종 계몽 연설 활동도 신민회가 실력 양성과 국민 계몽을 위해 활용한 대표적인 공개 활동이었다.

이런 활발한 공개 활동은 필연적으로 일제 공안 당국의 관심을 불러일으켰다. 계몽 강연으로 전국적 인기를 얻은 안창호도 마찬가지였다. 안창호는 일제의 주요 감시 대상이자 공작 대상으로 떠올랐다.

안창호를 회유하라

일제가 안창호를 주목하기 시작한 것은 1907년 4월 무렵부터였다. 일제는 기밀 보고서를 통해 안창호가 만나는 인물들부터 강연 내용까지 상세하게 보고하면서 그를 위험한 배일排日 선동가로 규정했다. 안창호가 한국 정계의 유력한 지도자로 떠오르자 일제 수뇌부도 그를 주목하기 시작했다. 이토 히로부미와의 회담이 이루어진 것도 그래서였다.

안창호와 이토의 회담은 서로의 입장차를 확인하는 수준에서 별다른 성과 없이 끝났다. 하지만 일제는 이 일을 계기로 안창호가 가진 폭발력을 정확히 인식했고, 그를 회유하기 위해 지속적인 노력을 기울였다. 안창호와 일제 고위층 인사들을 연결한 사람은 친일 정객 최석하崔錫夏(1866~1929)였다.

최석하는 일제 고위층의 양해하에 안창호를 중심으로 하는 '민간청년내각'을 추진했다. 일제는 안창호를 중심으로 내각을 구성하여 항일구국 세력의 반일 의지를 꺾고 한·일합병의 명분을 획득하겠다는 속셈이었다. 최석하는 안창호를 이용하여 권력의 부스러기라도 부여잡으려는 개인적 의지가 강했다.

최석하의 계획은 일단 안창호 측의 거부로 실패했지만 1909년 재시도되

1909년 10월 26일, 안중근이 중국 하얼빈역에 잠입하여 러시아군의 군례를 받던 이토 히로부미를 저격하여 쓰러뜨렸다.
오른쪽은 당시 안중근이 사용한 7연발 자동권총과 민족운동가들이 소지했던 권총과 탄약.

었다. 최석하는 1909년 말 정운복鄭雲復과 함께 서북 출신의 신정당 조직운
동을 펴는 한편, 통감부에 출입하면서 다시 안창호 내각 수립 운동을 추진
했다. 그러나 안창호는 모든 제안을 거부했다. 회유가 통하지 않자 남은 것
은 철저한 탄압뿐이었다.

　1909년 10월 26일 중국 하얼빈에서 안중근安重根(1879~1910)이 이토 히
로부미를 암살하자 일제는 기다렸다는 듯이 안창호 · 이갑 · 유동열 등 애
국지사 수백 명을 구속했다. 안창호는 40여 일간의 취조 끝에 무혐의로 석
방되었지만 그해 12월 이재명李在明(1890~1910)의 이완용 암살미수사건이
발생하자 다시 구속되었다. 일제는 안중근 사건과 이재명 사건을 이용하여
안창호를 협박했지만 아무것도 얻을 수 없었다. 안창호를 비롯한 신민회
인사들은 이듬해인 1910년 2월 말에야 혐의를 벗고 개별적으로 석방되었
다. 하지만 안창호는 합병 추진 조직의 하나였던 정우회政友會에 협조한다는
약속을 한 후에야 겨우 석방될 수 있었다. 그리고 자신의 계획에 동조하지

않으면 신변이 위험할 거라는 최석하의 협박에도 직면했다.

신민회는 곧바로 긴급 간부회의를 열고 향후 대책을 논의했다. 일제의 회유와 탄압이 심화될수록 신민회의 국내 활동 폭이 축소될 터였다. 신민회 지도부는 국내 활동이 불가능하다고 판단했다. 이제 새로운 결정을 내려야 했다. 신민회는 국내 조직 전체를 중국 만저우(滿洲)로 옮기기로 결정했다. 이것이 바로 해외 독립운동 기지 건설 계획의 시작이었다.

독립운동 기지 건설의 꿈

신민회의 해외 독립운동 기지 건설 계획은 의병운동이 점차 쇠퇴하고 민족운동에 대한 일제의 탄압이 가속화되는 시점에 국내 활동이 불가능한 상황을 가정하여 구상되었다. 그러다가 신민회 지도부의 검거 사태로 상황이 급박해지자 비로소 긴급한 실천 계획으로 대두되었다. 신민회 지도부는 만저우에 독립운동 기지를 건설한다는 대략의 원칙에 합의하고 일단 망명이 시급한 안창호·이갑·유동열 등이 만저우로 이동하기로 결정했다. 향후 국내 조직의 본격적인 이동은 양기탁의 책임하에 실시하기로 했다.

1910년 4월 안창호는 중국 망명길에 올라 7월 무렵 중국 칭다오(青島)에 도착했다. 그는 여기서 시차를 두고 떠나온 망명 동지들과 재회했다. 그들은 일단 만저우와 옌하이저우(沿海州)의 상황을 살펴본 후 향후 계획을 수립하기로 하고 만저우를 거쳐 옌하이저우로 이동했다. 일행은 9월 블라디보스토크에 도착한 직후 회의를 통해 만저우 지린성(吉林省) 미산현(密山縣)에 독립운동 기지를 건설하기로 결정했다.

그런데 안타깝게도 머나먼 이국땅에서 안창호 일행은 분열되기 시작했다. 첫 번째 원인은 옌하이저우에 도착한 직후 들려온 한·일 병합 소식이었다. 안창호 일행은 낙담과 울분에 휩싸였고, 결국 유동열 등 일부 인사는 만저우에서 독립군을 구성해 곧바로 싸우겠다며 조직을 이탈했다. 그러나 그들은 만저우를 거쳐 산둥성(山東省)으로 들어갔다가 일본 관헌에 체포되어 국내로 송환되었다.

분열의 두 번째 원인은 옌하이저우 현지 교민들 사이의 지방열이었다. 당시 교민들은 출신 지역에 따라 기호파·함경도파·평안도파 세력으로 나뉘어 있었다. 그들의 갈등은 상대 교민을 살해할 정도로 심각했다. 문제는 미산현 기지 건설에 자금을 대기로 했던 이종호가 함경도파의 설득으로 재러 한국인 사회의 교육과 계몽에 자금을 쓰기로 하면서 발생했다. 이종호의 변심으로 독립운동 기지 건설 운동은 난관에 봉착했다.

다행히 미산현 기지 건설 운동은 일단 공립협회의 후신인 미주 대한인국민회大韓人國民會에서 보내온 돈으로 추진되었다. 토지를 구입하고 건물을 신축하여 이주자를 모집하면서 사업은 점차 본격화되었다. 하지만 얼마 지나지 않아 벽에 부딪쳤다. 기지 건설 사업에는 만만치 않은 자금이 소요되었기 때문이다. 결국 안창호는 자금을 마련하기 위해 미국행을 선택했다. 하지만 1912년 무렵 기지 건설은 결국 실패로 돌아갔다. 만성적인 자금 부족과 흉년, 마적의 행패와 중국인의 토지 사기 등이 겹치면서 안창호와 대한인국민회는 기지 건설에 대한 투자를 포기할 수밖에 없었다.

안창호가 만저우로 떠난 후 국내 상황은 어땠을까? 일제의 식민지화 계획이 본격화되면서 1910년 5월 대한매일신보는 강제 매각되어 일제의 수중으로 넘어갔고, 8월 29일 한·일합병이 선언되면서 대한제국은 결국 역사 속으로 사라졌다. 하지만 모두 끝난 것은 아니었다. 비록 나라는 망했지만 민족은 아직 망하지 않았기 때문이다.

신민회의 국내 인사들은 해외 인사들과 별개로 독자적인 독립운동 기지 건설을 추진했다. 특히 그해 11월 독립운동 기지 후보지를 물색하러 떠났던 이동녕·이회영·주진수 등이 돌아오면서 계획은 급진전되었다. 국내 세력은 서젠다오(西間島) 통화현(通化縣) 부근에 기지를 건설하기로 결정했다. 이주 지역이 결정되자 신민회는 각도 대표를 통해 이주할 인사를 모집하고 자금을 무금했다. 김구의 증언에서 당시 급박했던 이주 상황을 엿볼 수 있다.

나는 김홍량과 협의하여 토지와 가산을 팔기 시작했다. 신천 유문형 등 몇 사람과 이웃 군의 동지들에게 장래 방침을 비밀히 알려주고 일을 진행했다. 이때 장연의 이명서는 먼저 자기 어머니와 친동생 명선을 데리고 서간도로 가서 뒤에 올 동지들의 편의를 제공하겠다고 하여 준비해 떠나보냈다.

– 김구, 『백범일지』, 1948년

각도의 준비는 신속하게 진행되었다. 특히 안동의 유림 이상룡李相龍 (1858~1932)·김동삼金東三(1878~1937)·유인식柳寅植(1865~1928) 등의 이주 결정은 신민회에 큰 힘이 되었다. 강원도 책임자 주진수도 가산을 모두 팔고 이주를 준비했다. 그 결과 1910년 12월부터 다음해 1월까지 이동녕·이회영 가문 등이 시차를 두고 속속 서젠다오에 도착했다.

데라우치 암살미수사건

1911년 1월 일제는 양기탁·임치정林蚩正(1880~1932)·주진수·안태국 등 신민회의 주요 간부를 체포했다. 사건의 공식 명칭은 '양기탁 등의 보안법 사건'이다. 일제가 양기탁을 중심으로 한 신민회 인사들의 독립운동 기지 건설 움직임을 포착하면서 터진 이 사건으로 신민회 조직 전체를 해외로 이 전하려던 계획은 사실상 무산되었다. 불행 중 다행은 이동녕 등 선발대가 만저우로 이동한 후에 사건이 발생했다는 점이다.

양기탁 사건은 사실상 신민회의 위기가 목전에 다다랐음을 의미했다. 양 기탁 사건 직전에 터졌던 안명근安明根(1879~1927)의 군자금 모집 사건(일명 안악사건)으로 이미 황해도의 신민회 인사들이 대거 검거되었기 때문에 위 기감은 더욱 컸다. 아니나 다를까. 그해 9월 식민지 시기 최대의 조직 사건 중 하나로 신민회 인사들이 대규모로 검거되었던 '105인사건'이 발생했다. 일제가 명명한 사건의 공식 명칭은 '데라우치 총독 모살미수사건'이다.

이 사건을 담당했던 조선총독부 경무총감부 기밀계 경무과장 구니토모 쇼겐의 증언에 따르면 일제는 평안도의 반일 인사들이 일부 미국 선교사들 의 교사를 받고 조선총독 데라우치 마사타케(寺內正毅)를 암살하려 한다는 풍 문을 듣고 사건을 포착했다고 한다. 풍문을 조사하는 과정에 배일 강도 사 건의 연루자에게서 현재도 총독 암살 계획이 진행 중이라는 진술을 확보했 고 비밀결사 신민회가 배후에 있음을 알게 되었다. 신민회 사건이 총독 암 살미수사건으로 비화되는 순간이었다. 일제는 이 사건과 관련하여 서북 지 방을 중심으로 애국지사 600~700여 명을 검거했다. 신민회 관련자 외에 도 기독교 신자·미션스쿨 학생·교사·목사들이 대거 포함되어 있었다.

일제의 기록에 따르면, 신민회의 지도자 양기탁·임치정·안태국 등은 일제의 한국 병합에 분개하여 1910년 9월 평양에서 데라우치 총독의 암살을 모의했으며, 그 과정에 미국 선교사들이 암살을 사주했다. 이들은 근시일 내에 데라우치 총독이 평안도를 순시한다는 풍문에 따라 총독이 정거장에 하차할 때 권총으로 암살하기로 결정하고 평양·선천 등 아홉 개 지역에서 암살을 준비했다. 모든 계획은 외국 선교사들의 조언에 따라 세워졌고, 선천의 신성학교 교장 조지 매큔George McCune(1879~1941)이 찬성했다. 암살 계획이 수립되자 11월 27일 안태국·이승훈·김구 등이 두루마기 속에 권총을 숨긴 동지 수십 명을 인솔하여 선천에 집결했고 다음날인 28일 총독의 면전까지 접근하는 데 성공했으나 경찰의 엄중한 경계로 아무도 권총을 쏘지 못했다. 이것이 일제 공안 당국이 밝힌 총독 암살미수사건의 전모였다.

105인사건의 진상

1912년 6월 28일 경성 지방법원에서 105인사건의 공식 재판이 진행되었다. 대규모 검거가 시작된 지 9개월 만이었다. 일제는 700여 명을 조사한 끝에 123명을 기소하고 이들을 재판하기 위해 재판소 확장 공사까지 했다.

그런데 첫 번째 피의자인 신성중학교 교사 신효범申孝範(1878~1929)의 재판부터 삐걱거리기 시작했다. 그가 모든 혐의를 부인하고 나섰기 때문이다. 그는 신민회라는 단체에 대해 들어본 적도 없으며, 경찰 앞에서 모든 혐의를 인정한 것은 가혹한 고문 때문이었다고 진술했다. 뒷날 105인사건의 관련자들은 당시 경찰이 사용한 고문 방법이 70여 가지가 넘었고, 하나같이 삶과 죽음을 오갈 정도로 혹독했다고 증언했다.

첫 피고의 행동은 연쇄 작용을 일으켰다. 그의 진술에 고무된 피고들이 일제히 혐의를 부인하고 나섰다. 일제 사법 당국은 피고들의 증언을 무시한 채 재판을 계속했다. 그런데 그 과정에서 재판을 뒤집을 만큼 중대한 진술이 나왔다. 신민회 간부 안태국의 증언이었다. 안태국은 11월 26일부터 27일까지 자신이 서울에 있었음을 증명하는 식당의 영수증과 광화문우체국의 전보문을 증거로 제시했다. 또한 27일 새벽 6시 자신이 정주역에 수십 명을 대동하고 갔다는 검사 측의 주장에 대해 그날 정주역에 하차한 승객의 숫자를 조사해달라고 요청했다. 조사 결과 안태국이 제시한 영수증과 전보문은 사실로 확인되었고, 27일 정주역에 하차한 승객은 수십 명이 아니라 단 아홉 명이었다.

> "신도 아닌 내가 같은 시간에 서울에도 있고 평양에도 있었다는 말인가. 이 안태국은 서도 죄고, 앉아도 죄인가. 생각해보아라. 100여 명이 권총을 소지하고 총독 하나를 죽이기 위해 모였는데, 어떻게 딱총 소리 한 방 없었는가. 이 모든 것을 시인했던 것은 모두 가혹한 고문 때문이었을 뿐이다."
>
> – 안태국의 법정 발언, 선우훈, 『민족의 수난, 105인사건 진상』, 1947년

105인사건의 재판은 코미디에 가까웠다. 사건을 구성하는 기초적인 사실 관계가 어느 하나 제대로 맞아떨어지는 것이 없었다. 혐의를 입증할 제대로 된 물증도 없이 증언에만 기초해 피의 사실을 구성하다 보니, 증언을 뒤집는 몇 가지 증거만으로도 일제의 논리는 사상누각과 같이 쉽게 허물어

신민회 해체의 핵심 원인인 105인사건은 일제가 데라우치 총독 암살미수사건을 조작하여 민족해방운동을 탄압하기 위해 배일 기독교 단체와 신민회를 중심으로 한 독립운동가 105명을 기소 · 체포한 사건이다.

졌다. 105인사건은 3류 소설만도 못한 형편없는 조작 사건이었다.

일제 사법 당국은 곤혹스러운 처지에 빠졌다. 피고들이 모두 혐의를 부인하는데다 수사 결과를 뒤집을 만큼 결정적 증거들이 속속 드러났기 때문이다. 사법 당국은 피고들의 법정 진술과 증거를 모두 인정하지 않기로 결정했다. 그리고 피고 105명에게 죄를 선고했다. 본래 의도대로 정면 돌파하겠다는 심사였다.

하지만 국내외에서 비난 여론이 빗발치자 일제도 더 이상 버티지 못했다. 이대로라면 얻는 것보다 잃는 것이 더 많다고 판단했을 것이다. 결국 일제 당국은 피고 105명에 대한 2심 재판에서 양기탁 · 임치정 · 윤치호 등 주요 관련자 여섯 명을 제외한 99명에게 무죄를 선고했다. 유죄가 인정된여섯 명도 3심 재판에서 암살죄가 아니라 암살미수죄만 인정되어 대폭 형량이 경감되었다.

일제는 이 사건을 통해 자신들의 사법제도가 오류투성이임을 스스로 증명하고 말았다. 만연된 사건 조작과 고문 수사, 증거를 인정하지 않는 엉터리 재판까지 어느 하나 제대로 된 것이 없음을 만천하에 드러내면서 역사상 가장 치욕적인 재판을 경험했다. 한국 병합 후 최대 실수이자 실패였다.

하지만 일제 당국은 이 사건을 통해 서북 지역의 반일 세력을 대부분 해체시키는 데 성공했다. 또한 공안 분위기를 조성하여 한국 통치에 적극 활용했다.

일제는 105인사건을 계기로 신민회와 청년학우회를 모두 해산시켰다. 대성학교도 폐교되었고, 평양자기회사도 공중 분해되었다. 신민회는 그렇게 역사 속으로 사라졌다. 하지만 이것이 끝일까? 신민회에 대해서는 아직 하지 못한 이야기가 남아 있다. 그리고 그 속에는 몇 가지 놀라운 사실이 숨어 있다.

공립협회와 신민회

남겨진 이야기 하나. 사실 신민회는 단지 한국에만 국한된 독자적 조직이 아니라 한국 · 만저우 · 러시아를 잇는 공립협회의 거대한 조직망 가운데 하나였다. 안창호가 귀국하기 직전인 1907년 1월의 어느 날, 공립협회의 지도자들이 미국 캘리포니아 리버사이드에 집결했다. 그들은 이 자리에서 '통일연합론'을 제창하고 '통일연합기관' 설치를 결정했다. 통일연합론이란 국내와 미주, 일본과 옌하이저우의 한인 단체를 통합하여 단합된 민족의 힘으로 국권회복운동을 벌이자는 공립협회의 독립운동 방략이었다. 이날 결정으로 공립협회는 미주 한인자치기관에서 본격적인 국권회복운동 단체로 변신했다.

공립협회는 리버사이드에 통일연합기관으로 '미주 신민회 본부'를 설치하고, 국내외 각지에 지회를 두기로 결정했다. 공립협회장 안창호는 국내 지부를 조직하는 임무를 부여받았다. 신민회가 바로 그것이었다. 공립협회는 중견 지도자 이강李剛(1878~1954)과 임치정 등 인사 10여 명을 순차적으로 국내로 파견하여 신민회 건설을 적극 지원했다. 국내 지부 신민회가 조직되자 공립협회는 곧바로 해외 지회 설립에 나섰다. 이강을 비롯한 중견 지도자들을 속속 해외로 파견했다. 그 결과 1912년 무렵까지 만저우에 8개, 러시아에 21개의 지방회가 설립되었다. 이제 공립협회는 국내 신민회와 만저우 및 러시아의 지방회를 긴밀히 연결하고 국내외 한국인들의 힘을 국권회복운동에 집중시키고자 했다.

공립협회와 신민회는 단체의 지향부터 국권 회복의 방략까지 모든 것을 공유했다. 예를 들어 1907년 8월 국내에 의병전쟁이 확산되자 공립협회는 국권 회복의 최적기라 파악하고 독립전쟁론을 강력히 제창했다. 그런데 1908년 이후 의병전쟁이 쇠퇴하자 공립협회는 독립전쟁론을 독립운동 기지 건설 운동으로 수정했고, 만저우와 옌하이저우 등지의 지회를 중심으로 독립운동 기지 개척을 모색했다. 즉 신민회의 독립전쟁 준비론이나 독립운동 기지 건설 운동은 애초부터 공립협회와의 밀접한 교감 속에서 추진되었던 것이다.

신민회와 공립협회 인사들은 편지 같은 개인적인 통신 수단 외에 또 하나의 효과적인 연락 수단을 가지고 있었다. 바로 공립협회의 기관지 《공립신보共立新報》였다. 당시 《공립신보》는 국내 지사들을 통해 한두 달의 시차를 두고 국내에 전해졌다. 일제의 언론 탄압 도구인 신문지법은 외국에서 발행되거나 외국인이 발행하는 신문에 대해서는 무용지물이었다. 1908년 4월 일제가 신문지법을 개정하여 이런 약점을 보완할 때까지 《공립신보》는 미주와 한국을 잇는 최고의 메신저로 역할을 다했다.

남겨진 이야기 둘. 공립협회는 1908년 3월부터 1909년 12월 사이에 벌어졌던 암살사건 세 건과 밀접한 관련이 있었다. 1908년 3월 미국에서 일어난 스티븐스 암살사건, 1909년 10월 이토 히로부미 암살사건, 1909년 12월 이완용 암살미수사건이 그것이다.

친일 외교고문이었던 스티븐스 암살사건은 공립협회가 대동보국회大同保國會와 함께 주도했다. 두 단체는 일제의 한국 침략을 정당화하는 발언을 한 스티븐스에게 발언을 취소하라고 요구했지만 받아들이지 않자 회원 전명운田明雲(1884~1947)과 장인환張仁煥(1876~1930)을 통해 그를 암살했다. 뒷날 두 단체는 대한인국민회로 통합되었다.

이토 히로부미 암살사건에는 공립협회 블라디보스토크 지부가 연관되어 있었다. 공립협회의 특파원 정재관鄭在寬(1880~1930)과 이강이 공립협회 블라디보스토크 지부의 기관지 《대동공보大東共報》를 통해 안중근에게 자금을 대는 등 이토의 암살을 적극 지원했다. 그리고 잘 알려지지 않은 사실이 하나 더 있었다. 공립협회 블라디보스토크 지부의 회원이었던 안중근이 블라디보스토크로 건너온 스티븐스 암살사건의 주모자 전명운을 만났다는 점이다. 당시 블라디보스토크의 한국인들은 전명운을 민족의 영웅으로 환영했으며 그의 의협 활동을 높이 평가했다. 스티븐스 암살사건을 국권 회복을 위한 의협 투쟁의 모범 사례로 받아들였다. 안중근 역시 의협 투쟁을 결심하기까지 이런 분위기에 상당한 영향을 받았을 것으로 추측된다.

공립협회는 이완용 암살미수사건과도 밀접한 연관이 있었다. 사건의 주모자인 이재명은 공립협회원이었다. 그는 애초에 이토 히로부미를 암살할 계획이었으나 안중근이 거사에 성공하자 이완용 등 친일파로 대상을 바꾸었다. 안창호는 미국에 있을 때부터 그를 알았다. 그가 한국으로 들어온 목적이 요인 암살이라는 것도 이미 알고 있었다. 신민회는 그가 거사에 나서기까지 임치정 등을 통해 그의 활동을 은밀히 지원했다.

이처럼 공립협회는 의협 투쟁을 국권 회복을 위한 주요 투쟁 방략으로 채택했다. 신민회도 공립협회의 의협 투쟁 방침을 인지했고, 의협 투쟁의 주모자들과 인맥적으로 연결되어 있었으며, 조직의 보위를 해치지 않는 선에서 그들을 최대한 지원했다. 어쩌면 이것이 온건한 계몽주의적 강령을 지녔던 신민회가 비밀결사로 유지되어야 했던 근본적인 이유일지 모른다. 신민회는 단순한 계몽단체가 아니었던 것이다.

신민회 그 후

신민회가 105인사건으로 해산된 후 해외 기지를 건설하기 위해 만저우로 건너간 인사들과 공립협회의 해외 지회들은 어떻게 되었을까? 이동녕과 이회영의 가문은 1911년 1월 만저우 펑톈성(奉天省) 류허현(柳河縣)의 독립운동기지 삼원보三源堡에 자리를 잡았고 뒤이어 속속 도착하는 이주민들과 함께 새로운 한국인 거주지 신한촌을 건설했다. 4월에는 한국인 민단 기구인 경학사耕學社를 조직했고, 무관학교인 신흥무관학교新興武官學校도 창설했다. 뒷날 신흥 무관학교의 졸업생들은 독립군의 주요 인적 자원이 된다.

한편 공립협회의 만저우 지부들은 중국 정부의 압력, 만저우 동포들의 생계 불안정 등 열악한 조건에도 불구하고 1914년까지 존속했다. 러시아 지부들 역시 한인 단체들 사이의 갈등으로 부침이 심했지만 1917년까지 이어졌다. 공립협회(국민회)는 이들 지역에서 초기 독립운동의 주요 세력으로 활약했다.

만저우와 옌하이저우를 오가며 활동했던 이동휘는 1913년 전후까지 미국에 체류 중이던 안창호와 연락을 주고받았다. 그는 안창호에게 보낸 편지에 "동서강東西江의 정신 통일은 우리 신성한 단체(신민회)로 하는 중이외다"라고 써 자신이 여전히 신민회의 일원임을 알렸다. 이렇듯 신민회원들은 신민회가 해산된 이후에도 꽤 오랫동안 신민회의 정체성을 유지한 채 민족의 독립을 위해 일했다.

신민회는 풍전등화와 같던 대한제국의 말기, 미국 공립협회의 주도하에 국내와 만저우 그리고 옌하이저우를 연결하는 비밀결사였다. 공화제에 기반한 신국가 건설을 목표로 독립전쟁 준비론이라는 장기적이고 종합적인 독립 방략을 기반으로 한국의 국권 회복을 위해 힘썼다. 한민족은 스스로 강해져야 했다. 새로운 사상과 지식으로 무장하고 새로운 땅과 산업을 개척하며 국내외 한국인들을 단결시켜서 미래의 전쟁을 준비해야 했다. 그 중심에 비밀결사 신민회가 있었다.

입헌공화제는 혁명이었다?

지금은 입헌공화제가 당연하게 느껴지지만 1900년대에 신민회가 입헌 공화제를 표방했다는 것은 상당히 혁명적인 사건이다. 왜냐하면 국민 대다수는 을사조약 이후 일제를 몰아내고 다시 왕정으로 복귀(전제군주 제)하거나 왕과 의회의 공존(입헌군주제)을 희망했던 반면 신민회는 왕이 없는 사회를 바랐기 때문이다.

한국에 입헌공화제가 처음 소개된 것은 언제일까? 지금까지 확인된 바로는 1884년 1월 30일 《한성순보》에 실린 〈구미입헌정체〉라는 기사 가 최초다. 서구의 여러 정치제도 가운데 하나로 입헌군주제가 소개되 었다. 하지만 유길준兪吉濬(1856~1914)·박영효朴泳孝(1861~1939) 등 개 화파 지식인들은 입헌공화제보다 입헌군주제를 더 선호했다. 조선은 전제군주제 국가이기 때문에 곧바로 입헌공화제를 실현하는 것은 어렵 다고 생각했다. 이런 판단은 서재필徐載弼(1864~1951)·윤치호 등 독립 협회를 주도한 개화파 지식인들을 거쳐 1905년 헌정연구회憲政研究會를 결성한 계몽주의자들에게까지 그대로 이어졌다. 그들은 왕권을 제한하 고 민권을 확대하는 개혁 정치를 통해 입헌군주제를 실현하고자 했다.

하지만 점차 시간이 흐르면서 입헌공화제를 지향하는 정치 세력들이 나타났다. 그들이 바로 신민회였다. 앞에서 살펴보았듯이 신민회는 미 국식 민주주의의 세례를 받은 미국 이민자들에게 강력한 영향을 받았 다. 신민회를 시작으로 입헌공화제를 옹호하는 정치 세력은 점차 늘어 갔다. 여기에는 1911년 중국에서 일어난 신해혁명辛亥革命이 큰 영향을 끼쳤다. 신해혁명으로 등장한 중국 최초의 공화정부는 그 자체로 독립 운동가들에게 충격이었다. 이후 전제군주제(복벽주의復辟主義)와 입헌군 주제(보황주의保皇主義)를 지향하던 독립운동 세력들은 점차 입헌공화제 를 지향하게 되었다. 그리고 1917년 러시아혁명과 1918년 독일혁명은 입헌공화제를 시대의 대세로 받아들이는 결정적 계기가 되었다. 그 결 과 1919년 대한민국임시정부가 수립되었다. 비록 임시정부였지만 대 한민국임시정부는 한민족 최초의 입헌공화 체제였다.

호외2 계몽운동의 두 얼굴

만약 나라가 망국의 위기에 처한다면 우리는 무엇을 어떻게 할까? 1997년 IMF 경제위기가 닥쳤을 때 너도나도 금모으기 운동에 나섰던 기억이 또렷하다. 그때 많은 사람들이 '나라의 위기를 곧 나의 위기'라 여기고 십시일반 정성을 모았다. 1900년대도 크게 다르지 않았다. 사람 들은 망국의 위기를 자기 일처럼 아파하고 고민하며 극복하기 위해 노 력했다. 한민족의 구국운동은 직접 총을 들고 의병으로 나선 사람들과 학교를 세워 민족의 실력을 배양하고자 한 사람들로 나뉜다. 척사 계열 의 의병운동과 개화 계열의 계몽운동이 그것이다.

1900년대 한국은 서양의 발전된 문물에 압도되어 있었다. 물밀듯이 밀려오는 서양의 문물 앞에 한없이 나약한 자신을 발견한 사람들은 누 가 먼저랄 것도 없이 학교를 세우고 근대 문물을 배우고자 힘썼다. 민 족의 실력을 양성하여 하루빨리 근대화를 이룩하는 것이야말로 망국의 현실을 극복하는 최선의 길이라고 믿었다. 그들이 바로 1904년 러 · 일 전쟁과 1905년 을사조약을 계기로 정치 · 경제 · 사회 · 문화 전반에서 실력양성운동을 전개했던 계몽주의자다. 그들은 1904년 보안회保安會를 시작으로 다양한 정치사회단체 · 교육단체 · 학회 등을 결성하여 실력 양성운동을 펼쳐나갔다.

그런데 계몽주의자들은 심각한 문제를 하나 가지고 있었다. 그들 가운데 근대화 논리에 경도되어 제국주의의 침략성을 제대로 인식하지 못하는 사람들이 섞여 있었던 것이다. 이는 근대의 문물 속에 깃들어 있던 독에서 기인했다. 제국주의의 침략을 정당화하는 우승열패優勝劣敗의 이데올로기가 그것이었다. 이 독에 감염된 사람들은 민족의 실력 양성을 외치면서도 제국주의의 침략을 당연하게 여겼다. 결국 나중에는 제국주의의 침략이 점차 구체화되었음에도 전혀 저항하지 않았다. 그들은 나라가 망해도 근대화만 이룩한다면 문제될 게 없었기 때문이다.

계몽주의자들이 신민회와 대한협회로 나뉜 결정적 계기도 바로 이런 생각의 차이 때문이었다. 대한협회는 교육 보급 · 산업 개발 · 민권 보장 · 행정 개선 등을 주장하며 온건한 계몽주의자들을 끌어 모았다. 하지만 의병전쟁은 민족의 역량을 파괴하는 무모한 행동이고, 국권 회복은 어디까지나 일본에게 유화적인 방법으로 해야 한다고 주장할 정도로 그들은 일제의 침략에 대해 안일한 생각에 빠져 있었다. 결국 그들은 통감부 치하에서 정권획득운동을 펼치다가 일본의 대한제국 합병을 찬성하기에 이른다. 그들은 계몽주의자들이 제국주의의 침략성을 제대로 인식하지 못하고 근대화 지상주의에 빠졌을 때 어떤 결론에 이르게 되는지를 보여주는 전형적인 예다.

2

×

중국 혁명의 방법으로
한국을 혁명하라

| 대한광복회 |

지식이 있는 자는 서로 충정을 알리고 음隱으로 단결하여
본회가 의로운 깃발을 동쪽으로 향할 때를 기다려라.
그리고 재물이 있는 자는 각기 의무를 다하고 미리 저축하여 본회의 요구에 응하라.
나라는 회복할 것이요, 적은 멸망할 것이요, 공적功績은 길이 남을 것이다.

― 대한광복회 포고문

장승원 살인사건

경상북도 칠곡군 북삼면 오산동 장승원(65세) 씨는 영남 갑부의 이름을 들으며 구한국 시대에 경상북도관찰사까지 지내었고 아들 삼 형제가 있어 다 준수하고 그 아우도 있어 같이 늙어오는 등 팔자 좋기로 유명한 노인인데, 지난 10일 오후 6시경 자택에서 흉한의 총을 맞아 횡사했더라. (……) 그날 장승원 씨는 아무도 없는 사랑에 홀로 앉아 있었는데, 별안간 무뢰배 다섯 명이 달려들어 세 명은 육혈포를 가지고 두 명은 흉기를 가지고 협박하며 왈 "우리는 국권을 회복하기 위하여 그 비용으로 작년에 육만 원을 청구했던 바 어찌 보내지 않았더냐? 지금 당장에 삼천 원만 내라"고 하므로, 장승원 씨는 현금이 없다 하니 강도 중 한 명이 먼저 발포하고 따라서 세 명이 다 발포한 바, 먼저 발포한 놈은 이틀 전 그 집에 와서 유숙하고 간 자여서 얼굴을 아는 까닭으로 살해하려 한 듯하며, 탄알은 인후부와 오른편 다리를 맞혀 중상되었는데, 추후 곧 대구자혜의원에 입원하여 원장 이하각 의사와 경성으로부터 총독부 의원 의관이 출장하여 진력 치료했으나 12일 하오 9시에 별세했더라.

- 《매일신보每日申報》, 1917년 11월 15일

1917년 11월 10일, 경상북도 칠곡의 한 마을에서 권총 살인사건이 발생했다. 피해자는 대한제국 시대에 경상북도관찰사를 지냈던 대부호 장승원

張承遠이었다. 그는 죽기 직전 경찰관에게 범인 중 한 명이 전날 자신의 집에 유숙했다고 증언했다. 용의자의 인상은 키 다섯 자 네 치에 둥근 얼굴과 커다란 눈, 성긴 수염을 가졌다고 했다. 일제 공안 당국은 곧바로 수사에 착수했다. 그러나 범인들의 행방은 오리무중이었다.

장승원 살해사건은 철저히 계획된 살인이었다. 범인 가운데 한 명이 하루 전 유숙하면서 집 안의 동태를 살핀 것이나 장승원의 집에 침입한 범인들의 일사불란한 행동이 그런 추측을 가능하게 했다. 그리고 더욱 결정적인 증거는 사건 현장에서 발견된 경고문이었다.

오로지 광복을 외치는 것은 하늘과 사람이 모두 도리에 부합하는 일이다. 너의 큰 죄를 꾸짖고 우리 동포에게 경고를 주노라.

범인들은 장승원의 집 대문에 경고문을 붙이고 사라졌다. 획 하나하나 정성을 들인 점으로 미루어 보아 미리 준비해온 것이 분명했다. 글 뒤에는 '경고자 광복회원警戒人 光復會員'이라는 서명이 붙어 있었다.

경찰 당국은 광복회라는 서명에 주목했다. 한 달 전 대구의 부호 서창규徐昌圭로부터 수상한 편지를 받았다는 신고를 받았는데, 그 편지의 명의도 광복회였다. 편지는 '포고문'이란 제목하에 한국의 국권회복운동에 동참하라는 요구와 함께 거액의 자금을 제공하라는 내용을 담고 있었다. 당국은 장승원 역시 거액의 자금을 요구받았다는 사실로 미루어, 두 사건이 동일범 혹은 동일 집단의 소행이라 추정했다.

수사가 진행됨에 따라 유사한 편지가 전국 곳곳에서 발견되었다. 경상북도 20여 통과 충청남도 40여 통을 비롯하여 서울과 경상남도에서도 여러 통이 발견되었다. 수취인은 모두 전국의 유명한 부호들이었다. 흥미롭게도 부호들의 경제적 능력에 따라 요구 금액이 모두 달랐다.

수사는 이내 전국화되었다. 하지만 범인들의 실체는 쉽게 확인되지 않았다. 편지의 발신지가 워낙 다양해서 추적 자체가 어려웠다. 편지의 발신지는 경성·대전·신의주 등 전국에 산재해 있었고 중국에서 보낸 편지도 여러 통이었다. 경찰 당국은 한 보고서에 광복회의 정체가 무엇인지, 실존하는 단체인지도 전혀 알 수 없고, 범인들은 일체 불명의 상태라고 기록했다.

장승원 살인사건과 괴편지에 대한 수사가 별다른 진전 없이 고착되었을 무렵 일제를 긴장시키는 사건들이 곳곳에서 이어졌다. 1917년 12월 13일 문경 부호 조시영 강도사건, 12월 20일 안동 부호 안승국 강도사건, 그리고 1918년 1월 24일 충청남도 아산 도고면장 박용하朴容夏 살해사건 등이 그것이었다.

이들 사건을 연결짓는 공통의 고리는 광복회였다. 피해자들은 모두 거액의 독립운동자금을 요구하는 편지를 받았고, 얼마 뒤 광복회원의 방문을 받았다. 수사 결과 부호의 집을 방문한 범인들은 부호들이 순순히 자금 모금에 협조하지 않자 돈을 강탈하거나 살인을 저지른 것으로 밝혀졌다.

광복회 사건으로 한국 사회는 순식간에 충격과 공포에 휩싸였다. 경찰 당국은 편지를 받았다고 신고한 부호들의 집에 대규모 수사 인력을 파견하고 대대적인 광복회 검거작전을 펼쳤다. 일제 당국은 애써 태연한 척했지만 당황한 기색을 숨길 수는 없었다. 과거 어떤 단체도 광복회만큼 대담하게 행동한 적이 없었기 때문이다. 이것은 명백히 식민통치에 대한 도전이었다. 일제는 광복회 사건을 단순 강도살인사건으로 폄하했지만 사실은 그 이상이었다. 누가 봐도 모종의 정치 조직이 한국의 독립을 위해 벌인 일이 분명했기 때문이다.

1910년대 한국 사회를 충격과 공포로 몰아넣었던 광복회는 어떤 단체였을까? 한국의 부호들을 협박하고 암살 테러도 서슴지 않았던 그들은 도대체 누구였을까?

유교 지식인 박상진의 결단

1915년 8월의 어느 날, 대구 달성공원에 한 무리의 사람들이 모여들었다. 그들 중에는 하얀 두루마기 차림의 선비도 있었고 검은 양복을 단정하게 입은 신사도 있었다. 날씨가 무더웠지만 그들은 그늘에 모여 앉아 준비한 시를 읊으며 한가로이 시간을 보냈다. 누가 보아도 시회詩會를 즐기기 위해 모인 평범한 무리였다. 하지만 시회는 일제 공안 당국의 눈을 피하기 위한 방편일 뿐, 모임의 목적은 따로 있었다. 바로 한국 독립을 위한 비밀결사를 조직하는 것이었다.

일행 가운데 콧수염을 기른 30대 초반의 신사가 있었다. 단정한 차림의 평범한 외모였지만 의지가 굳고 명민해 보이는 그의 이름은 박상진朴尙鎭 (1884~1921)이었다. 그는 대대로 관료를 역임한 양반 가문 출신으로, 16세가 되던 해부터 뒷날 13도창의군十三道倡義軍의 대표 의병장이 되는 허위許蔿 (1854~1908)의 문하에 들어가 한학을 배웠다. 22세에는 스승 허위의 권유로 사립학교 양정의숙養正義塾에 입학하여 법률과 경제를 배우며 신학문에 입문했다. 명문가 출신으로 학문이 높기로 유명했던 허위는 신학문에도 관심이 높았던 개명 유학자였다. 스승을 통해 신학문에 눈을 뜬 박상진은 양

· 한국의 레지스랑스

정의숙을 졸업한 후 교남교육회嶠南教育會와 달성친목회達成親睦會 등 계몽주의 단체에 참여하면서 계몽주의적 면모를 갖춘 유교 지식인이 되었다.

그런데 망국의 시대에 개명한 유교 지식인이 자신의 뜻을 펼치며 살아가기에는 세상의 조건이 녹록지 않았다. 현실을 외면하지 않는 한, 자신의 지식을 팔아 살아가기란 결코 쉬운 일이 아니었다. 그럼에도 박상진은 1910년 판사등용시험에 응시했다. 아마도 눈과 귀를 닫고 현실에 안주하고자 했을 것이다. 당시 판사등용시험이란 일제의 통치체제를 뒷받침할 사법 전문가를 뽑는다는 의미가 강했다. 즉 시험에 응시하는 것 자체가 식민지 체제에 순응한다는 뜻이었다.

박상진은 막상 합격하자 판사로 부임하는 것을 포기했다. 식민지 시대 한국인 판사의 삶이 구체적으로 다가오자 비로소 자신의 현실을 깨달았으리라. 그는 중국으로 떠났다. 그리고 그곳에서 새 삶의 목표를 찾았다. 즉 세상을 바꾸는 일, 일제의 식민통치를 끝장내고 한국에 새로운 국가를 세우는 것이었다.

스승 허위가 1907년 온몸을 바쳐 의병을 일으켰듯이, 박상진은 민족의 독립을 위해 살겠다고 결심했다. 그는 4년여의 시간 동안 한국과 중국을 오가며 뜻을 함께하는 사람들을 모았다. 그리고 드디어 그 결실이 달성공원의 회합으로 나타났다. 드디어 비밀결사 대한광복회가 결성되었다.

박상진은 대한광복회의 총사령으로 추대되었다. 총사령을 수족처럼 보좌할 지휘장에는 의병 출신인 우재룡禹在龍(1884~1955)과 권영만權寧萬(1877~1950)이 선임되었다. 조직의 살림을 책임질 재무부장은 조선판 노블레스 오블리주의 상징, 경주 최부잣집의 마지막 만석꾼 최준崔浚(1884~1970)이 맡았다. 이어 8도에 지부를 두고 경상도 채기중蔡基中(1873~1921) · 충청도 김한종金漢鍾(1883~1921)·황해도 이관구李觀求(1885~1953) 등을 각도의 지부장으로 선출했다. 비밀결사 대한광복회는 이렇게 시작되었다.

의병 세력과 계몽 세력의 전술적 연합

> 우리 조국을 회복하고 우리의 적을 물리치고 우리 동포를 구하는 것은 실로 하늘
> 이 내린 우리 민족의 책무이지 의무다. (……) 지식이 있는 자는 서로 충정을 알
> 리고 음陰으로 단결하여 본회(광복회)가 의로운 깃발을 동쪽으로 향할 때를 기다
> 려라. 그리고 재물이 있는 자는 각기 의무를 다하고 미리 저축하여 본회의 요구
> 에 응하라. 나라는 회복할 것이요, 적은 멸망할 것이요, 공적功績은 길이 남을 것
> 이다.
>
> — 「광복회 포고문」

대한광복회는 일제의 구축驅逐과 한국의 독립을 목표로 한 비밀결사였다. 지식이 있는 자는 지식으로, 재물이 있는 자는 재물로 민족의 힘을 모아 일제를 몰아내고 새로운 세상을 여는 것이 광복회 최고의 목적이었다. 그들이 꿈꾼 세상은 어떤 것이었을까?

> "광복회의 목적은 국권을 회복하여 공화정치를 실시하는 데 있다."
>
> — 김한종의 진술, 「경성복심법원판결문」, 1919년

> "우리나라는 국왕이 없기 때문에 이때 마침 좋은 기회를 맞았으니, 민국을 조직

• 한국의 레지스탕스

하고 병사를 양성해야 한다."

- 채기중의 진술, 「경성복심법원판결문」, 1919년

대한광복회는 일제를 구축하고 조국의 독립을 성취한 후 새로 세울 국가의 형태로 공화제를 상정했다. 공화주의는 계몽주의적 유교 지식인 박상진을 비롯하여 의병 출신인 김한종·채기중 등에 이르기까지 대한광복회 내에 광범위하게 공유되었던 듯하다. 그렇다고 대한광복회에 참여한 모든 세력이 공화주의에 찬성하지는 않았던 것 같다.

"광복회라 명명한 것은 광무光武를 회복하는, 즉 구한국의 국권을 회복한다는 의
   미였다."

- 우재룡의 신문조서, 1921년

의병 출신인 우재룡은 광복의 의미를 광무의 회복, 즉 대한제국의 회복으로 증언했다. 이른바 복벽주의였다. 복벽이란 문자 그대로 왕을 복위시킨다는 뜻이고, 복벽주의란 봉건적인 전제왕권의 회복을 추구하는 왕정복고주의를 의미한다. 복벽주의는 위정척사사상을 계승 발전해온 의병 세력의 오랜 정치 신념이었다. 대한광복회에는 대한제국 시기에 의병운동을 했던 사람들이 많았고, 그들은 대체로 지난 시절의 신념을 그대로 유지했다.
   이렇듯 대한광복회는 공화주의와 복벽주의라는 정반대의 정치 지향이 함께 존재한 단체였다. 왜 이런 현상이 발생했을까? 먼저 대한광복회의 인물 구성에서 이유를 찾을 수 있다. 대한광복회는 국내외 여러 세력들이 민족의 독립이라는 큰 목표를 위해 모인 결집체였다. 그 결과 절대 함께할 수

없을 것만 같던 두 세력이 공존하는 조직이 되었다. 대한제국 말기 구국운동의 양대 조류였던 의병운동 세력과 계몽운동 세력이 그들이다.

의병 세력은 박상진의 스승 허위의 인맥에서 비롯했다. 허위의 금산의진金山義陣에 참여했던 양제안梁濟安(1860~1929)을 시작으로 산남의진山南義陣의 우재룡과 진보의진眞寶義陣의 권영만 등이 대표 인물이다. 국권 회복을 목적으로 한 풍기광복단豊基光復團이나 당대 대표 왕정복고주의 단체였던 민단조합民團組合에서 참여한 인사들도 대부분 의병 출신이거나 의병적 성향이 강했다. 의병 세력은 높은 의협심과 군사적 경험으로 대한광복회에서 중요한 역할을 담당했다. 비밀결사의 중앙이 총사령이나 지휘장이라는 의병 조직적 명칭으로 구성되었던 이유도 광복회 내 의병 세력의 영향력을 반증한다.

한편 계몽운동 세력은 박상진의 계몽단체 활동과 연결되어 있었다. 대구의 대표 계몽단체였던 달성친목회와 조선국권회복단朝鮮國權恢復團에 참여했던 박상진은 관련 인사들과 접촉하면서 최준·김재열金在烈 등 계몽주의자를 대한광복회에 가입시켰다. 만저우에서 만나 뜻을 함께한 이관구나 의형제를 맺었던 김좌진金佐鎭(1889~1930) 역시 대한광복회에 참여한 대표 계몽주의 지식인이었다. 뒷날 김좌진은 무장 독립운동 부대 북로군정서北路軍政署의 지도자가 되지만 대한광복회에 참여하던 시점에는 교육운동에 참여했던 계몽주의자였다.

의병 세력과 계몽 세력의 연합으로 조직된 비밀결사였던 탓에 대한광복회 안에는 공화주의와 복벽주의라는 정반대의 정치 지향이 공존했다. 대한제국 시기에 갈등과 반목을 거듭하던 양 세력이 정치 지향이 서로 달랐으면서도 비밀결사 활동을 함께할 수 있었던 이유는 무엇일까?

첫째, 양 세력 모두 일제의 강압적인 헌병경찰 통치하에서 제대로 활동할 수 없었던 현실 상황 때문이었다. 일제는 1910년대 초반 대대적인 토벌 작전으로 의병 세력을 초토화했고, 105인사건 등 대규모 조직 사건을 통해 계몽 세력을 탄압했다. 그 결과 민족의 항일 역량은 크게 위축되었고 양 세력 모두 고립 분산되어 명맥을 유지하기도 힘들었다. 참담한 현실 때문에 양 세력은 정치 지향보다는 조국의 독립이라는 일차 목적에 집중했다.

둘째, 대한제국의 멸망이라는 정세 변화에 따라 양 세력이 각자의 진영을 재정비하면서 서로의 이념과 방법론을 수용했기 때문이다. 계몽 세력은 급진적 인사를 중심으로 의병 세력의 독립전쟁론을 받아들였다. 온건한 계몽운동만으로는 일제를 몰아내고 민족을 독립하는 것이 더 이상 어렵다고 판단했기 때문이다. 의병 세력 역시 의병을 독립군으로 발전시키면서 계몽주의의 정치이론을 수용하거나 스스로 계몽주의자로 변신하기도 했다. 특히 1911년 신해혁명·1917년 러시아혁명·1918년 독일혁명 등은 전제왕정의 종말을 알리는 상징적 사건으로 받아들여졌고, 전제왕정을 대체하는 것이 입헌공화정임이 분명해지면서 의병 세력의 사상 변화는 더욱 극적으로 진행되었다. 많은 의병 세력이 독립군으로 변화·발전하면서 공화주의를 받아들이기 시작했던 것이다.

대한광복회는 전제왕정에서 공화정으로 넘어가는 과도기, 변화의 한가운데 자리한 까닭에 공화와 복벽이 공존하는 조직이 되었다. 계몽 세력과 의병 세력은 독립이라는 목표를 위해 전술적인 연합을 선택하고 한 조직에 몸을 담갔다. 그들은 서로의 주의와 전략에 영향을 받으며 서서히 동화해 갔다. 그것이 이 시대의 보편적인 모습이었다.

신해혁명의 충격과 교훈

과연 대한광복회는 어떤 방법과 전략으로 한국의 독립을 획득하고자 했을까? 박상진은 바로 혁명이 그 답이라고 확신했다.

"중국혁명에 관해 연구해야 하며, 우리가 계획하는 혁명도 이를 배워야 한다."

– 박상진의 진술, 「경성복심법원판결문」, 1919년

1911년 박상진은 중국에서 신해혁명을 직접 목격하고 큰 충격을 받았다. 조선이 오랫동안 사대의 예로 대해야 했던 대국 청나라가 혁명으로 한순간 무너지는 모습을 목격했기 때문이다. 더구나 혁명의 결과 중국에 중화민국이라는 입헌공화국이 세워졌다는 소식은 더욱더 놀라운 것이었다. 신해혁명은 거의 모든 한국인에게 충격이었다.

신해혁명을 지켜본 박상진은 한국의 독립운동도 중국의 방법을 배워야한다고 확신했다. 그는 소수의 혁명가가 민중의 무장봉기를 조직하여 정권을 무너뜨리는 중국혁명의 과정이야말로 우리 민족에게 일제의 통치를 무너뜨릴 최고의 방법을 시사한다고 생각했다.

혁명을 일으키려면 혁명을 지도할 세력이 필요했다. 조직된 혁명 세력이 전국에서 대규모 무장봉기를 일으켜야 했기 때문이다. 또 대규모 무장봉기를 성공시키려면 훈련된 군사력과 무기가 필요했다. 당시 국내에서 항일 군사력을 키우는 것은 불가능했으므로 중국의 만저우나 러시아의 옌하이저우에서 군사력을 준비하고 군비를 갖추어야 했다. 그리고 여기에 일본이 중국을 포함한 세계열강과 충돌하여 국제적으로 고립되는 결정적인 국

1911년 청나라를 무너뜨리고 중화민국을 세운 중국의 민주주의 혁명으로 쑨원을 대총통으로 하는 중화민국이 탄생했다. 신해혁명은 중국사에서 처음으로 공화국을 수립한 혁명으로, 한국인에게도 큰 충격을 안겼다.

면이 따라야 했다. 그 절체절명의 시기에 국내 혁명 세력과 해외 군사력이 동시다발적으로 무장봉기를 일으킨다면 일제의 강고한 통치 체제도 더 이상 버티지 못하고 무너질 것이라고 박상진은 예상했다. 즉 혁명 세력을 조직하고, 해외에서 군사와 군비를 키우며, 세계열강과의 외교로 국제사회에서 일본을 고립시키는 것이 그의 원대한 혁명 계획이었다.

박상진의 혁명 전략에는 신해혁명에서 얻은 교훈뿐 아니라 과거 신민회가 세웠던 독립 방략도 고스란히 포함되어 있었다. 스승 허위로부터 비롯한 신민회 출신 인사들과의 인연 때문이었다. 허위의 형 허겸許蒹 (1851~1939)은 신민회의 독립운동 기지 건설 계획에 참여하여 서젠다오에 정착해 있었다. 박상진은 허겸을 통해 이시영·주진수 등 신민회 인사들과 교류했고, 신민회의 독립 방략을 바탕으로 자신의 혁명 전략을 가다듬었다.

"박상진의 위대한 포부 중 만주 벌판에 조선식 수전을 장려하고, 중국과 노령에 거주하는 동포 및 국내 동지로 내외를 상응시키고, 구미제국에 외교한다는 계획은 대단했다. 국권의 회복은 이후에 자손에게 물려주더라도 하지 않을 수 없는 우리의 임무라는 박상진의 말에 내심으로 참으로 복종하지 않을 수 없어 맹세하고 몸을 허락했다."

– 우재룡의 회고, 1946년

의병전쟁에 참전했다 실패하고 깊은 산중에 은신했던 우재룡은 박상진의 혁명 전략을 듣고 감동한 순간을 이렇게 기록했다. 그는 박상진의 계획을 듣고 비로소 대한광복회에 참여했다고 고백했다. 그만큼 박상진의 혁명 전략은 당대 어느 누구보다 뛰어났다.

독립군 양성의 길

독립으로 가는 여정에서 대한광복회의 핵심 목표는 혁명 세력의 조직과 해외 독립군의 양성이었다. 우선 대한광복회는 전자를 위해 지부 조직의 확대와 연락 거점의 설치라는 두 가지 방향에 총력을 기울였다. 지부는 각도 지부장을 중심으로 조직되었다. 처음에는 주로 학연과 지연으로 연결된 개인적 인맥을 중심으로 회원을 모집했고, 새 회원이 가입하면 그들의 인맥을 동원하여 피라미드식으로 조직을 확대해나갔다. 특히 채기중 · 김한종 · 이관구가 지부장으로 활동했던 경상북도 · 충청남도 · 황해도의 조직세가 강했다.

대한광복회는 전국 각지에 연락 거점을 만드는 작업도 함께 추진했다. 연락 거점은 결정적 시기가 오면 혁명 거점의 역할도 동시에 수행하는 것으로 상정되었기 때문에 더욱 중요한 의미를 가졌다. 1912년 박상진이 서젠다오의 독립운동 기지 건설 운동을 지원하기 위해 설립했던 상덕태상회尙德泰商會는 연락 거점 건설 사업의 기본 모형이자 국내외를 연결하는 대한광복회의 중심 거점으로 기능했다. 대한광복회는 상덕태상회를 중심으로 자본금 1만여 원의 상점 100여 개를 국내외 각지에 설치하는 것을 목표로 설정했다. 이를 통해 독립운동 자금을 안정적으로 확보하는 한편 국내외를 망라한 연락 조직을 갖추고자 했던 것이다. 영주의 대동상점大同商店 · 중국 안둥(安東)의 삼달양행三達洋行 · 창춘(長春)의 상원양행尙元洋行 등이 그것이었다. 이외에도 광주 · 예산 · 인천 · 용천 등지에 연락 거점을 설치했던 것으로 알려진다.

연락 거점으로 왜 곡물 상점이 활용되었을까? 곡물 상점은 교역권이 광범위하여 자금의 위장 송달이 가능하고, 일제의 감시를 피해 금전을 거래하는 것이 용이하다는 장점이 있었다. 당시 한국에는 잡화 상점이나 곡물 상점을 설립하여 독립운동을 은폐하는 것이 독립운동계의 상식처럼 되어 있었다. 연락 거점이었던 상점 중에서 뒷날 가장 유명해지는 것은 안희제安熙濟(1885~1943)의 백산상회白山商會였다. 안희제는 백산상회를 주식회사로 성장시키며 만저우의 독립운동 세력과 상하이 임시정부 등을 경제적으로 지원했다. 여기서 주목할 것은 대한광복회의 재무부장 최준이 백산상회의 운영을 맡았고, 안희제와 박상진이 양정의숙 동창이었다는 사실이다. 당시 독립운동을 지원하는 곡물 상점이 유행했던 이유는 이런 인적 교류의 결과였다.

한편 대한광복회는 해외 독립군 양성에도 심혈을 기울였다. 해외 독립군 양성이 대한광복회의 혁명 전략에서 차지한 비중을 고려하면 조직 활동 가운데 가장 중요했다고 해도 과언이 아니었다. 특히 1915년 12월 중국 지린에서 조직된 길림광복회는 대한광복회의 만저우 지부로서 해외 군사와 군비를 책임질 기관으로 설립되었다. 대한광복회는 길림광복회를 통해 만저우에 거주하는 한국인들을 모병하고 군사 훈련을 거쳐 독립군으로 양성할 예정이었다. 또한 토지를 마련하여 경작함으로써 경제적 자립도 도모하고자 했다.

길림광복회의 조직에는 우재룡 · 손일민孫逸民(1884~1940) · 주진수 등이 주도적으로 참여했다. 손일민은 당시 신의주와 중국 안둥에서 여관을 경영하며 만저우로 건너오는 한국인들의 이주를 돕는 지사로 유명했다. 특히 손일민이 운영했던 안동여관安東旅館은 대한광복회의 주요 연락 거점으로도 활용되었다. 주진수는 과거 신민회의 강원도 책임자로서 신민회의 해외 독립운동 기지 건설 운동에 참여한 경험이 있었다. 이렇듯 대한광복회는 만저우 지부를 건설할 때 독립운동 기지 건설의 경험이 있거나 현지 사정에 능통한 인사들을 적극 투입하여 독립군 양성 계획의 성공 가능성을 높였다.

박상진은 신민회 인사들과 교류하며 서젠다오 독립운동 기지가 만들어지는 험난한 과정을 지켜보았다. 중국인들의 한국인 차별, 일제의 방해, 만저우의 혹독한 기후와 풍토병 등 기지 건설의 적은 한둘이 아니었다. 실제로 1910년부터 시작된 기지 건설 사업은 대한광복회가 결성되던 1915년 무렵에도 전혀 안정화되지 못했다.

박상진은 대한광복회의 해외 독립군 양성 계획이 서젠다오의 경험을 기반으로 시행착오를 최대한 줄일 수 있기를 바랐다. 이를 위해 그는 대한광복회의 국내 조직을 통해 지속적으로 경제적 지원을 제공할 생각이었다. 대동상점의 권영목權寧睦을 통해 만저우 지부의 초기 건설 자금으로 7만 원을 제공하고 1917년에 추가로 6만 원을 지원한 것도 이런 이유에서였다.

길림광복회의 초대 책임자는 황해도 의병 출신인 이진룡李鎭龍이었다. 대한광복회는 이진룡을 부사령 겸 길림광복회의 책임자로 임명하고 만저우 지부의 조직과 운영을 맡겼다. 그러나 이진룡은 책임을 맡은 지 얼마 지나지 않은 1916년 군자금 마련을 위해 운산금광 현금 수송 마차를 습격했다가 일제 공안 당국에 체포되고 말았다. 대한광복회는 하루빨리 새 책임자를 선임하여 만저우 지부를 복구해야 했다. 길림광복회의 새 책임자는 김좌진이었다.

오늘 동지를 만주로 전송하노니

의를 행할 칼 가는 곳 가을 물에 밝게 그 마음을 비치도다

뭇 정성 합친 곳에 능히 대업을 이루리

서로 이겨 만날 때 반드시 큰 외침 있으리라

— 김한종의 전별시(이성우, 「대한광복회 충청도 지부의 결성과 활동」, 2000에서 재인용)

김좌진은 박상진과 김한종 등 대한광복회 인사들의 전송을 뒤로하고, 대한광복회의 부사령이자 길림광복회의 책임자로 지린에 도착했다. 그는 대한광복회의 해외 독립군 양성이라는 무거운 짐을 맡았다. 이 일은 그의 인생에서 중대한 전환점이었다. 독립군 지도자로서의 삶이 시작되려는 순간이었기 때문이다.

대한광복회의 해외 독립군 양성 운동은 조직의 사활을 건 주요 사업이었

지만 오랜 시간과 노력이 필요한 전술이었다. 문제는 장기 전술에만 의존하다 보면 활동이 지지부진해져서 조직의 결집력이 약화될 위험이 있었다. 대한광복회에는 어느 정도 가시적인 성과가 필요했다. 그리고 단기 성과는 만저우 지부를 지원하는 데도 큰 도움이 될 터였다. 그 때문에 대한광복회는 단기 전술을 고안하여 조직 강화와 활동 자금 마련을 도모했다. 그들이 생각한 단기 전술은 어떤 것이었을까?

현금 수송 마차를 습격하라

24일 오전 2시 40분에 경주를 출발하여 대구로 배송될 관금官金 팔천칠백 원의 행낭이 경주와 아화阿火 사이에서 분실된 대사건이 있더라. 이 우편마차는 대구부 대야봉차랑大野峯次郎이 맡아서 운반하는 마차로, 평소 신용이 있는 일본인 마차부를 사용하는 터인데, 당일도 새벽에 일찍이 그 배송 금액을 싣고 경주를 출발했더라. 그때 한 조선 승객이 그 행낭 옆에 앉아 있었으나 수상한 자인 줄은 생각지도 아니했고, 새벽바람이 몹시 차가운 고로 방한구를 입고 마차 앞에 앉아서 채찍질만 하니, 무열왕릉 근처의 언덕을 올라갈 때에는 바람이 더한층 심하게 불어서 살을 에는 듯이 차가운지라. 마차의 그 승객도 외투 속에 묻고 아화 방면을 향해 진행하는데, (……) 이때 별안간 뒤편에서 덜컹덜컹 하는 소리가 들리는 까닭에 고개를 돌아보니, 뒤편의 마차 문이 열렸으므로 이상히 여겨 자세히 본즉, 같이 오던 사람이 간 곳도 없는지라. 놀라 급히 우편 행낭을 검사하여본즉, 날카로운 칼끝으로 관금 행낭을 찢어놓았고 행낭 속에 있던 관금은 간 곳이 없더라. 이자는 깜짝 놀라 잠시 동안 어찌할 줄을 몰랐으나 아무리 걱정한들 될 일이 아니므로, 즉시 경주로 돌아가 경찰서에 고발하니 경찰서에서는 곧 비상선을 치고 극력 범인을 수색했으나 범인은 도망한 지 이미 두 시간이 지난지라. 목하 엄중히 수색하는 중이라더라.

- 《매일신보》, 1915년 12월 26일

1915년 12월 경주에서 발생한 현금 수송 마차의 공금 탈취 사건은 끝내 범인을 잡지 못한 채 종결되었다. 사건은 영원히 미궁 속으로 빠져드는 것 같았다. 그런데 해방 후 사건의 진상을 증언하는 자가 있었다. 바로 우재룡이었다. 그가 바로 범인 중 한 명이었다.

공금 탈취 사건을 주도한 이는 대한광복회의 두 지휘장 우재룡과 권영만이었다. 권영만은 신분을 숨기고 승객으로 가장하여 우편마차에 올랐다. 그는 병원에 치료하러 간다고 마차 주인에게 사정하여 마차를 얻어 타는 데 성공했다. 그는 행낭 옆에 앉아 기회를 엿보면서 마차가 우재룡과 약속한 장소에 도착하기를 기다렸다. 대기 중이던 우재룡은 마차가 다가오자 장애물로 마차의 속도를 줄였다. 권영만은 이 기회를 놓치지 않고 공금을 훔쳤고, 마차에서 뛰어내려 우재룡과 함께 유유히 달아났다. 이들이 탈취한 공금은 경주 일대에서 거둔 토지세였다. 거액의 공금이 수송된다는 정보는 대한광복회 재무부장 최준이 제공했다.

공금 탈취 사건은 대한광복회가 준비한 단기 전술의 하나였다. 일제의 세금을 탈취함으로써 식민 행정에 타격을 가하고 동시에 군자금도 획득하겠다는 계획이었다. 비슷한 시기에 대한광복회 부사령 이진룡도 현금 수송 마차 습격을 시도했다. 하지만 결과는 좋지 않았다. 이진룡은 소규모 병력으로 운산금광의 현금 수송 마차를 습격했지만 양자 간에 교전이 벌어지면서 자금 획득에 실패했다. 더구나 이 사건이 빌미가 되어 일제 관헌에 체포되고 말았다. 현금 수송 마차 탈취 전술은 그만큼 위험이 따랐다.

대한광복회는 이 외에도 일본인 소유의 광산을 습격하거나 위조지폐를 제작하는 등 다양한 투쟁 방법을 계획하고 실행했지만 괄목할 만한 성과는 얻지 못했다. 모두 계획 단계에서 무산되거나 실행 단계에서 일제 당국에 탐지되고 말았다. 결국 대한광복회는 단편적이고 일회적인 계획을 모두 폐기하고 새로운 투쟁 방법을 고안했다. 바로 전국의 재산가들에게 국권회복 운동 동참할 것을 권유하고 의연금을 모금하는 일이었다.

실패한 의연금 모집 투쟁

1917년의 어느 날, 우재룡이 머리부터 발끝까지 중국인 복장으로 변장하고 만저우 안동여관에 나타났다. 그의 가방에는 빈 종이만 잔뜩 들어 있었다. 안동여관의 주인 손일민이 호기심 어린 눈으로 지켜보는 가운데 우재룡이 빈 종이를 들어 불에 쬐었다. 그러자 종이에 글씨들이 깨알같이 나타났다. 그 종이는 바로 소금물로 쓴 문서였다! 거기에는 각지의 회원들이 조사한 전국 유명 부호들의 이름 · 주소 · 재산 정도와 함께 한문으로 쓴 포고문이 담겨 있었다.

우재룡은 손일민의 도움을 받아 포고문을 국한문으로 번역하고 등사했다. 또한 '특별배당금증'도 제작했다. 특별배당금증이란 부호의 이름과 배당 금액을 적은 증서였다. 대한광복회는 이 증서를 반으로 잘라 반쪽은 부호에게 보내고 나머지 반쪽은 자신들이 보관했다. 보관한 증서는 차후 의

연금을 받으러 갈 때 편지의 발신자를 증명할 근거로 쓰일 예정이었다.

우재룡은 편지가 모두 완성되자 안동현과 펑톈 각지의 우편소를 돌며 전국의 부호들에게 발송했다. 우재룡 외에도 각 지부가 나누어 편지를 보냈다. 위험을 최소화하기 위해서였다.

며칠 뒤 대한광복회의 포고문이 각지의 부호들에게 도착했다. 대한광복회원들은 부호들의 집을 관찰하며 반응을 살폈다. 부호들에게 돈을 마련할 시간을 준 다음 반쪽짜리 특별배당금증을 들고 그들을 방문할 예정이었다.

그런데 부호들의 움직임이 심상치 않았다. 경찰 병력이 부호들의 집을 에워쌌다. 편지를 받은 부호들 대부분이 경찰 당국에 신고했기 때문이다. 부호들이 대한광복회의 뜻에 순순히 따르리라고 예상한 것은 아니었지만 현실은 더 냉정했다. 한 대한광복회원은 "자산가들이 포고문을 모두 수신한 모양이며, 경찰이 정탐하고 있는 것 같다"고 동료들에게 경고했다.

부호들 대부분은 대한광복회의 의연금 모집을 범죄 행위로 인식했다. 그것은 뒷날 일제 정책에 적극 협력하는 김갑순金甲淳(1872~1961)이나 동덕여대 설립에 크게 기여하여 교육자로 존경받는 이석구李錫九(1880~1956)나 크게 다르지 않았다. 뒷날 대한광복회 사건의 예심에 출석한 부호들은 편지를 받고 위협을 느껴 곧바로 당국에 신고했다고 증언했다. 이렇듯 당시 부호들 대부분은 이미 일제의 통치를 가슴속 깊숙이 받아들였다. 이들에게 일제 식민 당국은 자신들의 재산을 보호해줄 정부였고, 대한광복회는 자신들을 불안에 떨게 하는 사회의 암적 존재였다.

대한광복회의 편지를 받고 신고하지 않은 부호들도 꽤 있었다. 하지만 그들이 모금 실적에 도움이 된 것은 아니었다. 실제 모금액은 대한광복회가 배당한 금액에 비해 터무니없이 부족했다. 뒷날 경찰은 1만 원대부터

1,000원대까지 배당받았던 부호들이 대부분 100원에서 300원 정도를 냈다고 보고했다. 여러모로 솔직할 수 없었던 부호들의 증언을 토대로 한 정보라 경찰의 발표를 그대로 믿을 수는 없겠지만 의연금 모집이 순조롭지 않았던 것은 부인할 수 없는 현실이었다.

의연금 모금 실적이 좋지 않자 대한광복회 내에서 부호들에 대한 특단의 조치를 요구하는 목소리가 높아졌다. 특단의 조치란 특정 부호를 처단하여 비협조적인 여타 부호들에게 확실한 경고의 뜻을 보여주자는 것이었다. 대한광복회는 애초부터 친일 부호에 대한 처단 계획을 세웠고, 의협 투쟁을 국권회복운동의 중요한 방법으로 고려했다. 의협 투쟁의 주요 대상은 일본인 관료와 한국인 반역 분자였다.

대한광복회는 이미 이관구를 중심으로 조선총독을 암살하려고 시도한 적이 있었다. 이 계획은 실행 단계에서 실패했지만 의협 투쟁에 대한 고민은 계속되었다. 친일 부호 처단 계획은 이런 분위기에서 탄생했다. 친일 부호에 대한 테러 암살이 의연금 모금 성과를 높여줄 뿐만 아니라 한국의 국권회복운동을 고조시킬 계기가 될 것이라고 확신했다. 대한광복회의 의협 투쟁은 그렇게 시작되었다. 첫 번째 희생자가 바로 칠곡의 장승원이었다.

마지막 선택, 의협 투쟁

대한광복회는 암살 테러의 대상으로 왜 경상북도 칠곡의 부호 장승원을 선택했을까? 첫째, 박상진과 장승원의 오래된 원한 때문이었다. 박상진의 증언에 따르면 장승원은 허위의 추천으로 경상북도관찰사가 되었지만 그 후 허위가 의병을 일으키면서 군자금을 요청하자 이를 거부했다고 한다. 허위의 형 허겸이 아우의 뒤를 따라 의병을 일으키고자 자금을 요청했을 때는 아예 당국에 밀고를 했다. 결국 허겸은 망명할 수밖에 없었다.

둘째, 장승원의 개인적인 비행 때문이었다. 장승원은 고종의 토지를 편취하여 자신의 부를 축적하는가 하면, 가혹 행위로 소작인을 죽인 사실을 숨기기 위해 의사를 매수하는 등 헤아릴 수 없이 많은 악행을 저질렀다.

셋째, 장승원이 대한광복회의 의연금 요구를 거부하고, 경찰 당국에 밀고하려고까지 했기 때문이다. 대한광복회는 장승원을 민족배반자로 인식하고 처단을 통해 세상에 경고하고자 했다.

장승원 암살사건은 박상진과 채기중이 주도했다. 특히 채기중은 거사 전날 직접 장승원의 집에 유숙하며 집 안의 동태를 살폈고, 유창순庾昌淳(1876~1927)에게 망을 보게 하고 강순필姜順必(1882~1921)과 함께 장승원을 처단한 뒤 대문에 경고문을 붙이고 도주하기까지 전 과정을 지휘했다. 장승원이 죽기 직전 증언했던 용의자가 바로 채기중이었다.

대한광복회의 두 번째 처단 대상은 충청남도 아산의 도고면장 박용하였다. 박용하는 면민을 학대하고, 면서기의 사택을 몰수하여 사취했으며, 전 면장을 비리 혐의로 몰아 옥사하게 한 점이 처단의 사유가 되었다. 하지만 보다 직접적인 이유는 대한광복회의 편지를 헌병에 신고했기 때문이다. 대한광복회는 박용하를 처단한 직후 게시한 경고문의 말미에 이 점을 분명히 했다.

박용하는 본회(대한광복회)의 지령을 위반했으므로 사형에 처한다. 오로지 우리 동포는 이를 경계하고 경계하라.

대한광복회는 비밀을 누설할 경우 징계한다는 사실을 편지로 경고했고, 명령을 따르지 않은 박용하를 처단하여 여타의 부호들에게 강력한 경고의 뜻을 전하고자 했던 것이다.

박용하 처단 계획은 충청 지부의 김한종과 장두환張斗煥(1894~1921)이 주도했다. 이들은 김경태金敬泰(1874~1921)와 임봉주林鳳柱(1875~1921)에게 거사를 일임했고, 둘은 우재룡이 제공한 권총으로 박용하를 처단했다. 이들은 거사 직후 대한광복회 명의의 경고문을 게시하고 종적을 감췄다. 장승원을 처단한 지 채 석 달이 지니지 않은 1918년 1월의 일이었다.

대한광복회는 장승원과 박용하를 처단하여 부호들의 민족 반역 행위를 경고함으로써 민족의 반일 의지를 환기하는 한편 의연금 모집 성과를 높이고자 했다. 그러나 두 사건으로 비밀결사 대한광복회의 존재가 세상에 널리 알려지면서 일제 당국의 수사에 직면했다. 이제 대한광복회는 잠시 활동을 접고 조직을 보위하는 데 최선의 노력을 기울여야 했다. 하지만 공안 당국이 대한광복회의 목전에 다다라 있었다. 위기는 그렇게 시작되었다.

대한광복회가 역사에 남긴 것

천안 헌병 분대는 수사 과정에서 천안 군내 자산가들이 받은 불온 편지가 모두 경성부 내 우편소에서 발송되었다는 정보를 알아냈다. 또 자산가들의 이름과 주소는 단 한 건의 오류도 없이 일치하고, 자산가들에게 요구된 금액이 재산 규모에 따라 차등 부과되었다는 사실도 밝혀냈다. 범인들이 천안 내 자산가들을 자세하게 파악한 정황들로 미루어볼 때 범인 가운데 능

통한 군내 거주자가 있을 가능성이 높았다.

헌병 분대는 천안군 거주자 중에서 최근 경성을 오간 사람들을 조사했다. 그 과정에서 장두환을 포착했다. 조사 결과 그는 최근 경성과 인천을 자주 왕래했음이 밝혀졌다. 헌병 분대는 장두환의 집 주변에 경찰을 배치하고 감시에 들어갔다. 그리고 신분을 알 수 없는 수상한 한국인들이 그의 집을 자주 출입한다는 사실을 알아냈다. 헌병 분대는 즉시 장두환을 체포하고 그의 집을 수색했다. 그리고 대한광복회의 특별배당금증을 발견했다. 결정적인 증거였다.

장두환은 무자비한 고문과 결정적 증거 앞에 결국 무너졌다. 그는 대한광복회에 대해 털어놓았고, 김한종을 비롯한 충청 지부 회원들이 대거 검거되어 심문을 받았다. 얼마 지나지 않아 박상진과 채기중의 이름까지 거론되면서 대한광복회의 중앙 조직과 지방 조직이 백일하에 드러났다. 결국 박상진 · 채기중 · 이관구는 경찰의 검거망을 피하지 못하고 체포되었다. 몇 년에 걸쳐 쌓은 탑이었지만 무너지는 것은 한순간이었다. 대한광복회의 국내 조직은 어떻게 해볼 틈도 없이 산산이 부서졌다.

1921년 8월 13일, 《동아일보》는 8월 11일 대구교도소에서 박상진과 김한종의 사형이 집행되었다는 소식을 2단 기사로 게재했다. 체포된 지 약 3년 6개월 만이었다. 채기중 · 김경태 · 임봉주도 모두 사형되었다. 장두환은 7년 형을 선고받았지만 복역 중 옥사했다. 혈기 왕성한 28세의 나이였지만 극심한 고문을 견뎌내지 못했다.

예심 과정에서 최준이 무혐의 판정을 받은 것은 불행 중 다행이었다. 누구의 생각이었는지 알 수 없지만 경주 최고의 부자 최준에게도 의연금 모금 편지를 보냈던 것이 최준과 대한광복회의 관계를 부정하는 유력한 근거가 되었다. 최준은 재판 중에 은밀히 박상진을 도왔다.

하지만 박상진은 사형 판결을 막지 못했다. 가족들은 남은 전답을 팔아가며 조선총독부 검사 출신인 일본인 변호사까지 선임했지만 그는 별다른 역할을 하지 못했다. 그 변호사는 105인사건 담당 검사 중 한 명이었던 아즈미(安住時太)였다. 역사의 아이러니라 하겠다.

> 다시 태어나기 힘든 이 세상에
> 다행히 대장부로 대이났건만
> 이룬 일 하나 없이 저 세상에 가려 하니
> 청산靑山이 조롱하고 녹수綠水가 비웃는구나.
>
> — 박상진의 유시(김희곤 편, 『박상진 자료집』, 2000)

대한광복회의 국내 조직이 무너지자 만저우 지부 길림광복회도 큰 타격을 받았다. 길림광복회는 김좌진을 중심으로 세력을 유지하면서 활동을 계속했지만 국내의 지원이 완전히 끊긴 상황에서 지부 조직을 유지하기는 힘겨웠다. 시간이 지나면서 길림광복회 역시 역사 속으로 서서히 사라져갔다. 이제 대한광복회는 완전히 끝난 듯 보였다.

하지만 모두 끝난 것은 아니었다. 대한광복회가 지린에 뿌린 씨앗은 사라지지 않고 수많은 사람들의 피땀으로 키워져 길림군정사吉林軍政司와 북로군정서로 거듭났다. 그 중심에 김좌진이 있었다. 그는 길림광복회의 경험을 기반으로 북로군정서의 총사령관이 되었다. 대한광복회가 염원했던 대로 그는 만저우에서 독립군을 양성하고 군대를 지휘하며 일제에 맞서 싸웠다.

검거를 피한 우재룡·권영만·한훈韓焄(1890~1950) 등도 대한광복회의 명맥을 이어나갔다. 그들은 광복단결사대光團決死隊와 주비단籌備團에 참여하여 의협 투쟁과 군자금 모금 활동을 계속해나갔다. 대한광복회의 의협 투쟁전술은 이들 단체를 통해 발전을 거듭했고 뒷날 의열단義烈團으로 이어졌다.

대한광복회는 역사에 뚜렷한 족적을 남겼다. 계몽 세력과 의병 세력이 만나 혁명 전략으로 일제를 구축하고 새 세상을 열고자 했던 그들은 독립군 양성과 의협 투쟁이라는 지워지지 않을 족적을 남기고 사라졌다. 대한광복회는 그렇게 역사가 되었다.

의병에서 독립군으로

전에는 비록 활빈당으로 이름했으나 지금은 의義를 내어 간흉奸凶을 깨끗이 쓸어내고 왜추倭酋를 깡그리 없애 위로는 국가의 무강한 은혜에 보답하고, 아래로는 민족의 영원한 행복을 북돋우기로 결의한다.

이 글은 대한제국 시기에 활빈당으로 활동하다 의병운동으로 변모한 의병부대의 출전 결의문이다. 이들은 대한제국이 싫어서, 봉건적 수탈이 싫어서 화적이나 활빈당이 되었지만 국가의 위기 앞에, 제국주의자들의 수탈 앞에 분연히 일어나 의병이 되었다.

의병운동은 계몽운동과 함께 대한제국 말기 구국운동의 핵심을 담당했다. 의병은 크게 평민 의병과 유생 의병으로 나뉜다. 평민 의병은 주로 화적이나 활빈당으로 활동하던 무장 농민군이 의병으로 전환한 경우였다. 신돌석申乭石(1878~1908)의 의병부대가 대표적이다. 이들은 대

대한제국 말기에 체제를 거부하고 화적이나 활빈당이 되었지만 망국의 위기 앞에 분연히 일어난 평민 의병부대 무장 농민군의 모습.

개 반봉건 · 반제국주의 투쟁을 지향했다. 반면 유생을 지도자로 조직된 유생 의병은 봉건적 · 근왕勤王적인 성격이 강했다.

의병운동은 1907년 해산 군인들이 참여하면서 크게 강화되어 1908년 5월까지 전국적으로 맹위를 떨쳤다. 하지만 1909년 일제의 남한 대토벌작전으로 심각한 타격을 입은 후 세력이 점차 줄어들었다. 의병들은 이때를 전후하여 만저우나 옌하이저우로 근거지를 옮기면서 점차 독립군으로 전환해갔다. 이 과정에서 의병운동은 평민 의병의 반봉건 · 반제국 속성과 유생 의병의 근왕적 속성이 뒤섞여 복합적인 양상을 보이다가 점차 근대 지향적인 계몽주의를 흡수하면서 독립군으로 변화한다.

호외2 **복벽이냐 보황이냐**

전환기의 사상은 아주 급격히 변하는 듯 보이지만 그 저변에는 과거의 사상이 남아 오랫동안 영향을 미친다. 한국 근대사에서 '근왕주의'가 대표적인 경우다. 신민회처럼 일찌감치 공화주의를 내세운 단체도 있지만 뒷날까지 근왕주의를 내세운 독립운동 단체도 존재했다.

오늘날에는 근왕주의가 시대착오적이고 고루해 보일 수 있지만, 당시는 자연스러운 현상이었다. 왜냐하면 유사 이래 왕이 없었던 시절이 없었기 때문이다. 왕은 오랫동안 국가 그 자체로 존재해왔다. 따라서 근왕주의자들에게 구국이란 곧 왕과 왕실을 되찾는다는 의미였다.

그런데 근왕주의자 사이에도 왕의 존재 의미가 서로 달랐다. 그들은 대개 복벽주의(전제군주제)와 보황주의(입헌군주제)로 나뉘었다. 복벽주의자들은 전제군주제에 입각한 대한제국의 회복을 지향했다. 즉 식민지 이전의 상태로 원상 복귀하기를 바랐다. 임병찬林炳瓚(1851~1916)의 독립의군부獨立義軍府·민단조합·만저우의 대한독립단大韓獨立團이 여기에 해당한다. 이들은 대개 봉건적 사고방식을 고수하던 유생 출신의 인사들이었다.

반면 보황주의자들은 입헌군주제를 지향했다. 그들은 왕을 국가의 중심에 두지만, 예전과 같은 왕이 아니라 민권에 의해 권력이 제한되는 왕이었다. 특히 보황주의자 사이에는 전술적 차원에서 세력을 모으기 위해 국왕을 추대하는 경우가 많았다. 이상설李相卨(1870~1917)의 신한혁명당新韓革命黨이나 대동단大同團이 여기에 해당한다. 하지만 보황주의자 사이에는 다양한 생각들이 섞여 있었다. 공화주의를 받아들인 지도부가 있는가 하면, 복벽주의를 신념으로 하는 일반인도 있었다.

근왕주의 세력은 1919년 대한민국임시정부가 수립될 당시에도 영향을 미쳤다. 임시정부 헌장에 "구 황실을 우대한다"는 조항이 들어갈 정도였다. 하지만 공화주의가 점차 시대의 대세를 이루면서 복벽주의나 보황주의는 역사 속으로 사라졌다. 한국인이 더 이상 왕을 원하지 않게 되었기 때문이다. 만약 대한제국의 황제나 황실이 독립운동의 구심점이 되었다면 상황은 많이 달라졌을 것이다. 하지만 역사는 그렇게 흘러가지 않았다.

3

×

정부인가
독립운동 최고기관인가

| 대한민국임시정부 |

임시정부는 정신적 정부요, 장차 서울에 세울 정부의 그림자외다.
우리 정부는 혁명당의 본부요, 3,000만은 모두 당원으로 볼 것이외다.
각기 제 기능 있는 대로 분업하여 독립을 위하여 일할 뿐이오.

— 안창호의 취임 연설

전단으로 등장한 임시정부

임시정부 조직설, 며칠 안에 국민대회를 개최하고 임시정부를 조직하며 임시 대통령을 선거한다더라. 안심 또 안심하라. 머지않아 좋은 소식이 있으리라.

- 《조선독립신문》 2호, 1919년 3월 3일

13도 대표자를 선정하여, 3월 6일 오전 11시 서울 종로에서 조선독립인대회朝鮮獨立人大會를 개최할 것이므로, 신성한 형제자매는 일제히 집결하라.

- 《조선독립신문》 3호, 1919년 3월 4일

1919년 3월, 민족 최대의 독립운동인 3·1운동이 계속되던 어느 날 《조선독립신문朝鮮獨立新聞》이 전국 각지에 뿌려졌다. 3·1운동을 준비했던 천도교 일부 세력이 기획한 지하 신문이었다. 이 신문의 2호와 3호에 심상치 않은 기사가 실렸다. 머지않아 '13도 대표자'가 모여 '국민대회'를 개최하고 한민족의 임시정부를 조직할 것이며, 정부의 형태는 대통령을 수반으로 하는 공화제라는 내용이었다. 기사의 내용이 사실을 얼마나 반영했는지는 확실하지 않았다. 다만 모종의 세력이 3·1독립선언 이후 임시정부 수립을 추진한다는 점은 분명했다. 문제는 그런 세력이 한둘이 아니었다는 것이다.

　3·1운동 중 국내외에 등장한 임시정부는 무려 여섯 개였다. 그 가운데

실체가 명확했던 상하이 임시정부와 옌하이저우의 대한국민의회大韓民國議會를 제외한 나머지 네 개는 추진 세력이 미약하거나 실체가 없는 전단 정부였다. 하지만 흥미로운 것은 실체가 있든 없든 임시정부 대부분이 《조선독립신문》의 기사대로 '13도 대표자'가 모인 '국민대회' 형식을 거쳐 수립되거나 수립될 계획이었다는 점이다. 과연 대한민국임시정부는 어떻게 만들어졌을까? 대한민국임시정부가 태동했던 1918년 중국으로 돌아가보자.

독립운동의 불꽃, 신한청년당

"환영대회에는 1,000여 명이나 되는 중외인사中外人士들이 모여 있었는데, 형님이 도착한 것은 바로 이 환영의 주인공인 크레인의 연설 도중이었다. 그의 연설내용을 요약해 말하면, 파리강화회의에서는 윌슨 대통령이 제창한 14개조의 조문을 기본으로 하여 세계의 모든 문제가 토의될 것이며, 특히 민족자결원칙에 의해서 세계 모든 약소민족이 해방될 것이라는 것이었다."

– 여운홍의 증언, 「몽양 여운형」, 1967년

1918년 11월 28일 중국 베이징 칼튼호텔에서 개최된 미국 대통령 윌슨의 특사 찰스 크레인Charles Crane의 환영대회에 카이저 수염을 단 32세의 건장한 청년이 참석했다. 그는 경기도 양평 출신으로 1914년 중국으로 망명하여 한국인 청년들의 밀항을 알선하며 상하이의 지사로 유명해진 여운형呂運亨(1886~1947)이었다.

이날 여운형은 미국 특사 크레인을 만나기 위해 급히 베이징으로 왔다. 그는 크레인의 연설을 듣고 크게 감명받았다. 민족자결원칙에 의해 세계 모든 약소민족이 해방될 것이라는 크레인의 주장은 여운형뿐 아니라 독립을 갈망하던 모든 한국인들에게 가뭄 끝의 단비같이 반가운 소식이었다.

크레인이 베이징으로 온 이유는 1919년 1월 개최될 예정이던 파리강화회의에 중국 정부를 참여시키기 위해서였다. 파리강화회의는 제1차 세계대전의 전후 처리를 위해 승전국들이 모이는 국제회의였다. 여기서 미국은 1918년 1월 윌슨이 발표했던 평화 원칙 14개조에 입각하여 세계 질서를 재편하고자 했다. 이 입장을 강화하기 위해서는 중국 정부의 참여가 반드시 필요했다.

그런데 이날 크레인의 연설은 윌슨의 민족자결주의가 표방했던 본래의 뜻을 넘어선 것이었다. 윌슨의 민족자결주의는 모든 약소민족이 아닌 패전국의 식민지만을 대상으로 했기 때문이다. 게다가 영국과 프랑스 등 전통의 서구 강대국들은 자국의 이해를 침범하는 윌슨의 평화 원칙에 그다지 우호적이지 않았다. 그럼에도 크레인이 이런 연설을 한 이유는 왜일까?

바로 중국의 특수성 때문이었다. 당시 중국은 제1차 세계대전의 전승국이었지만 패전국 독일이 중국에 대해 가졌던 이권을 일본이 승계한다는 일본의 21개조 요구에 의해 결과적으로 가장 손해를 많이 본 나라였다. 미국은 이런 중국의 불만을 이용하여 일본을 견제하고 파리강화회의에서 미국의 의도를 관철시키고자 했다. 크레인이 현실과 동떨어진 연설로 중국인의 환심을 사고자 했던 이유다. 그런데 그의 연설은 한국인의 마음까지 움직였다.

환영 대회가 끝난 후 여운형은 곧바로 지인의 소개로 크레인을 만났다. 그는 크레인에게 한국이 일본에 강제로 합병된 사실과 일본의 억압적 통치

1919년 4월 3일 파리강화회의에 파견된 김규
식(왼쪽 사진의 앞줄 오른쪽 끝)은 신한청년단
명의의 13개조 조문을 파리강화회의에 제출
했다.

를 설명하고 한국도 파리강화회의에 참석하여 민족의 독립을 청원하겠다
며 원조를 청했다. 다행히 크레인의 반응은 매우 호의적이었다. 그는 기꺼
이 한국을 원조하겠다고 약속했다. 나아가 한국인이 일본 치하에 있는 것
에 대해 불복한다는 의사를 세계 만방에 표명해야 한다고 조언했다.

여운형은 곧바로 신한청년당新韓靑年黨 회원들을 소집했다. 신한청년당은
1918년 8월 여운형을 중심으로 한국의 독립운동을 위해 결집한 청년 운동
가들의 단체였다. 주로 1910년대 중반에 해외로 망명하여 중국·일본·미
국 등지에서 유학한 20, 30대 젊은이들로 구성된, 독립운동가 2세대를 대
표하는 청년 조직이었다.

신한청년당은 즉시 독립청원서를 작성하여 크레인 편으로 윌슨 대통령
에게 전달하고, 1919년 1월 미국 유학생 출신인 김규식金奎植(1881~1950)을
대표로 선임하여 파리로 파견했다. 김규식은 파리강화회의에 독립청원서
를 제출하고 독립을 위한 전방위 외교를 펼치라는 임무를 받았다. 이와 함
께 신한청년당은 모종의 계획하에 2월부터 여운형을 비롯한 여러 회원들

을 한국 · 일본 · 만저우 · 옌하이저우 등지로 파견했다. 모종의 계획이란 크레인이 조언한 대로 각지에서 독립운동을 일으키고 파리강화회의 대표를 지원하기 위해 자금을 모으는 것이었다.

신한청년당 당원 선우혁鮮于赫(1882~?)은 평안북도 곽산과 평양에서 신민회 출신인 이승훈을 비롯하여 여러 기독교 지도자들과 접촉했다. 김철金澈(1886~1934)은 서울에서 손병희孫秉熙(1861~1922) 등 천도교 지도자들을 만났다. 그들은 크레인의 후원과 파리강화회의 대표 파견 소식 등을 전하고, 거국적인 독립운동을 일으킬 것을 촉구했다.

일본 유학파 출신인 장덕수張德秀(1895~1947)는 2월 3일 도쿄로 들어가 한국인 유학생들을 만났다. 일본의 유학생들은 이미 1월부터 이광수李光洙(1892~1950) · 최팔용崔八鏞(1891~1922)을 중심으로 독립선언서를 준비하고 있었다. 바로 2 · 8독립선언서였다. 장덕수는 유학생들의 진행 상황을 확인하고 파리강화회의에 대표를 파견한다는 소식을 전한 후 국내 상황을 보기 위해 한국으로 잠입했다. 그러나 아쉽게도 인천에서 검거되고 말았다.

한편 여운형은 만저우와 옌하이저우의 유력한 지도자 이동휘 · 박은식 · 이동녕 · 문창범文昌範(1870~1934) · 원세훈元世勳(1887~1959) 등과 접촉했다. 그는 상하이의 소식을 전하는 한편 거국적인 독립운동을 위해 해외 세력의 단결을 촉구했다.

이렇듯 신한청년당의 활동은 2 · 8독립선언과 3 · 1운동에 이르기까지 독립운동을 거대한 역사의 흐름으로 만드는 최초의 불씨가 되었다. 그들이 전한 소식은 일파만파 각지로 퍼져나갔고 해외에서 활동하던 독립운동가들을 상하이로 집결시켰다.

일단 불씨가 전해지자 국내외 한국인들은 누가 먼저랄 것도 없이 서로

1919년 2·8독립선언을 주도한 일본 도쿄의 한국인 유학생들. 3·1운동 발단에 직접적인 영향을 미쳤다.

영향을 주고받으며 거대한 흐름을 형성했다. 3·1운동은 그렇게 전 세대
· 전 계층이 참여하는 민족 최대의 독립운동이 되었다. 만세운동에 참여
한 사람들은 운동 과정에서 급속도로 각성되었고 자연스럽게 민족주의와
자유·평등의 이념을 학습했다. 그 결과 수많은 저항자들이 나타나 새로운
저항운동을 조직하기 시작했다. 한국을 물질적으로 근대화시킨 것은 일본
이었을지 모르지만, 정신적으로 근대화시킨 것은 3·1운동과 여기서 촉발
된 거대한 역사의 흐름이었다.

상하이 임시정부 수립

1919년 3월 상하이 프랑스 조계에 독립운동가들이 속속 집결했다. 옌하이

　　　　　　　　　　　　　　　　　　　　　　· 한국의 레지스탕스

저우에서 이동녕와 신채호 등 30여 명이, 일본에서는 이광수와 최근우崔謹愚(1897~1961) 등이 들어왔다. 국내에서는 민족 대표 33인을 대표하여 현순玄楯(1880~1968)과 최창식崔昌植(1892~1957) 등이 들어왔고, 김구를 비롯한 10여 명도 속속 집결했다. 이로써 상하이는 지난날 신민회에 참여했던 독립운동 1세대부터 20, 30대인 독립운동 2세대까지 한국을 대표하는 독립운동가들로 북적거렸다.

이 무렵 현순의 주도하에 임시 독립사무소가 설치되었다. 임시 독립사무소는 3·1운동 소식을 국내외로 선전하는 한편 국내외 주요 단체의 대표를 상하이로 불러모아 독립운동의 최고기관을 조직하고자 했다. 임시 독립사무소에 모인 인사들은 최고기관의 형태를 당으로 할지, 정부로 할지 논란을 벌였다. 여운형은 당의 형태를 주장했다. 그러나 대다수가 독립선언 다음 단계는 당연히 정부 수립이어야 한다는 논리를 지지했다. 이후 임시정부를 구성하는 방향으로 논의가 진전되었다.

임시 독립사무소는 대통령 손병희·국무장관 이승만李承晩(1875~1965)·내무장관 안창호·군무장관 이동휘 등으로 구성된 독자적인 정부안을 마련했고, 민족 대표 33인 등 국내 지도자들의 동의와 의사를 확인하여 최종 결론을 짓기로 했다. 이들은 일본 유학생 출신인 이봉수李鳳洙(1892~?)를 국내로 파견하여 국내 의사를 타진했다. 국내 지도자들을 만나고 돌아온 이봉수는 "민족 대표 33인이 남긴 말은 없다"면서 "상해에 모인 여러분이 좋도록 하라"는 말을 전했다. 이로써 상하이에 독자적인 정부를 수립할 명분이 마련되었다. 4월 10일 임시 독립사무소는 곧바로 의회에 해당하는 임시의정원을 개설하고 구체적인 정부 수립 절차에 들어갔다. 임시의정원은 상하이에 도착한 인사들을 중심으로 13도 대표를 선출하는 방식으로 구성되었다.

그런데 이틀 전인 4월 8일 경성독립본부 강대현姜大鉉이 집정관 이동휘·국무총리 이승만·내무총장 안창호를 중심으로 하는 각원 명단과 임시정부 헌법을 들고 나타나면서 상황이 복잡해졌다. 강대현이 가져온 문서는 이른바 '신한민국정부新韓民國政府'의 헌법과 조직안으로, 또 다른 국내 세력의 의사가 표현된 것이었다. 신한민국정부가 국내에서 만들어진 정부였기 때문에 상하이의 인사들도 무시할 수 없었다. 임시의정원은 신한민국정부의 안을 원안으로 하여 토의하기로 결정했다. 그렇다고 신한민국정부의 안을 그대로 수용한다는 뜻은 아니었다.

결과적으로 임시의정원은 상하이의 독자안과 경성독립본부의 안을 검토하여 새로운 정부안을 완성했다. 먼저 양쪽 안에서 수반으로 상정된 대통령과 집정관을 모두 폐지하고 새로운 수반을 국무총리로 정한 후 양쪽에 공통적으로 등장하는 이승만을 국무총리로 선정했다.(고정휴, 『이승만과 한국독립운동』, 2004) 대한인국민회 하와이 지방총회의 지도자 이승만이 상하이 임시정부의 수반으로 등장하는 순간이었다.

원래 이승만은 미국 감리교단이 선교사로 키운 인물이었다. 그는 미국에서 유학한 후 귀국하여 선교사로 활동하다가 1913년 105인사건에 연루될 것을 우려하여 미국으로 망명했다. 그는 하와이에 정착하여 교육자 겸 종교가로 활동하며 지지 세력을 키웠고, 1915년 박용만朴容萬(1881~1928) 세력을 누르고 하와이 지방총회의 실권을 장악하여 미주 한인사회를 대표하는 유력한 지도자가 되었다.

그런데 이승만이 1919년 4월 상하이 임시정부의 수반으로 등장한 것은 결코 우연이 아니었다. 당시 임시의정원을 구성했던 의원 대다수가 기호 지방

• 한국의 레지스탕스

출신으로, 지역 연고 의식이 작용한 결과 서울 출신의 이승만이 유리해졌다. 새로운 정부안의 최대 수혜자는 이승만이었다. 반면 결과적으로 가장 손해를 본 이는 순식간에 집정관에서 군무총장으로 전락한 이동휘였다.

이승만·이동휘와 함께 해외파 3거두로 꼽혔던 안창호는 내무총장으로 결정되었다. 그 외 자리는 각지의 독립운동 세력을 반영하여 배치되었다. 옌하이저우 대한국민의회를 고려하여 최재형崔在亨(1858~1920)과 문창범이 각각 재무총장과 교통총장이 되었고, 만저우를 대표하여 이시영이 법무총장이 되었다. 김규식은 파리강화회의의 대표를 추인하는 의미에서 외무총장으로 선임되었다. 이렇듯 새로운 정부안은 실질적인 활동을 고려하여 모두 해외 망명 세력으로 구성되었다. 대체로 해외 독립운동 세력의 명성과 실력을 반영한 결과였다.

국호는 '대한민국'으로 결정되었다. 여운형은 "대한은 조선에서 오래 쓴 역사가 없고 잠깐 있다가 망하였으니 부활시킬 필요가 없다"고 반대했지만 받아들여지지 않았다. "대한으로 망하였으니 대한으로 흥하자"는 논리가 대다수를 차지했기 때문이다. 이와 함께 4월 11일 헌법인 '임시헌장'이 제정되고 4월 13일 임시정부 수립이 선포되면서 상하이의 임시정부 수립운동은 모두 완료되었다. 마침내 대한민국임시정부(이하 상하이 임시정부)가 탄생했다.

한성정부의 부활

오늘은 전체 민족이 일어나 생명을 바치는 때이니 아무것도 주저할 것 없이 대한

민족 된 자 일제히 일어나 가진 바 생명 · 재산 · 기능 모든 것을 바치고 용맹하게 나아가기를 맹세하자.

– 안창호, 「대한인국민회 중앙총회 포고문」, 1919년 3월 15일

3 · 1운동이 전국적으로 확산될 무렵 미국의 교포들도 한국의 독립선언과 3 · 1운동에 크게 고무되어 새로운 움직임을 시작했다. 신민회가 실패한 이후 미주로 돌아가 대한인국민회 중앙총회 총회장으로 활동하던 안창호도 모든 것을 버리고 다시 독립운동의 최전선에 나섰다.

안창호가 미국을 떠나 상하이에 도착한 것은 5월 말이었다. 당시 상하이 임시정부는 개점 휴업 상태였다. 국무총리와 각부 총장들 가운데 상하이에 와서 취임한 인사는 법무총장 이시영밖에 없었다. 임시 방편으로 차장들이 총장들을 대리했지만 그들만으로는 제대로 지도력을 발휘하기가 힘들었다. 이런 상황에서 안창호의 상하이행은 반가운 소식이었다. 하지만 안창호는 6월 말에야 국무총리 대리 겸 내무총장에 취임했다. 한 달 동안 상하이의 사정을 관찰하고 여러 정객들을 만나며 나름대로 정국을 구상할 시간을 가졌기 때문이다.

상하이 임시정부는 한국 역사상 최초로 근대 민주주의의 실험장이었다. 더구나 3 · 1운동이라는 혁명적 고양기에 가지각색의 경험과 배경을 가진 인사들이 모여든 곳이 상하이가 아니던가. 그들이 민주적으로 의사를 진행하면서 의견을 모으고 합의하여 공동의 사업을 꾸려가는 것은 결코 쉬운 일이 아니었다.

"러시아 연해주 · 중국 · 미국 각지로부터 정식 의정원을 소집하여 거기서 주권

자 3인을 택하여 그 셋이 일곱 차관을 뽑아 의정원에 통과시키려 합니다. (……)
주권자 세 분은 꼭 상해에서 일 볼 사람을 택하여야 하오."

– 안창호의 취임 연설, 『안도산전서』 중, 1990년

안창호는 동포와 조직이 실재하는 세 지역의 독립운동 세력을 중심으로 임시의정원을 새로 구성하고 각 지역을 대표하는 세 지도자를 선출하여 과두 체제로 임시정부를 운영하고자 했다. 세 지도자는 미국의 이승만 · 러시아의 이동휘 · 중국의 안창호였다. 이런 방법으로 그는 임시정부의 대표성과 단결력을 강화하고자 했다. 당시 임시의정원은 상하이에 거주하는 인사에 한정하여 13도 대표를 선출했기 때문에 독립운동 세력을 실질적으로 대표하지 못했다. 내각 구성도 마찬가지였다. 안창호는 임시의정원과 내각을 개조하여 이런 문제들을 극복하고자 했다.

시급한 과제는 두 가지였다. 하나는 실존하는 두 정부, 즉 상하이 임시정부와 옌하이저우의 대한국민의회를 통합하는 것이었고, 다른 하나는 이동휘와 이승만을 조속히 상하이로 불러들이는 것이었다. 이 가운데 안창호의 당면 과제는 그가 도착하기 전부터 상하이 정국을 뒤흔들던 대한국민의회와의 통합 문제였다.

대한국민의회는 1919년 3월 러시아의 한국인들이 중심이 되어 옌하이저우에 설립된 임시정부로, 소비에트 체제를 채택하여 행정 · 입법 · 사법을 하나로 통합했다. 의장은 문창범이었고 이동휘는 선전부장宣戰部長(이후 군무부장)이었다.(반병률, 『성재 이동휘 일대기』, 1998)

대한국민의회는 원세훈을 대표로 파견하여 양측 의회인 국민의회와 임시의정원을 합치고 정부를 옌하이저우로 옮길 것을 주장했다. 옌하이저우

는 한국인이 많고 한국과 중국에 가까워 독립운동에 유리하기 때문에 정부의 위치로 적당하다는 논리였다. 그러나 상하이 측 인사들은 반대했다. 옌하이저우가 일본의 간섭이 미치는 지역이어서 안전하지 않고 자유롭게 활동하기에는 상하이 프랑스 조계가 더욱 적합하다는 것이었다.

안창호는 양측의 주장을 돌파할 대안으로 '한성정부漢城政府'를 들고 나왔다. 즉 상하이 임시정부와 대한국민의회를 모두 해소하고 국내에서 13도 대표회의와 국민대회를 통해 성립되었다는 한성정부를 계승하여 통합 정부를 구성하자는 것이었다. 추진 주체와 실체가 미약하여 여타의 '전단 정부'처럼 역사 속으로 사라질 뻔했던 한성정부가 기적적으로 부활하는 순간이었다.

4월 23일 서울에 배포된 전단으로 세상에 알려진 한성정부는 집정관총재 이승만·국무총리총재 이동휘·노동국총판 안창호 등 내각 전원이 해외 인사로 이루어진 일종의 망명 정부였다. 한성정부는 13도 대표회의와 국민대회를 통해 대표성을 강조했다. 그러나 13도 대표회의는 일부 종교인들만 참여한 소규모 모임이었고, 국민대회 역시 제대로 치러지지 못했기 때문에 그들의 주장처럼 제대로 된 대표성을 가졌다고 보기는 어려웠다. 그 때문에 한성정부를 추진했던 이규갑李奎甲(1888~1970)·홍진洪震(1877~1946) 등이 상하이로 와서 한성정부의 존재를 알렸지만 임시의정원은 대표성을 인정하지 않았다. 이후 한성정부 추진 세력들이 임시의정원에 참여하면서 한성정부는 자연스럽게 소멸되었다.

그런데 상하이 임시정부와 옌하이저우 대한국민의회를 통합하는 과정에서 한성정부가 다시 등장했다. 안창호가 한성정부를 양 정부의 통합 명분으로 삼은 가장 중요한 이유는 이승만이었다. 1919년 6월 이후 이승만은 한성정부의 대통령을 자임했다. 상하이 임시정부는 이승만에게 대통령을 자임하지 말라고 수차례 경고했지만 이승만은 요지부동이었다. 그는 자신이 상하이 임시정부의 국무총리가 아니라 한성정부의 대통령이라고 주장했다. 이 과정에서 그는 집정관총재라는 직함을 대통령으로 자의적으로 해석하고 의도적으로 바꿔 불렀다. 그는 한성정부가 13도 대표회의와 국민대회에 의해 수립된 만큼 정통성이 있다고 주장하면서 이미 외국 신문에도 보도되었기 때문에 자신이 한성정부의 대통령으로 활동하는 것은 어쩔 수 없는 일이라고 고집했다. 외국 신문에 보도되었다는 그의 주장은 모두 거짓말이었다.

이승만의 의도는 한성정부의 대통령을 자임하면서 자신의 영향력을 미주 전체로 확대하고 상하이 임시정부에 주도권을 빼앗기지 않는 것이었다. 한성정부의 대통령을 자임하는 한, 그는 대통령의 기득권을 누리면서 아무에게도 간섭받지 않을 수 있었다.

그러나 이승만이 한성정부 대통령을 자임함으로써 대외적으로 두 정부가 존재하게 되었다. 이는 상하이 임시정부의 대표성을 약화시킬 뿐 아니라 독립운동 세력의 분열을 의미했다. 그래서 안창호는 한성정부 안을 토대로 양 정부를 통합하면서 이승만의 주장을 수용하고, 대신 이승만에게 상하이행을 강력히 촉구하기로 했다.

이승만이 상하이로 오는 것은 상하이 임시정부의 재정 문제를 해결하는 데도 중요했다. 이승만은 8월 초 독자적으로 '재무위원회'를 구성하여 미주 한인사회의 자금을 독점하려 했다. 당시 상하이 임시정부는 안창호를 통해 들어오는 대한인국민회의 자금에 의존했기 때문에 이승만이 이 자금을 독점하면 운영 자체가 불가능했다. 안창호는 이승만이 상하이로 들어온다면 내각을 정상화할 수 있을 뿐만 아니라 미주 한인사회의 자금도 상하이 임시정부가 통제할 수 있다고 생각했다. 안창호가 한성정부를 되살린 것은 결국 이승만 때문이었다.

대통령 이승만과 국무총리 이동휘

안창호가 한성정부를 양 정부의 통합 명분으로 삼은 또 다른 이유는 이동휘였다. 상하이 임시정부에서 이동휘는 군무총장에 불과했지만 한성정부 안에서는 국무총리총재였다. 한성정부는 집정관총재(이승만)와 국무총리총재(이동휘) 두 명이 8부 총장과 1국 총판을 관할하는 과두 체제여서 이동휘에게 훨씬 매력적인 제안이 될 수 있었다. 신민회 출신이었던 이동휘는 당시 만저우와 옌하이저우에서 활약하며 상당한 명성과 세력을 확보했다. 또한 1918년 즈음부터 한국 역사상 최초 공산주의 단체인 한인사회당韓人社會黨을 창당하고 위원장으로 활동했다. 따라서 한성정부 국무총리총재라는 직함은 그의 오랜 투쟁 경력과 세력에 걸맞은 적절한 대우였다.

> "내가 연해주에 특파원으로 가 있을 때 현순과 김성겸 두 사람이 왔는데, 가지고 온 편지(안창호의 편지)를 보니까, 연해주에 있는 정부 성질을 가진 국민의회를 될 수 있는 대로 취소하고 상해 임시정부로 합류하게 하라. 만일 국민의회가 해소되지 않더라도 이동휘만은 꼭 배를 태워 이리로 보내라는 것이었다."
>
> — 이강의 증언, 「안도산전서」 상, 1990년

안창호는 옌하이저우에 있던 오랜 측근 이강李剛(1878~1964)에게 보낸 비밀 편지에서 국민의회와 통합이 성사되지 않더라도 이동휘만큼은 꼭 데려올 것을 지시했다. 안창호는 이동휘를 절실히 원했다. 그는 이동휘가 상하이로 오느냐 오지 않느냐에 따라 양 정부의 통합뿐 아니라 향후 임시정부의 성패가 갈린다고 생각했다.

상하이 임시정부는 한성정부 안을 바탕으로 하는 임시헌법개정안과 정부개조안을 통과시켰다. 이 과정에서 집정관총재는 대통령으로, 국무총리총재는 국무총리로 수정되었다. 대통령을 자임하는 이승만을 그대로 인정한 것이다. 이로써 두 총재를 중심으로 한 과두 체제는 대통령을 중심으로 한 단일 지도 체제로 변모했다.

9월 6일 임시의정원은 이승만을 대통령으로 선출하고 국무원을 구성함으로써 정부 개조를 완료하고 9월 11일 새 내각 성립을 선포했다. 9월 18일 이동휘가 측근 김립金立(?~1922)과 함께 상하이에 도착하고, 뒤이어 문창범을 비롯한 국민의회의 인사들도 속속 도착했다. 통합 임시정부의 수립이 눈앞에 다가온 순간이었다.

하지만 기쁨은 오래가지 않았다. 국민의회 세력이 상하이의 새 정부 안에 반발했기 때문이다. 그들은 상하이 임시정부가 양측 정부를 모두 해산하고 한성정부를 그대로 승계하겠다던 약속을 어겼다고 주장했다. 즉 상하이 임시정부가 임시의정원을 해산하지 않고 한성정부를 마음대로 개조했다는 것이다.

갈등은 양측이 통합에 대해 처음부터 생각이 달랐기 때문에 벌어진 결과였다. 국민의회 측은 정부 해산을 당연히 양 의회와 내각의 해산이라고 생각했다. 국민의회는 의회와 내각이 통합되어 있는 소비에트 방식의 정부였기 때문이다. 그러나 상하이 임시정부의 구성원들은 내각과 임시의정원이 구분되어 있었기 때문에 양 기관을 분리해서 생각했고, 양 정부를 통합할 때도 임시의정원을 해산할 계획은 전혀 하지 않았다. 그 때문에 그들은 임시의정원을 통해 임시헌법개정안과 정부개조안을 통과시킨 후 통합 내각을 구성하고 임시의정원 의석 57석 가운데 여섯 석을 국민의회에 배정했던 것이다. 여기에는 기득권을 지키려는 임시의정원 의원들의 의도가 강하게 작용했다.

사실 안창호는 앞서 살펴본 대로, 상하이의 임시의정원을 옌하이저우·중국·미주 등 해외 세 지역을 실질적으로 대표하는 기관으로 새롭게 구성하려 했다. 그러나 그의 구상은 임시의정원의 강력한 반발에 부딪쳐 실현되지 못했다. 국민의회와의 통합 과정에서도 임시의정원 문제는 상하이 측의 기득권을 최대한 유지하는 선에서 정리되었다. 결국 상하이 임시정부와 갈등을 빚던 문창범은 교통총장 취임을 거부하고 옌하이저우로 돌아가 대한국민의회를 부활시켰다.

하지만 11월 3일 국무총리 이동휘를 비롯하여 내무총장 이동녕·법무총장 신규식申圭植(1879~1922)·재무총장 이시영·노동국총판 안창호 등이 공식 취임하면서 통합 임시정부는 본 궤도에 올랐다. 국민의회 일부 세력이 이탈하여 완전한 통합은 아니었고, 갖은 노력에도 이승만은 끝내 상하이로 들어오지 않았지만 일부나마 내각이 정상화되면서 분위기를 새롭게 할 수 있었다.

상하이는 기쁨에 들떴다. 완벽하지는 않았지만 통합은 완료되었고 한국 독립운동 역사상 가장 강력한 지도력이 대한민국임시정부 아래 결집되었기 때문이다. 영토도 없고 국민도 없는 임시정부였지만 오랜 세월 많은 사람들이 품었던 꿈이 실현되었던 것이다. 그들은 어떤 대한민국을 꿈꾸었을까?

대한민국은 민주공화국이다

제1조 대한민국은 민주공화제로 함.

제2조 대한민국은 임시정부가 임시의정원의 결의에 의하여 이를 통치함.

제3조 대한민국의 인민은 남녀귀천 및 빈부의 계급이 없고 일체 평등임.

제4조 대한민국의 인민은 종교 · 언론 · 저작 · 출판 · 결사 · 집회 · 통신 · 주

소 이전 · 신체 및 소유의 자유를 향유함.

- 「대한민국임시헌장」, 1919년 4월 11일

1919년 4월 대한민국임시헌장을 통해 모습을 드러낸 대한민국은 민주공화국이었다. 멀리는 한말 만민공동회萬民共同會에 나타난 입헌공화의 사상이, 가까이는 신민회의 공화정 체제의 신국가 건설이라는 기획이 드디어 대한민국이라는 민주공화국으로 공식화되었다. 민주공화제는 하늘에서 떨어진 것도, 한순간 외래로부터 도입된 것도 아니었다. 한말 민주공화 사상이 외래로부터 소개된 이래 오랜 전통으로 이어져온 군주제와의 투쟁 과정을 거치며 수십 년간 학습과 경험을 통해 구현된 것이었다.

9월 통합 정부 수립을 위해 개정된 임시헌법은 "대한민국의 주권은 인민 전체에 있다"며 인민주권 사상을 명백히 했다. 이는 군주제에 대한 명확한 거부인 동시에 대한민국이 인민주권 사상에 입각한 민주공화국임을 분명히 한 것이었다. 또한 대한민국은 인민의 자유와 평등을 보장하는 국가임

을 선언했다. 3 · 1운동이라는 커다란 물결 속에서 인민 사이에 널리 체득되었던 자유와 평등 사상이 비로소 대한민국 헌법에 조문으로 규정되었다.

존경하고 경애하는 우리 2,000만 동포 국민이여, 민국 원년 3월 1일 대한민족이 독립을 선언함으로부터 남녀노소, 모든 계급과 모든 종파를 막론하고 일치단결하여 동양의 독일인 일본의 비인도적 폭행하에 극히 공명하고 극히 인내하며 우리 민족의 독립과 자유를 갈망하는 사상과, 정의와 인도를 애호하는 국민성을 표현한지라. 이제 세계의 동정이 홀연히 우리 국민에 집중하였도다. 이때를 당하여 본 정부는 전 국민의 위임을 받아 조직되었나니, 본 정부는 전 국민과 더불어 기필코 죽을힘을 다하여 임시헌법과 국제 도덕이 명하는 바를 준수하여 국토 광복과 국기 확립의 대사명을 다할 것을 이에 선서하노라. (……) 우리의 인도人道가 마침내 일본의 야만을 교화할 것이오, 우리의 정의가 마침내 일본의 폭력을 이길지니, 동포여 일어나 최후의 일인까지 싸울지어다.

　　　　　　　　　　　　　　　　　－「대한민국임시정부 선서문」, 1919년 4월

대한민국은 어떻게 구성되었을까? 대한민국의 권위는 전 인민의 위임을 받은 13도 대표자들로 구성된 임시의정원에서 나왔다. 즉 임시의정원이 대한민국임시정부의 존립 근거였다. 권력은 3권 분립, 즉 임시의정원(의회) · 국무원(정부) · 법원(사법부)이 나누어 가졌다. 다만 법원은 현실적인 문제로 광복이 될 때까지 설치가 유보되었다.

국무원은 대통령을 중심으로 국무총리 · 8총장 · 1총판으로 구성되었다. 대통령은 임시의정원이 선출하고 국무원은 대통령이 임시의정원의 동의를 받아 임명했다. 대통령은 국가를 대표하고 정무를 총괄하는 등 상당한 권한을 가졌다. 내각책임제적 요소가 섞여 있는 대통령중심제였다.

하지만 대한민국은 완벽하지 않았다. 오랫동안 꿈꾸어왔던 국가였지만 모든 것이 처음이다 보니 시행착오가 따랐다. 가장 심각한 문제는 대통령제에 있었다. 많은 권한이 대통령에게 주어졌지만 견제 장치가 전혀 없었다. 대통령의 임기도 정하지 않았다. 대통령에게 문제가 있어도 탄핵 같은 극단적인 조치를 취하기 전에는 대통령직을 정지시킬 수 없었다. 임시의정원 구성에도 문제가 많았다. 13도 대표자들로 구성한다는 명분 때문에 해외의 다양한 독립운동 세력을 망라하지 못했다.

통합 임시정부에는 여러 한계가 있었다. 그중에는 운영 초기의 미숙함을 반영하는 실수도 있었고 기득권 때문에 좀처럼 수정되지 못하는 심각한 약점도 있었다. 이런 문제들은 장차 임시정부 전체를 뒤흔들 폭발력을 가지고 있었다.

독립전쟁 원년을 선포하다

"임시정부는 정신적 정부요, 장차 서울에 세울 정부의 그림자외다. 우리 정부는 혁명당의 본부요 3,000만은 모두 당원으로 볼 것이외다. 각기 제 기능 있는 대로 분업하여 독립을 위하여 일할 뿐이오."

— 안창호의 취임 연설, 「안도산전서」 중, 1990년

안창호는 민족을 대표하는 상징적인 정부로 임시정부를 자리매김하고 실제로는 정부보다 독립운동의 최고지도기관으로 기능해야 한다고 보았다. 그

래서 임시정부보다 혁명당의 형태를 원했다. 여운형도 비슷한 이유로 당 형태의 민족 최고기관 수립을 주장했다. 이는 임시정부의 태생적인 이중적 위상을 반영한다. 즉 임시정부는 한민족의 상징적인 정부이자 독립운동의 최고 지도기관이어야 했던 것이다. 하지만 일단 정부의 형태가 만들어지자 임시정부의 지상 과제는 정부의 유지로 매몰되었다. 정부 구성이라는 이상을 쫓다 보니 필요 이상으로 조직이 비대해졌고, 비대한 정부를 유지하다 보니 쓸데없는 역량의 소비가 많았다.

임시정부는 여러 문제를 극복하고 독립운동의 최고기관으로서 위상을 강화하기 위해 노력했다. 첫 번째 시도가 임시교통국을 설치하여 국내외를 망라한 네트워크를 구성하고, 국내에는 연통제를, 만저우·옌하이저우·미국 등에는 거류민단제를 실시했다. 국내외 동포를 대상으로 정기적인 인구세, 부정기적인 애국금과 공채 등을 발행하여 재정일원화도 꾀했다. 이를 통해 가장 큰 약점인 영토와 국민이 없는 문제를 극복하고 국내외를 망라하여 임시정부의 지도 역량을 강화하고자 했다. 그 결과 임시정부는 1919년부터 국내 40여 개 비밀결사와 연계를 맺는 데 성공했다. 임시정부와 연결된 비밀결사들은 임시정부의 운동 방침에 따라 임시정부의 주의와 방침을 선전하고 독립자금을 모아 임시정부로 송금했다. 임시정부의 영향력이 국내에까지 뻗게 된 것이다.

두 번째 시도로 독립운동 방략을 다듬었다. 다양한 독립운동 세력을 지도하려면 모두가 공감하는 치밀한 전략과 전술이 필요했다. 임시정부의 초기 독립운동 방략은 외교론에 집중되었다. 신한청년당으로부터 이어받은 파리강화회의에 대한 외교, 즉 미국 같은 열강을 상대로 한 독립청원운동이 대표 활동이었다. 파리강화회의에서 김규식의 활약은 대단했다. 하지만 승전국들의 전후 처리를 위한 회담에서, 더구나 일본이 승전국인 상황에서 세계 여론에 한국의 독립 문제를 환기하는 수준을 넘기에는 애초부터 한계가 있었다.

"우리가 오래 기다리던 독립전쟁의 시기는 금년인가 하오. 나는 독립전쟁의 해가 이르는 것을 기뻐하오. 우리 국민은 일치하여 전쟁의 준비에 전력하기를 바라오. 외국의 동정을 요할지언정 외국에 의뢰하지는 마시오."

— 안창호의 1920년도 신년사, 『안도산전서』 중, 1990년

1920년 1월 임시정부는 1920년을 독립전쟁의 원년으로 선포했다. 파리강화회의 종결 이후 외교론과 독립전쟁론으로 나뉘어 논쟁을 거듭하다가 독립전쟁론이 외교론을 누르고 임시정부의 시정 방침으로 확정된 것이다. (윤대원, 『상해 시기 대한민국임시정부 연구』, 2006)

이동휘의 영향이 컸다. 이동휘가 임시정부에 합류하자 대한국민의회를 지지하는 옌하이저우 일부 세력을 제외하고 서젠다오와 북젠다오의 대다수 독립운동 단체들이 임시정부에 지지를 표명했다. 독립운동 최고기관으로서 임시정부의 권위를 인정한다는 의미였다.

임시정부의 독립전쟁 원년 선포는 위상의 변화를 반영하는 동시에 독립전쟁 준비론을 주장해온 안창호 측과 독립전쟁론을 주장해온 이동휘 측이 큰 틀에서 독립전쟁론에 공감대를 형성했음을 뜻했다. 여기에는 중국 산둥반도와 태평양 도서 지역을 둘러싼 미·일 간의 갈등, 러시아혁명을 방해하기 위한 일본의 간섭군 파견으로 고조된 소·일 간의 갈등이 영향을 미쳤다. 미·일 혹은 소·일이 충돌한다면 그때가 바로 독립전쟁을 벌일 절호의 기회였기 때문이다.

주전론 대 준비론

독립전쟁이 시정 방침으로 결정되자 임시정부의 역할에 대한 세간의 기대가 커졌다. 그런데 독립전쟁 원년 선포는 이내 독립전쟁 개전 시기를 둘러싼 논쟁으로 발전했다. 주전론 대 준비론의 논쟁이었다. 즉각적인 전쟁을 주장하는 주전론은 주로 이동휘 계열과 만저우의 군사 단체들이 내세웠다. 준비만으로는 민족의 역량을 확대할 수 없으므로 전투를 하면서 민족의 독립운동 역량을 키우자는 논리였다. 여기에는 1910년대 독립운동 기지건설 운동으로 성숙된 만저우의 군사 역량에 대한 자신감이 자리해 있었다.

반면 준비론은 즉각적으로 전쟁을 벌이기에는 아직 준비가 부족하다는 주장으로, 안창호 계열의 주된 지론이었다. 그들은 일단 그동안 구축해놓은 국내 연결망을 동원하여 국내에서 납세 거부나 일본 상품 배척 같은 '평화적 전쟁'을 수행하면서 전쟁에 필요한 자금을 축적하고 군인을 양성하는 등 착실히 전쟁을 준비할 것을 주장했다. 그리고 준비 없는 교전론은 실패를 예정한 급진론이라고 비판했다.

주전론과 준비론 논쟁은 결론을 내기가 쉽지 않았다. 양측 모두 전쟁을 독립의 필수 요건으로 보았지만 전쟁이 최선의 수단인지 최후의 수단인지에서 의견이 갈렸기 때문이다. 주전론자들은 준비론이 도대체 언제 전쟁 준비가 끝나는지 알 수 없는, 먼 미래를 상정한 불확실한 이상론이라 여겼다. 반면 준비론자들은 준비 없는 교전이 한말의 의병전쟁처럼 허무하게 패배로 이어질 수 있음을 우려했다.

양측이 주전론과 준비론으로 나뉘어 결론 없는 논쟁에 빠져든 사이 만저우의 독립군들은 국내진공작전을 벌이며 일제에 대한 공세를 강화했

1920년 10월 김좌진이 이끄는 북로군정서군, 홍범도가 지휘하는 대한독립군 등을 주축으로 활약한 독립군은 만저우 허룽현 청산리 일대에서 일제와 10여 차례 전투를 벌여 크게 승리했다. 사진은 승리를 기념하는 북로군정서군.

다. 1920년 6월의 봉오동전투와 10월의 청산리전투가 그 결과였다. 문제는 만저우의 독립군들이 일본군과 치열한 전투를 거듭하는 동안 임시정부가 그들을 전혀 지도하지 못했다는 사실이다. 간도참변으로 만저우의 한국인들이 무참히 죽어갈 때도 마찬가지였다. 그 결과 임시정부에 대한 내외의 비판이 높아졌고, 지지를 선언했던 독립운동 단체들은 무능한 임시정부와 점차 멀어졌다.

임시정부는 독립운동 최고지도기관이라는 위상을 공고히 하는 데 실패했다. 임시정부를 구성한 여러 정치 세력 간의 복잡한 사정이 주요 원인으로 작용했다. 대체 임시정부에서 무슨 일이 벌어졌던 것일까?

예고된 갈등

어찌하여 각 기관에 그 책임을 지는 제씨諸氏들은 이에 순응 병진하지 못하고 산만하고 통일되지 않아 사업 부진이 대국을 수습할 수 없는 지경에 임박하였는가. 슬프도다! 최초의 임시정부를 조직할 당시에 소수인의 전횡으로 각 방면의 의견을 널리 모으지 않고, 신시대 신 건설에 적합하지 않은 복잡한 계급과 방만한 제도를 두어서 인물을 망라하지 못하였고, 당국 제씨들은 스스로 서로 알력을 다투어 성심성의로 각 방면의 융화와 사업의 진취를 도모하지 않았다. (……) 이를 갱신하여 근본적 대개혁으로 통일의 재조再造를 꾀하고 정국의 완전한 조직을 도모하여 독립운동의 신국면을 타개하려고 하는 것은 단지 민의일 뿐이니, 우리 국민은 이에 노력 분투하지 않을 수 없고 자결 단행하지 않을 수 없다. 고로 이에 국민대표회의國民代表會議 소집을 제창한다.

— 박은식 등 14인, 「우리 동포에게 고함」, 1921년 2월

1921년 2월 박은식·원세훈 등 14인은 「우리 동포에게 고함」이란 글을 통해 '국민대표회의' 소집을 요구했다. 독립운동이 침체하고 분열한 원인이 임시정부임을 천명하고 전 국민의 의사에 따라 통일 정국과 독립운동의 최고 방침을 수립하자는 것이었다.

임시정부가 분열의 온상으로 지적된 원인은 일차적으로 임시정부의 복잡한 내부 사정 때문이었다. 임시정부는 수립 초기부터 지역주의로 반목을 거듭했다. 즉 안창호를 중심으로 하는 서북파와 이동녕·이시영을 중심으로 하는 기호파가 끝없이 대립했다. 1910년대 초반부터 나타난 서북파와 기호파의 대립은 한말부터 민족운동 참여가 두드러졌던 서북 인사들을 기

득권 세력이었던 기호 인사들이 견제하는 과정에서 발생했다. 민족운동과 독립운동의 과정에서 양측이 주도권을 두고 대립한 결과였다. 양측의 갈등은 멀리 보면 조선왕조의 서북 지역 차별 정책과 무관하지 않다. 즉 서북 인사들의 오랜 피해 의식과 기호 인사들의 오랜 기득권 의식이 대립을 더욱 극심하게 만들었던 것이다.

임시정부 내에서 양측을 더욱 자극한 이는 이승만이었다. 이승만은 상하이 정국을 주도하고 미주에도 상당한 영향력을 가졌던 안창호를 견제하기 위해 기호 인사들에게 의도적으로 접근했다. 자신의 연고가 서울이라는 점도 적극 활용했다. 이승만은 자신이 파견한 안현경安顯景(1881~?)과 장붕張鵬 등을 비선秘線으로 활용하여 서북파와 기호파 사이를 이간질했다. 서북파의 정치력을 약화시키고 기호파를 통해 임시정부를 원격 조정하려는 심사였다.

안창호는 기호 인사들이 자신을 '지역주의의 화신'이라고 비판하자 "다 당신네가 당신네 심복으로 악선전한 결과"라고 항의했다. 실제로 악선전을 하고 다닌 것은 이승만의 비선이었다. 결국 한말부터 함께했던 신민회 동지 안창호와 이동녕 그리고 이시영의 협력관계는 수준 낮은 지역주의와 협잡으로 어이없이 깨졌다. 안창호의 측근들조차 안창호에게 왜 하필이면 서북에서 태어났냐고 한탄할 정도였다. 물론 함경남도 출신인 이동휘도 지역주의에서 결코 자유롭지 못했다. 공산주의자라서 민족주의 공동의 견제까지 받았다는 점이 조금 다를 뿐이었다.

"당신이 위임통치와 독립 가운데 어느 것을 목표로 하는지 명확히 밝히시오. 당신이 위임통치를 청원했다는 소문 때문에 우리 일에 많은 방해가 되고 있소. 만약 사실이라면 우리는 당신을 신임할 수 없소."

— 현순玄楯(1880~1968)이 이승만에게 보낸 전보, 1919년 4월 26일

임시정부 초기부터 독립운동가들 사이에 분열의 단초를 제공한 장본인은 이승만이었다. 그의 위임통치 청원 때문이었다. 이승만은 본격적으로 독립운동에 투신했던 1918년 말 미국 정부에 위임통치를 청원했다. 임시정부 초기에 이 사실이 알려지면서 여러 독립운동가들이 그를 극심하게 비난했다. 미국에 위임통치를 청원했다는 사실 자체가 박약한 독립 의식을 반영하는 것이었기 때문이다. 처음으로 이 일을 문제 삼고 대통령 선출을 반대한 이는 신채호였다. 신채호는 끝까지 자신의 의견이 받아들여지지 않자 그는 임시정부 참여를 거부하고 베이징에서 이승만의 오랜 경쟁자 박용만과 함께 반 임시정부운동을 펼쳤다.

이후 한성정부 대통령 자임, 재정 독점, 비선 운영을 통한 공작 정치 등이 거듭되면서 이승만은 계속 임시정부 내 갈등의 주요 원인이 되었다. 이승만에 대한 상하이의 여론도 갈수록 악화되었다. 이승만이 임시정부의 정치 발전에 방해가 된다는 사실이 명백해지자 이동휘는 임시정부의 각부 차장들과 함께 이승만을 퇴진시키고 안창호와 연대하여 정국 운영을 도모하는 정부개혁안을 제출했다.

그런데 1920년 12월 이승만이 상하이로 왔다. 이동휘의 정부개혁안이 자신의 정치적 영향력을 뒤흔들어놓자 더 이상 상하이의 상황을 두고 볼 수만은 없었던 것이다. 이승만의 상하이행은 상하이 인사들의 오랜 숙원이었기 때문에 잠시나마 기대감이 감돌았다. 그러나 얼마 지나지 않아 실망스러운 현실이 드러났다. 이승만이 주도한 세 차례의 국무회의가 그의 비

타협적인 태도 때문에 모두 결렬되었던 것이다.

결국 1921년 1월 이동휘는 국무총리를 사직하고 상하이를 떠났다. 이승만과의 협의는 더 이상 무의미하다고 판단했기 때문이다. 특히 국무회의에서 자신이 마지막으로 제기한 임시정부 쇄신안이 이승만과 기호파 총장들 그리고 안창호 등의 반대로 논의조차 이루어지지 않자 그는 더 이상 임시정부에서 할 일이 없었다.

이동휘의 사임에는 모스크바의 자금을 둘러싼 갈등도 큰 영향을 미쳤다. 이동휘는 비밀리에 한형권韓馨權을 파견하여 레닌으로부터 거액의 자금을 지원받는 데 성공했다. 그는 이 자금을 공산주의운동을 위한 것으로 인식하고 자신이 지도하는 한인사회당을 중심으로 집행하려 했다. 하지만 임시정부의 정치 세력들은 당연히 임시정부 운영비로 한다고 생각했다. 이로 인한 극심한 갈등이 이동휘가 사임하는 데 결정적인 요인으로 작용했다.

이승만이 상하이에 도착했지만 상황은 전혀 나아지지 않았다. 오히려 이동휘가 사임하면서 점점 더 악화될 뿐이었다. 시간이 갈수록 임시정부 내 정치 세력 간의 반목이 극심해지고 임시정부의 무능을 비난하는 여론이 고조되었다. 이어 외부에서 임시정부를 개혁하자는 주장이 터져 나왔다. 박은식 등이 국민대표회의 소집을 요구했던 것이다.

이동휘가 사임한 이후 임시정부를 탈퇴하고 국민대표회의 소집 운동에 합류하는 인사들이 급격히 늘어났다. 학무총장 김규식·군무총장 유동열·교통총장 남형우南亨祐(1875~1943)도 국민대표회의를 선택했다. 그들의 사임 역시 이승만을 비롯한 기호파와의 갈등이 주요 원인이었다. 마지막까지 이승만과 이동휘와 자신의 3파 연합을 꿈꾸며 임시정부의 난맥상을 해결하려던 안창호도 5월 중순 임시정부를 탈퇴하고 국민대표회의를 선택했다. 이제 임시정부에는 이승만과 기호파를 주축으로 하는 소수의 임시정부 옹호파만 남았다.

그런데 안창호가 임시정부를 탈퇴한 직후 이승만은 최대 위기에 봉착한 임시정부를 뒤로하고 도망치듯 미국으로 떠났다. 워싱턴회담을 준비해야 한다는 명분에서였다. 내부 분열에 가장 큰 역할을 담당한 그는 결국 아무 책임도 지지 않고 상하이를 떠났다. 하지만 대통령직은 결코 포기하지 않았다. 대통령직을 유지하며 기호파를 통해 계속 임시정부를 움직이려는 속셈이었다.

1923년 1월 국민대표회의가 개최되었다. 이승만과 기호파 등 임시정부 옹호파를 제외하고 민족주의자와 사회주의자를 아우르는 국내외 독립운동 세력 대부분이 참여하여 무려 6개월 동안 진행된 명실상부한 민족대표회의였다. 국민대표회의에 참여한 인사들은 임시정부가 소수 인사로 조직되어 민족적 대표성을 결여했고, 정부제도와 구성이 독립운동의 현실과 괴리되어 불필요한 내부 분쟁만 야기했으며, 대통령 이승만이 위임통치 청원으로 정부의 위상을 손상시켰다면서 임시정부의 개혁을 요구했다.

국내외 독립운동 세력 대부분이 참여한 만큼 국민대표회의는 민족의 힘을 하나로 모을 수 있는 민족 최대의 기회였다. 하지만 현실은 결코 녹록지 않았다. 임시정부 처리 문제를 두고 참가자들 사이에 의견이 나뉘었기 때문이다. 이른바 창조파와 개조파의 대립이 그것이었다. 창조파는 임시정부를 부정하고 새 기관을 건설하자, 개조파는 임시정부를 인정하고 개조하자는 입장을 고수했다. 즉 창조파는 임시정부가 상하이라는 지역적 제한으로 인해 모든 독립운동 세력을 모두 망라할 수 없으므로 독립운동 최고기관을 새로 수립하여 독립운동을 실질적으로 지도하자고 주장했다. 반면 개조파는 임시정부가 완벽하지는 않아도 그동안 국내외의 인민이 추대한 정부로 존재해왔기 때문에 이를 부정할 수 없으며, 새 정부가 들어설 경우 기존의 정부와 병립할 것을 우려했다.

결국 국민대표회의는 양측의 의견 차이를 극복하지 못하고 결렬되었다. 이로써 독립운동 진영을 통합할 최고의 기회는 사라졌다. 창조파는 자기들끼리 새 정부를 구성하여 옌하이저우로 이동했다. 하지만 그들이 믿었던 소련 정부는 일본의 군사 개입을 우려하여 새 정부 인사들을 모두 추방했다. 결국 창조파의 새 정부는 허무하게 와해되고 말았다.

이승만을 탄핵하라

국민대표회의가 결렬된 이후 개조파는 다시 한 번 임시정부 개혁을 추진했다. 목표는 이승만이었다. 임시정부의 가장 큰 걸림돌이자 독립운동 세력을 통일하는 데 가장 큰 방해물이었던 이승만을 임시정부에서 제거하기로 한 것이다. 1924년 4월 기회가 찾아왔다. 조상섭趙尙燮과 여운형이 각각 임시의정원의 의장과 부의장으로 선출되면서 개조파가 의정원을 장악한 것이다. 개조파의 임시정부쇄신운동은 그렇게 막이 올랐다.

1924년 6월 개조파 의원들이 대통령 유고안有故案을 제출했다. 대통령의 유고를 이유로 대통령의 직무를 정지시키고 국무총리가 그 직을 대리하게 하는 안으로, 궁극적인 목표는 이승만의 퇴진이었다. 이 소식을 들은 이승만은 대로했다. 그는 국무원 앞으로 편지를 보내 국무원이 합심 단결하여 현 정부의 방침인 현상유지책을 따르고, 개회 중인 임시의정원을 속히 폐회하라고 지시했다. 그는 유고안이 통과되더라도 대통령직을 유지하겠다고 협박하면서 한성정부의 대통령으로서 자신은 임시정부의 결정을 받아들일 수 없다고 주장했다. 상황이 불리해지자 다시 한성정부 대통령을 운운한 것이다. 이렇듯 이승만은 대통령 지위에 끝까지 집착했다. 대통령의 책임과 의무에는 소홀하면서도 직함이 가져다주는 기득권은 포기할 수 없다는 심보였다. 9월 10일 임시의정원은 이승만 대통령 유고안을 통과시켰다. 이로써 이승만의 대통령직은 법적으로 정지되었다.

개조파는 대통령 유고안에 이어 임시헌법의 개정을 추진했다. 유고안만으로는 이승만을 항구적으로 막을 수 없는 만큼, 헌법 개정을 통해 기존 헌법의 약점을 극복하고 독립운동 세력을 아우를 수 있는 헌법으로 개정하고자 했다. 이때 다시 한 번 개조파에게 유리한 상황이 펼쳐졌다. 그해 12월 이동녕 내각이 궁핍한 재정 확충을 위해 친일파 민정식閔廷植의 돈을 이용하려다 들통 나자 책임을 지고 물러난 것이다. 이동녕 내각에 이어 박은식을 국무총리로 하는 새 내각이 조직되었다. 개조파 내각이었다.

개조파는 국민대표회의가 결렬된 후 미국에 잠시 돌아가 있던 안창호와 교감하면서 본격적인 정국 쇄신 작업에 들어갔다. 1925년 3월 임시의정원은 이승만의 구미위원부를 폐지했다. 구미위원부가 국무의원의 결의나 임시의정원의 동의를 거치지 않은 불법 기구라는 것이 이유였다. 그동안 구미위원부는 구미에 대한 외교 선전을 명목으로 정부 기능까지 담당하며 이승만의 정치적·재정적 기반이 되어왔다. 구미위원부 폐지는 이승만의 정치적·재정적 기반에 타격을 가하는 동시에 그에게 빼앗겼던 임시정부의 대외적 기능과 재정적 기반을 정상화하려는 복안이었다.

그리고 3월 13일 드디어 나창헌羅昌憲(1896~?) 등 의원 10인이 연서한 '대통령 이승만 탄핵안'이 제출되었다. 이승만과 그의 지지 세력들은 크게 반발했다. 하지만 그들에게는 상황을 돌이킬 힘이 남아 있지 않았다. 탄핵안 제출 직후 심판위원 5인이 선정되어 임시대통령 이승만의 위법 사실을 조사했다. 조사 결과는 3월 18일 보고되었고, 3월 23일 이승만의 면직 결정이 임시의정원의 결의를 통과했다.

이승만은 외교를 빙자하고 직무지를 멋대로 이탈한 지 어언 5년에 원양일우遠洋 一隅에 편재偏在하며 난국 수습과 대업 진행에 어떤 성의를 다하지 않을 뿐 아니라, 허망한 사실을 멋대로 만들어 반포하여 정부의 위신을 손상하고 민심을 분산시킴은 물론이거니와, 정부의 행정을 저해하고 국고 수입을 방해하였고, 의정원의 신성을 모독하고 공결公決을 부인하였으며, 심지어 정부까지 부인한지라.

정무를 총람하는 국가 총책임자로서 정부의 행정과 재무를 방해하고, 임시헌법에 의하여 의정원의 선거를 받아 취임한 대통령이 자기 지위에 불리한 결의라 하여 의정원의 결의를 부인하고, 심지어 한성 조직의 계통 운운함은 대한민국임시헌법을 근본적으로 부인하는 행위라. 이와 같이 국정을 방해하고 국헌을 부인하는 자를 하루라도 국가 원수의 직에 둠은 대업의 진행을 기하기 불능하고 국법의 신성을 보호하기 어려울뿐더러, 순국제현의 명목瞑目치 못할 바요, 살아 있는 충용의 소망이 아니라.

─ 「이승만 대통령 탄핵 심판서」, 1925년 3월 21일

　이로써 임시정부 설립 초기부터 독립운동의 통일을 방해했던 대통령 이승만은 임시정부에서 완전히 제거되었다. 상하이 《독립신문》의 필자는 이

김구는 1919년 상하이 대한민국임시정부에 참여한 뒤로 광복 이후까지 주요 요직을 두루 거치며 다양한 활동에 참여했다. 호號 '백범'은 미천한 백성을 상징하는 백정의 백白과 보통 사람이라는 범부의 범凡 자를 따서 지었다.

제 "어떤 영웅의 위대한 수단도 바라지 않"게 되었다고 고백했다. "독립운동의 최후 성공은 각자의 노력에 있고 집단적 결합에 있음"을 자각했기 때문이었다.

쇠퇴하는 임시정부

이승만이 탄핵된 이후 임시정부를 정상화하려는 노력은 계속되었다. 임시헌법 개정을 통해 대통령제를 폐지하고 3년 임기의 국무령제를 채택했다. 국무령의 임기를 3년으로 제한한 것은 대통령 임기를 정하지 않음으로써 그간 겪었던 어려움에서 배운 소중한 교훈이었다. 역사는 분명 진보했다. 임시정부는 조금씩 민주주의를 학습해갔다.

독립운동 세력을 통일하려는 노력도 계속되었다. 1920년대 중반부터 독립운동 최고기관인 대독립당, 즉 민족 유일당을 건설하기 위한 노력이 나타났다. 이 역시 서북파와 기호파, 베이징의 반임시정부파, 사회주의자들로 분열되어 각축을 벌였던 역사에서 배운 교훈이었다. 독립운동 세력이 분열하면 민족의 독립도 없다는 각성의 결과였다.

그러나 한 번 놓친 기회는 쉽게 돌아오지 않았다. 분열과 갈등으로 독립운동 최고기관이 될 기회를 날려버린 임시정부는 오랜 세월 극심한 침체기에 빠져들었다. 여기에 1932년 일본이 상하이를 침공하면서 1939년 충칭(重慶)에 정착하기까지 기나긴 장정長程도 감수해야 했다. 그나마 다행이라면 임시정부가 끝까지 그 명맥을 유지했다는 점이다. 오랜 시간 고통을 이겨낸 자들은 다시 한 번 기회를 붙잡을 수 있었다. 그 중심에 김구가 있었다.

이승만은 어떻게 임시정부의 대통령이 되었을까?

1919년 3·1운동 전후에 나타난 여러 임시정부의 수반은 손병희·이동휘·이승만이었다. 손병희는 천도교 세력의 지원에 힘입어 가장 많은 임시정부에서 수반으로 지목되었다. 반면 이동휘는 만저우와 옌하이저우에서 뛰어난 독립운동 경력을 인정받아 신한민국정부의 수반이 되었고, 이승만은 국내 기독교 세력의 지지로 한성정부의 수반으로 지명되었다.

그런데 문제는 손병희가 실질적으로 활동할 형편이 안 된다는 점이었다. 그는 민족 대표 33인으로 3·1독립선언 직후 구속되었다. 덕분에 이승만이 유리해졌다. 그는 대부분의 임시정부안에서 직책 서열 2~3위에 지명되었다. 활동이 불가능한 국내 인사를 제외하면 대개 그의 지위가 최고였다. 일생 대부분을 기독교 목회자로 살면서 독립운동 경력도 거의 없던 이승만이 어떻게 여러 임시정부안에서 수반 혹은 2~3위 서열의 고위급 지도자로 지목되었을까? 또한 그는 어떻게 대한민국임시정부의 대통령이 될 수 있었을까?

먼저 국내외 기독교 세력이 그를 지지했다. 1919년 당시 이승만은 한국 기독교계의 유력한 지도자로서 명성이 높았다. 그는 미국 감리교단의 전폭적인 지원을 받았고 미국에 유학하여 박사학위까지 땄다. 정상적인 과정으로 학위를 취득한 것은 아니었지만 이는 해방 후까지 그의 명성을 높이는 데 큰 역할을 했다.

이승만이 1915년 대한인국민회 하와이 지방총회의 실권을 장악하면서 명성은 더욱 높아졌다. 하와이 지방총회는 다른 지방총회와는 격이 달랐다. 전체 미주 한국인 1만여 명 가운데 하와이에만 5,000여 명이 거주했다. 따라서 하와이 지방총회의 실권을 장악한다는 것은 막대한 권한과 재정을 손에 쥔다는 의미였고, 아무도 그를 무시할 수 없다는 뜻이었다.

원래 하와이 지방총회의 최고지도자는 박용만이었다. 이승만은 하와이 지방총회의 실권을 장악하기 위해 자신의 지지 세력을 총동원하여 박용만 세력과 싸움을 벌였다. 최근 알려진 바에 의하면 이승만은 박용만 세력에 대한 테러도 서슴지 않았고, 미국 당국에 박용만 세력을 고발한 뒤 "(박용만 세력이) 미국 영토에 한국인 군대를 만들어 위험한 반일 행동을 하고 일본 함선을 파괴하려 했다"고 무고까지 했다고 한다(주진오, 〈이승만과 박용만〉, 《서울신문》, 2012년 12월 3일). 이승만은 하와이 지방총회의 실권을 장악하기 위해 외국 정부에 독립운동 세력을 고발하는 반민족적 행위도 불사했던 것이다.

그러나 이런 사실은 외부로 잘 알려지지 않았다. 대신 그의 명성만이 국내외에 널리 알려져 여러 임시정부의 요인으로 지명되는 결과를 낳았다. 오늘날처럼 정보의 유통이 빠르지 않았던 탓이다. 여기에 또 하나의 행운이 이승만에게 주어졌다. 상하이 임시정부의 주류 세력이던 기호파가 이동휘를 제치고 그를 임시정부의 수반으로 선출했던 것이다. 지역 연고 의식이 작용한 결과였다. 신채호는 위임통치 문제를 들어 이승만을 끝까지 반대했지만 기호파에게 처참히 패배하고 말았다.

이후 이승만은 자신이 상하이 임시정부의 수반이자 한성정부의 수반으로 지명된 사실을 알고 대통령을 자임했다. 이는 사실상 상하이 임시정부에 자신을 대통령으로 추대하라고 요구하는 것과 같았다. 상하이 임시정부는 다각도로 이승만의 대통령 자임을 막고자 했지만 끝내 실패했다. 결국 상하이 임시정부는 이승만의 요구대로 그를 대통령으로 선출했다. 미주 한인사회에 대한 이승만의 영향력을 무시할 수 없는데다 그의 대통령 자임이 계속되면 임시정부 자체가 상하이와 미주로 분립될 가능성이 높았기 때문이다.

결론적으로 이승만은 자신의 높은 명성과 미주 한인사회에 대한 영향력, 다양한 선전 전술과 상대를 압도하는 정치력으로 임시정부의 대통령이 되었다. 하지만 이것은 기나긴 불행의 시작이었다. 바로 여기서부터 권력을 향한 이승만의 끝없는 욕망이 시작되었기 때문이다.

4

×

일제의 심장에
폭탄을 던지다

| 의열단 |

혁명의 길은 파괴부터 개척할지니라.

그러나 파괴만 하려고 파괴하는 것이 아니라 건설하려고 파괴하는 것이니, (……)

고유적 조선의, 자유적 조선 민중의, 민중적 경제의, 민중적 사회의,

민중적 문화의 조선을 건설하기 위하여 이족통치의, 약탈제도의, 사회적 불평균의,

노예적 문화사상의 현상을 타파함이니라.

— 조선혁명선언

조선총독부 폭탄 테러

어제 12일 상오 10시 20분에 조선총독부에 폭발탄 두 개를 던졌는데, 비서과 분실分室 인사계실人事係室에 던진 한 개는 스즈키(鈴木) 속屬의 뺨을 스치고 책상 위에 떨어져서 폭발되지 아니했으며, 다시 회계과장실會計課長室에 던진 폭탄 한 개는 유리창에 맞아 즉시 폭발되어 유리창은 산산이 부서지고 마루에 떨어져서 주먹 하나가 들어갈 만한 구멍을 뚫었는데, 범인은 즉시 종적을 감추었으므로 지금 엄중 탐색 중이요, 폭발하는 소리가 돌연히 일어나자 총독부 안은 물 끓듯 하여 일장의 수라장을 이루었다더라.

– 《동아일보》, 1921년 9월 13일

1921년 9월 12일 오전 10시, 남산 왜성대(현재의 필동) 조선총독부 본부 건물에서 갑자기 요란한 폭발음이 들린다. 유리창 깨지는 소리, 사람들의 비명과 함께 어느새 희뿌연 연기와 화약 냄새가 건물 가득 퍼진다. 폭탄 테러를 당한 조선총독부는 공포와 불안에 휩싸인 사람들의 어지러운 움직임으로 순식간에 아비규환에 빠져든다.

총독부에 투척된 폭탄은 두 개였다. 그중 하나는 폭발했고 다른 하나는 불발했다. 폭발로 창문·벽·바닥 등 건물의 일부가 부서졌지만 인명 피해는 없었다. 당시 폭탄이 터진 회계과장실 직원들은 모두 업무차 방을 비웠기 때문에 테러를 피할 수 있었다. 폭탄을 얼굴에 맞은 비서과 스즈키 역시 천운이었다. 불발탄이 아니었다면 그는 아마도 이 사건 최초의 희생자가 되었을 것이다.

스즈키는 처음에는 누군가의 장난인 줄 알았는데, 동료가 책상에 떨어진 물체를 보고 '폭탄'이라고 외쳐서 긴급한 상황임을 알아챘다고 증언했다. 그는 놀라서 몸을 피하려고 할 때 옆방 회계과에서 '쾅' 하는 폭발음을 들었다고 한다. 목격자들은 범인이 복도에서 창문을 향해 폭탄을 던졌고, 그 후 곧바로 도주했다고 증언했다. 범인은 검정 양복 상의에 흰 바지를 입은 평범한 전기수리공 차림이었으며, 폭탄 투척 후 1층 식산국 옆 쪽문을 통해 건물을 빠져나간 것으로 확인되었다.

일제 공안 당국은 즉각 수사에 나섰다. 사안이 엄중한지라 조선총독부의 고위 관료들도 긴급하게 움직였다. 정무총감은 관계자들을 직접 불러 사건 경위를 조사했고, 헌병사령관과 경기도지사도 즉시 현장을 방문하여 피해 상황을 살폈다. 고위 관계자들은 비상대책회의를 소집하여 조선총독부 폭탄 테러라는 초유의 사태에 대한 대책을 숙의하는 한편, 사건에 대한 언론 보도를 전면 통제하여 반향을 최소화하고자 했다. 수사도 문제지만 식민통치에 대한 여론 악화가 상황을 더 어렵게 만들 것이 뻔했기 때문이다. 언론사들은 신속히 호외를 제작하며 열띤 취재 경쟁을 벌였지만 경찰의 공식 발표 외에는 어떤 것도 보도할 수 없었다.

공안 당국은 서울과 경기에 비상경계령을 내리고 주요 길목마다 검문 검속을 펼쳤다. 조금이라도 수상해 보이는 한국인들은 모두 체포했다. 당국은 온갖 고문을 동원하여 그들을 취조했고, 대부분이 고문을 이기지 못하여 허위 자백하는 사태가 벌어졌다. 그러나 그들 가운데 진짜 범인은 없었

조선총독부는 1910년부터 1945년 광복까지 한반도 식민 통치를 위해
일제가 당시 경기도 경성부(현재 서울특별시)에 설치한 기관. 초대 총독
으로 데라우치 마사타케가 취임했으며, 폭탄 테러가 있었던 1921년 9
월 당시는 3대 총독인 사이토 마코토(齋藤實)가 부임해 있었다. 오른쪽
은 조선 총독부 휘장.

다. 결국 사건은 범인을 잡지 못한 채 종
결되었다. 식민 당국이 가장 원치 않았던
결말이었다.

　백주 대낮에 벌어진 조선총독부 폭탄 테러 사건. 그것은 엄청난 충격이
었다. 일제 식민 통치의 심장부 조선총독부가 이렇게 손쉽게 폭탄 테러의
대상이 되리라고 누가 상상이나 했겠는가. 테러의 물리적 피해는 크지 않
았지만 일제가 입은 정치적 피해는 극심했다. 일제는 1919년 3·1운동 이
후 문화정치를 표방하며 한국의 민심 안정을 대대적으로 선전했지만 결국
공염불에 불과했다는 사실을 인정해야 했다. 사건 직후 한 일본 신문은 육
군의 위병과 순사 수십 명이 지키는 조선총독부에서 어떻게 폭탄이 터질
수 있냐면서 당국은 언제나 한국의 인심이 안정되었다고 선전하지만 이 사

건으로 실상은 전혀 그렇지 않다는 사실이 여실히 드러났다고 질타했다. 조선총독부의 정치적 위신은 땅에 떨어지고, 자존심은 만신창이가 되었다.

사건이 발생한 지 사나흘이 지났을 무렵 일본인 목수 차림의 사내가 신의주 국경 초소에 나타났다. 그는 유창한 일어로 일제 공안 당국의 까다로운 검문을 통과하고, 펑톈과 톈진을 거쳐 베이징에 도착했다. 그는 톈안먼(天安門) 남쪽 정양먼(正陽門) 부근의 민가로 향했다. 문을 열고 방 안으로 들어가자 안에 있던 사람들이 놀란 눈으로 그를 쳐다보았다. 그들은 신문 보도를 통해 조신총독부 폭탄 테러 작전이 성공한 것을 이미 알았지만 그가 무사히 그들 앞에 나타나리라고는 생각지 못했던 것이다. 그들은 거사를 성공적으로 수행하고 돌아온 그를 뜨겁게 환영했다. 조선총독부에 폭탄을 던지고 무사 귀환한 그는 의열단 소속의 테러리스트 김익상金益相(1895~1925)이었다.

정의와 폭력의 시대를 열다

조선총독부에 폭탄을 던진 의열단은 어떤 단체였을까? 의열단은 1919년 11월 10일 중국 지린에서 결성된 암살 테러 단체였다. 처음에는 22세의 단장 김원봉金元鳳(1898~1958)을 포함하여 열혈 청년 13인으로 조직되었다. 단의 이름은 천하의 의로운 일을 열렬히 실행하자는 뜻에서 '의열단'으로 정했다. 결성 당시 거창한 강령 같은 것은 없었다. 단지 "조선의 독립과 세계의 평등을 위해 목숨 바쳐 일하는 것"이 단이 내세운 유일한 목적이었고, '암살과 파괴'라는 방법을 통해 실행하고자 했다.

의열단이 내세운 암살과 파괴라는 투쟁 방법은 1919년이라는 시대가 만들어낸 산물이었다. 3 · 1운동을 경험한 사람들 가운데 평화적 운동론이 무고한 희생만 야기하는 답답한 운동 방식이라고 생각하는 이가 적지 않았다. 그들은 상하이 임시정부의 일부 세력이 앞세운 외교적 운동방식도 배척했다. 외교론은 기본적으로 외세에 의존하는 피동적 운동 방식이라 생각했기 때문이다.

그들은 3 · 1운동 당시 전국에서 벌어지는 일제의 폭력을 목격하면서 직접적인 폭력 전술만이 최선이라고 확신했다. 특히 훈련된 군대에 의한 본격적인 무장투쟁 전술을 가장 바람직하게 여겼다. 하지만 군대를 훈련하고 군비를 갖추기 위해서는 많은 시간과 노력, 수많은 재원과 인적자원이 필요했다. 그래서 고안된 것이 소수 정예에 의한 암살과 파괴라는 폭력 전술이었고, 이를 실행할 전위 단체를 결성하는 것이 시대적 요구였다.

당시 암살 테러 전술에 입각한 전위 조직의 결성 움직임은 상하이와 만저우, 국내 등 독립운동가들이 활동하는 주요 공간에서 모두 나타났다. 상하이의 구국모험단救國冒險團, 국내의 호굴독립단虎堀獨立團 등이 대표적이다. 안중근과 이재명 그리고 대한광복회가 뿌린 암살과 테러의 씨앗이 보다 조직적인 형태로 진화되어 역사의 전면에 등장한 것이다. 의열단의 결성은 역사적 흐름의 결과였고, 의열단과 함께 비로소 정의와 폭력이 동의어가 되는 시대가 열렸다.(김영범, 『혁명과 의열』, 2010년)

그런데 의열단을 김원봉과 몇몇 열혈 청년들이 만든 창조적 피조물쯤으로 여겨서는 안 된다. 의열단의 배후에는 중국 북젠다오 지린 지역의 무장 독립운동 세력인 조선독립군정사朝鮮獨立軍政司(일명 길림군정사)가 존재했기 때문이다.(김영범, 『한국 근대 민족운동과 의열단』, 1997) 길림군정사는 자신들이 내세우는 '군대 양성에 입각한 독립전쟁론'의 장기적 성격을 보완하기 위해 소수 인원과 간단한 무장으로 최대 효과를 발휘할 폭력 투쟁 단체를 조직하면서 이를 실현할 주체로 김원봉을 선택했다. 당시 길림군정사에는 대한광복회 출신인 김좌진과 경상남도 밀양 출신의 지사 황상규黃尙奎(1890~1930)가 중심 역할을 했는데, 김원봉과 길림군정사를 연결한 고리가 바로 황상규였다. 황상규는 김원봉의 고모부로 김원봉이 독립운동에 투신하는 데 결정적인 영향을 미친 정신적 스승이자 김원봉에게 약산若山이라는 아호를 지어준 장본인이었다. 길림군정사는 황상규를 통해 의열단 조직 과정에 적극 개입하면서 조직적인 지원을 아끼지 않았다. 김원봉은 길림군정사의 전략과 전술을 공유하면서 주도적으로 활동했다.

길림군정사는 김동삼金東三(1878~1937)이 데려온 중국인 폭탄 제조 기술자 주황周況을 통해 김원봉 등에게 폭탄 제조 기술을 가르치는 한편, 김원봉을 신흥무관학교에 입학시켜 기본적인 군사교육을 받게 했다. 김원봉이 신흥무관학교에 입학한 목적은 군사교육을 받는 것만이 아니었다. 보다 중요한 목적은 신흥무관학교에서 뜻을 함께하는 동지를 확보하는 것이었다. 신흥무관학교 출신이라면 독립에 대한 열정이나 신념은 이미 검증받은 것이나 다름없었기 때문이다. 김원봉은 신흥무관학교에서 동지 열세 명 가운데 여덟 명을 만났다. 의열단이 신흥무관학교 출신자를 중심으로 구성되었다고 세상에 알려진 이유가 바로 여기 있다.

의열단은 암살과 파괴의 대상을 정하고 1920년 3월부터 본격적인 투쟁에 나섰다. 암살 대상은 조선총독·일제 고관·군부 수뇌·친일파 거두·적의 밀정·반민족적 지방 유지 등이었고, 파괴 대상은 조선총독부·동양척식주식회사東洋拓殖株式會社·매일신보사·경찰서·기타 일제의 주요 기관 등이었다. 의열단은 암살과 파괴를 통해 일제의 한국 통치에 직접적인 타격을 가함으로써 한국의 독립을 만방에 선전하고자 했다. 암살과 파괴의 비밀결사 의열단은 이렇게 시작되었다. 한국의 독립과 세계의 평등이라는 열혈 청년들의 꿈과 함께.

테러리스트로 산다는 것

의열단은 '충의의 기백과 희생정신'이 확고한 자에 한하여 신중하게 단원을 뽑았다. 몇 차례 면접을 통해 후보 단원의 자질을 파악하고, 기존 단원들이 신입 단원의 의지를 시험하기도 했다. 단원의 핵심 자격 요건은 단의 뜻에 따라 희생하고 전체를 위해 헌신하는 자세였다. 단원은 한 달에 한 번 자신의 활동을 보고해야 했고, 단이 부르면 언제든 응해야 했다.

단의 대표는 '의백義伯'이라고 불렀다. 의형제의 맏이라는 뜻이다. 의열단은 의백을 중심으로 뭉친 의형제 집단으로, 가족과 같이 밀접한 관계를 통해 조직의 단합과 통일을 도모했다. 의백은 이름이 주는 이미지와는 달리 깊은 유대감 속에 표출되는 강력한 권한을 행사했던 것으로 파악된다. 일제 공안 당국도 당시 의열단에서 의백 김원봉의 비중을 절대적으로 파악하고 있었다.

보기에 따라서는 재중 한인 독립운동자들은 거의 전부가 의열단원인 것같이 고찰되나, 또 일면으로 보면 김원봉 1인의 의열단이라고 말할 수 있다. 요컨대 의열단이란 김원봉이라는 인물을 중심으로 기약하지 않고 모인, 죽음을 무릅쓰는 불평배의 집합 단체로서 그 주위를 따라다니는 분자는 이합집산이 무상하여 한결

같이 중심의 인력에 의하여 모이는 것이라 말할 수 있다. 따라서 동 단의 진상을 아는 자는 단장 김원봉 1인뿐이다.

– 일제 공안당국의 보고서, 「한국민족운동사료」 중국 편, 1976년

의열단의 최고 지도자 김원봉은 어떤 사람이었을까? 김원봉은 경상남도 밀양 출신으로 19세에 중국으로 망명하여 톈진 덕화학교에 입학했다. 그는 잠시 귀국했다가 21세가 되던 1918년 다시 중국으로 망명했고, 난징(南京)의 진링대학(金陵大學)을 다니다가 1919년 의열단을 창단했다. 그는 어려서부터 한국의 독립을 꿈꿨고, 20세 초반에 조직을 만들어 평생을 조국의 독립이라는 하나의 목표를 향해 달려간 입지전적 인물이었다.

"김원봉은 굉장한 정열의 소유자였습니다. 동지들에 대해서도 굉장히 뜨거운 사람이었지요. 그는 자기가 만난 사람을 설복시키고 설득시켜 자기의 동지로 만들겠다고 결심하면 며칠을 두고 싸워서라도 모든 정열을 쏟아서 뜻을 이뤘지요. 그렇기 때문에 동지들이 죽는 곳에 뛰어들기를 겁내지 않았던 것이 아닙니까? 그만큼 남으로 하여금 의욕을 내게 하는 사람이었지요. 그것이 김원봉의 가장 큰 능력이었습니다."

– 김성숙金星淑(1898~1969)의 회고, 김학준 편, 「혁명가들의 항일 회상」, 1988년

김원봉은 학식이 풍부한 사람은 아니었다. 여러 학교를 다녔지만 대부분 몇 개월씩 다닌 것이 전부였다. 하지만 그는 지조가 있었고 인간을 감동시킬 만큼 진정성을 지녔다. 의열단원으로 함께하다 뒷날 공산주의운동에 투신한 『아리랑』의 주인공 김산金山(1905~1938, 본명 장지락張志樂)은 김원봉

을 냉정하고 두려움을 모르며 개인주의적인 사람이라고 기억했다. 김원봉은 언제나 조용하고 말이 없으며 대부분의 시간을 도서관에서 독서를 하면서 보냈다고 한다. 하지만 김산은 김원봉이 뚜렷이 구별되는 두 가지 성품을 지녔다고 회고했다. 친구들에게는 지극히 점잖고 친절했지만 지독히 잔인할 때도 있었다는 것이다. 남을 감복시킬 만큼의 인간성과 정열, 냉정함과 대담함, 조용하면서도 잔인한 성품. 아마도 이런 김원봉의 성격이 자연스럽게 의열단을 움직이는 카리스마가 되었으리라.

"의열단원들은 마치 특별한 신도처럼 생활했고 수영, 테니스, 그 밖의 운동을 통해 항상 최상의 컨디션을 유지하도록 했다. 매일같이 저격 연습도 했다. 이 젊은이들은 독서도 했고, 쾌활함을 유지하고 자기들의 특별한 임무에 알맞은 심리 상태를 유지하기 위해 오락도 했다. 그들의 생활은 명랑함과 심각함이 기묘하게 혼합된 것이었다. 언제나 죽음을 눈앞에 두고 있었으므로 생명이 지속되는 한 마음껏 생활했던 것이다."

– 김산의 증언, 님 웨일스, 『아리랑』, 1984년

테러리스트로 산다는 것은 그런 것이었다. 명랑함과 심각함이 기묘하게 혼합된 삶. 죽음을 각오한 이상 삶과 죽음은 단지 동전의 양면과 같은 것이었다. 그렇다면 오늘의 삶은 명랑하게 살아야 했다. 임무를 위해 거침없이 삶을 버려도 아쉬움이 남지 않도록 순간의 죽음을 위해 자신의 삶 전부를 바쳐야 했다.

김산은 혈관 속에 뜨거운 피가 흐르지 않는 사람은 테러리스트가 될 수 없다고 했다. 그렇지 않다면 희생의 순간에 자기 자신을 잊을 수 없기 때문이다. 그러나 자신을 잊는 것이 어찌 쉬운 일이겠는가? 조선총독부에 폭탄을 던진 김익상은 조선총독부로 들어가기 직전 몇 번이나 망설이는 자신을 발견했다. 그는 마지막 순간 마음을 다잡기 위해 중국 『사기史記』 「자객열전刺客列傳」에 나오는 자객 형가荊軻의 시구를 읊조렸다. "사나이, 한 번 가면 다시 돌아오지 못하리(壯士一去兮 不復還)." 그는 그렇게 삶에 대한 미련을 잊고 조선총독부에 폭탄을 던졌다.

> "그때 젊은 사람들은 서로 내가 먼저 죽으러 국내로 들어가겠다는 자세였으니까. 폭탄을 들고 먼저 나가겠다는 것이었지요. 그런데 국내로 한 번 나가려면 여비도 있어야 되고 돈이 많이 들어야 되지 않아요? 그러니 나가겠다는 사람을 모두 내보낼 수가 없어서 나중에는 제비를 뽑기도 했어요. 먼저 죽으러 가겠다고 제비까지 뽑았으니, 지금 사람들은 도무지 상상할 수 없는 일이었지요."
>
> — 김성숙의 회고, 김학준 편, 『혁명가들의 항일 회상』, 1988년

테러리스트의 삶은 늘 삶과 죽음의 극단을 오갔지만 의열단원들은 언제나 자신이 먼저 테러의 길에 선택되기를 바랐다. 공명심이나 단지 죽고 싶다는 마음 때문이 아니었다. 그들에게는 삶과 바꿔도 아깝지 않을 만큼 열망하는 것이 있었다. 김산의 표현을 빌리면, 그들이 간절하게 원했던 것은 오로지 독립과 민주주의였다. 하지만 김산은 그것이 실제로는 하나라고 말한다. 바로 자유였다. 독립과 민주주의 그리고 자유를 위해 그들은 의열단원이 되었고, 자신의 삶을 총과 폭탄으로 바꾸었던 것이다.

> "우리는 자유를 찾지 못하면 영구히 멸망될 것을 알았다. 그러면 자유를 위하여

몸 바칠 뿐이다. 자유의 값은 오직 '피와 눈물'이다. 자유는 은혜로써 받을 것이 아니오, 힘으로써 싸워서 취할 것이다. 우리에게 얽매인 '쇠줄'은 우리의 손으로 끊어버려야 한다. 우리의 생활은 오직 자유를 위하는 싸움뿐이다. 오라! 온갖 수단과 모든 무기로 싸우자. 완전한 독립과 자유가 올 때까지 싸우자! 싸우는 날에 자유는 온다!'

—의열단, 「격檄」, 1924년

폭력은 혁명의 유일한 무기

완전한 독립과 자유를 꿈꿨던 의열단은 어떤 전략과 방법으로 싸웠을까? 앞서 언급했듯이 결성 초기에는 제대로 된 강령이 없었다. 그 이유는 결성 배경과 관련이 깊다. 의열단은 길림군정사의 영향하에 독립운동 방략을 공유했기 때문에 굳이 수준 높은 강령이 필요하지 않았다. 의열단은 길림군정사 등 무장 독립운동 세력이 흔히 그러했듯이 독립의 결정적 국면은 전쟁을 통해서만 얻어질 수 있고, 암살과 테러는 전쟁으로 가는 길목의 임시 방편이라고 생각했다. 즉 의열단의 독립운동 방략은 신민회 이후 독립운동 세력들에게 공유되었던 독립전쟁의 방략과 크게 다르지 않았다.

하지만 시간이 경과하면서 의열단의 독립운동 방략은 크게 변화하기 시작한다. 1923년 신채호에게 집필을 의뢰하여 의열단의 명의로 발표한 「조선혁명선언朝鮮革命宣言」이 그 변화의 증거였다.

민중은 우리 혁명의 대본영大本營이다. 폭력은 우리 혁명의 유일한 무기다. 우리는 민중 속에 가서 민중과 손을 잡고, 끊임없는 폭력 · 암살 · 파괴 · 폭동으로써, 강도 일본의 통치를 타도하고, 우리 생활에 불합리한 일체 제도를 개조하여, 인류로써 인류를 압박치 못하며, 사회로써 사회를 수탈하지 못하는 이상적 조선을 건설할지니라.

— 신채호, 「조선혁명선언」, 1923년

　의열단이 「조선혁명선언」을 통해 제시한 일제의 통치를 구축할 방법은 '민중직접혁명'이었디. 의열단은 일본의 강도 정치를 한민족 생존의 적이라고 인식했다. 이와 함께 자치운동이나 문화운동을 주장하는 자들 역시 민족의 생존을 방해하는 적으로 인식했다. 의열단은 우리 민족의 생존을 위해서는 일제와 일제에 기생하는 세력을 구축驅逐하는 것이 필수 조건이라고 확신했다. 그런데 일제는 너무 강고했다. 특히 의열단은 기존의 외교론이나 독립전쟁 준비론으로는 일제를 구축할 만큼 충분한 실력을 갖출 수 없다고 생각했다. 오직 혁명적 수단으로만 일제를 구축할 수 있으며, 그것은 민중이 자신을 위해 수행하는 혁명, 즉 민중직접혁명이어야 한다고 믿었다.

　그럼 민중직접혁명은 어떻게 발생하는가? 의열단은 민중직접혁명을 일으키기 위해서는 광범한 민중의 각성이 필요하다고 생각했다. 그리고 민중의 각성을 일으키려면 먼저 자각한 민중이 기꺼이 민중 전체를 위한 혁명의 선구가 되어야 한다고 믿었다. 그 혁명의 선구가 바로 의열단이었다. 강도 정치의 주제자와 그 시설물 일체에 대한 암살과 파괴로 민중의 각성을 촉구하고, 민중 스스로 민중을 위해 혁명하도록 기꺼이 자신의 모든 것을 바쳐 혁명의 길에 산화하는 것, 이것이 혁명의 도상에서 의열단에게 맡겨진 임무였다. 즉 선각된 민중(의열단)의 암살과 파괴 행동으로 시작되어 민중 일반의 각성으로 확산되며, 각성된 민중 일반의 폭동이 점차 대폭동으로 고양되어 혁명으로 발전한다. 이것이 의열단이 상정한 민중직접혁명의 과정이었다.

혁명의 길은 파괴부터 개척할지니라. 그러나 파괴만 하려고 파괴하는 것이 아니라 건설하려고 파괴하는 것이니, (……) 고유적 조선의, 자유적 조선 민중의, 민중적 경제의, 민중적 사회의, 민중적 문화의 조선을 건설하기 위하여 이족통치의, 약탈제도의, 사회적 불평균의, 노예적 문화사상의 현상을 타파함이니라.

– 신채호, 「조선혁명선언」, 1923년

의열단은 민중직접혁명을 통해 어떤 세상을 열고자 했을까? 의열단은 혁명의 길은 파괴로부터 시작한다고 전제하고, 파괴를 통해 새로운 세상을 건설할 것을 제안했다. 그리고 식민지 한국에서 파괴해야 할 대상으로 이민족의 통치·특권 계급·경제적 약탈제도·사회적 불평등·노예적 문화사상 등 다섯 가지를 지적했다. 이 다섯 가지가 일제 치하의 한국을 좀먹는 대표 악悪이라는 것이다.

의열단은 한국 민중에 의해 통치되는 한국 고유의 세상이자 특권계급의 강압에서 벗어난 자유로운 민중의 세상을 꿈꾸었다. 새로운 세상은 민중 스스로 조직한 경제제도하에서 자기 생활의 발전을 꿈꾸는 세상이고, 소수가 아닌 민중 전체의 행복을 위한 평등한 세상이며, 다수 민중에 의해 창출되는 민중적 문화가 관철되는 세상이어야 했다. 이것이 인간이 인간을 압박하지 못하는, 사회가 사회를 수탈하지 못하는 이상적인 국가의 모습이었고, 의열단이 꿈꾸는 세상의 모습이었다.

의열단은 「조선혁명선언」을 통해 민족해방은 오로지 혁명으로만 가능하다고 선언했다. 이들이 혁명을 민족해방투쟁의 유일한 수단으로 인식한 이유는 혁명에서 발현되는 대중의 무한한 역량 때문이었다. 의열단은 과거 러시아혁명이나 3·1운동 등에서 대중이 보여준 힘에 주목했고, 대중의 힘이 최고의 형태로 발현되는 혁명이야말로 일제의 식민체제를 끝장내고 사회를 변혁하는 유일한 수단임을 깨달았다. 이런 인식 뒤에는 당시 유행하던 공산주의와 아나키즘의 영향이 컸다. 의열단은 공산주의와 아나키즘의 혁명이론을 적극 수용하여 독자적인 민중직접혁명론을 도출했던 것이다.

의열단은 민중직접혁명을 기본적으로 일제의 식민통치로 시작된 민족의 여러 모순을 극복하는 민족해방운동의 방편으로 상정했다. 또한 식민지 한국의 많은 사회문제를 해결하는 사회 변혁의 수단이라 여겼다. 즉 의열단은 한국의 민족해방운동이 단지 지리적 회복에 그치지 않고 미래 한국 사회의 변혁까지도 담보하는 것이어야 한다고 생각했다. 의열단이 「조선혁명선언」을 통해 그린 미래 한국의 모습은 비록 구체성이 결여되었지만 민중직접혁명을 통해 나아갈 방향을 설정하고 미래를 조망하고자 했다는 점에서 탁월했다.

의열단은 「조선혁명선언」을 통해 폭력 테러 노선을 민중직접혁명의 필수 과정으로 승격시킴으로써 자기 행보에 정당성을 부여하고자 했다. 이로써 의열단의 폭력 테러 전술은 독립전쟁의 보조 수단이 아니라 민중직접혁명을 촉발하는 혁명 전략의 일부가 되었다. 또한 비로소 의열단이 길림군정사 등 무장 독립운동 세력의 독립전쟁론에서 벗어나 민중혁명에 입각한 고유의 민족해방 노선을 정립했음을 의미했다.

단재 신채호가 집필한 의열단의 「조선혁명선언」 초판 원문 일부. 폭력 테러 노선을 정당화하며 민중직접혁명의 필요성을 논리정연하게 설명하는 한편 민족해방운동의 당위성과 희망을 분명하게 제시했다.

「조선혁명선언」은 발표와 함께 대내외에서 뜨거운 반향을 불러일으켰다. 민중직접혁명에 대한 논리 정연한 설명, 미래 한국 사회에 대한 전망 등은 한국인들에게 민족해방운동의 당위성과 희망을 당당히 제시했다. 이와 함께 「조선혁명선언」은 신채호의 유려한 필체로 의열단의 투쟁 경험과 당대 유행하던 공산주의 및 아나키즘 등을 녹여내면서 민족주의자·공산주의자·아나키스트 등 한국의 독립을 꿈꾸는 여러 세력들에게 대대적인 환영을 받았다. 「조선혁명선언」을 읽고 의열단에 가입하겠다며 찾아오는 이들이 크게 늘면서 의열단의 단세가 금세 200여 명에 육박할 정도였다. 이후 「조선혁명선언」은 단원들의 이념 학습을 위한 기본 교본이자 의열단의 암살 파괴 활동을 알리는 최고의 선전물이 되었다.

종로경찰서 폭탄 투척 사건

12일 밤 8시 10분에 종로경찰서 서편 동일당 간판점 모퉁이 길에서 어떤 사람이 종로경찰서 서쪽 창문을 향하여 폭탄 한 개를 던져 쾅 하는 소리를 내며 폭발했더라. 폭탄이 파열되매 종로 네거리는 물론 부근 일대에는 졸지에 큰 소동이 일어난 것은 물론이요, 경찰서에 있는 숙직 경관들은 대경실색하여 일변 활동을 개시하며 일변 조사에 착수했는데, 경찰의 손해는 서편으로 난 유리창 두엇이 깨졌으며, 폭탄이 터질 때 마침 동일당 골목을 지나가던 행인 다섯 명은 폭탄의 파편에 다쳐 부상했더라.

– 〈동아일보〉, 1923년 1월 14일

1923년 1월 12일 종로경찰서 폭탄 투척 사건이 발생했다. 번화가 한복판에서 폭탄이 터지면서 일제는 또다시 아연실색했다. 공안 당국은 곧바로 범인 검거에 착수했다. 얼마 지나지 않아 수사선상에 김상옥金相玉(1890~1923)이 떠올랐다. 김상옥은 1920년 '암살단'을 조직하여 사이토 총독 암살을 기도하다 발각되자 도주한 테러리스트였다. 공안 당국은 그가 서울에 잠입했다는 정보를 이미 확보했고, 사건이 터지자 곧바로 그를 유력한 용의자로 지목하여 검거에 나섰다.

김상옥은 의열단원이었다. 그는 폭탄 테러와 독립운동 자금 모금을 위해 안홍한安弘翰과 함께 1922년 11월 국내로 파견되었다. 그들은 독립운동 자금을 모으면서 국내로 반입될 폭탄을 기다렸다. 폭탄은 공산주의자 김한金翰(1888~?)을 통해 전달될 예정이었다. 그런데 종로경찰서 폭탄 투척 사건이 발생하고 용의자로 김상옥이 지목되면서 계획이 어그러졌다.

실제로 의열단이 김상옥과 안홍한을 통해 실행하려던 계획은 '대암살 파괴'였다. 1922년 가을, 의열단은 상해파 고려공산당원 한형권韓馨權이 가져온 레닌의 자금 20만 루블 중 4만여 루블을 지원받는 데 성공한다. 의열단은 이 자금을 기반으로 대규모 암살 파괴 계획을 수립했다. 대암살 파괴 계획은 별도의 두 가지 계획으로 이루어져 있었다. 하나는 임시정부 재무총장 이시영과 공산주의자 김한이, 다른 하나는 이르쿠츠크파 고려공산당 장건상張建相(1882~1974)과 김시현金始顯(1883~1966)이 주도했다.

의열단의 계획에는 공산주의자 등 다른 운동 진영의 인사들도 참여했다. 의열단이 1922년을 전후하여 다른 진영으로부터 크게 주목받은 덕분이었다. 1920년부터 시작된 암살 파괴 공작으로 조직의 존재가 널리 알려지면서 의열단은 여러 운동 계열의 주요 합작 대상으로 떠올랐다. 특히 아나키스트와 공산주의자들이 적극적이었다. 당시 중국 사회에 아나키즘이 유행하면서 세력을 크게 확장하던 아나키스트들은 의열단의 암살 파괴 노선에 매력을 느껴 의열단에 적극 가담했다. 뒷날 의열단 간부로 조직에서 중추적인 역할을 담당했던 류자명柳子明(1891~1985)이 바로 이때 합류했던 대표 아나키스트였다.

윤자영尹滋英(1894~1938)을 중심으로 한 상해파 고려공산당 세력과 장건상·김시현 등 이르쿠츠크파 고려공산당 세력도 의열단에 참여했다. 의열단과 공산주의자들의 결합은 민족운동에 대한 공감대를 바탕으로 한 양대 세력의 세 불리기 측면이 강했다. 공산주의자들은 의열단을 통해 민족운동 내 공산주의 세력의 확산을 도모했고, 의열단은 이들의 인적·물적 지원을 통해 조직의 역량을 강화하고자 했다.

의열단은 대암살 파괴 계획을 통해 대규모 폭탄 테러를 실행하여 조선총독부를 비롯한 일제의 침략 기관을 파괴하고 총독을 중심으로 한 총독부 주요 관리의 암살을 목표로 삼았다. 암살과 테러 직후 의열단은 「조선혁명선언」을 비롯한 각종 유인물을 살포할 계획이었다. 이와 함께 국내 부호들을 대상으로 독립자금도 모금하여 임시정부를 원조할 예정이었다.

의열단은 상하이 곳곳에 비밀 폭탄 제조소를 설치했다. 폭탄 제조를 진두지휘한 사람은 헝가리인 마자알이었다. 그는 의열단의 폭탄 제조 기술을 한 차원 끌어올렸다. 뒷날 일제는 의열단이 제조한 폭탄의 위력이 큰 건축물이나 철교를 파괴할 정도로 가공할 만하다고 평가했다. 의열단은 풍부한 자금과 기술 덕분에 질 좋은 폭탄을 준비할 수 있었던 것이다.

두 계획 중 먼저 실행된 것은 김한이 주도한 계획이었다. 대규모 폭탄 거사를 위해서는 폭탄의 안전한 국내 반입과 보관 그리고 전달까지 전체 의열단은 상황을 진두지휘할 책임자가 필요했는데, 적임자가 김한이었다. 그는 1919년 임시정부에서 활동할 무렵부터 의열단 인사들과 교류가 깊었다. 의열단원들을 서울로 파견하여 국내의 김한과 긴밀히 협의하면서 계획을 실행했다.

준비는 순조로웠다. 실행 단원인 김상옥과 안홍한이 안전하게 국내로 잠입하고, 폭탄도 무사히 국경 인근 중국 안둥현에 도착했다. 그런데 국내 반입만을 남겨놓은 상황에서 작전이 중지되었다. 김한이 일제 공안 당국에 포섭되어 밀정 노릇을 한다는 정보가 의열단 본부에 전해졌기 때문이다. 이것은 잘못된 정보였다. 그러나 이 일로 폭탄 반입이 지연되었고, 시간이 흐르면서 의열단의 계획은 틀어지기 시작했다. 종로경찰서 폭탄 투척 사건으로 김상옥이 경찰에 쫓겼기 때문이다.

독립운동가들을 악랄하게 탄압하는 것으로 악명 높았던 종로경찰서에 폭탄을 투척하여 일제 공안 당국의 간담을 서늘하게 한 의열단원 김상옥.

동대문경찰서 율전栗田 경부보가 육혈포를 쏘며 선두로 들어가다가 김상옥의 육혈포에 맞아 넘어지매, 김상옥은 여러 형사가 주저하는 틈에 다락 속에 있는 널빤지를 뚫고 나가서 세 집으로 쫓겨 다니며 세 시간 이상을 격렬히 싸웠으나 필경 수십 명 경관의 일제 사격으로 빗발 같은 탄환 속에 맞아 죽게 되니, 김상옥은 이 중에 총을 쏘다가 옆집에 들어가 "나에게 이불을 좀 주시오, 이불을 주시면 그것을 쓰고 탄환을 좀 피하여 몇 명 더 쏘아 죽이고 죽을 터이니" 했으나, 주인이 말을 안 들어서 그대로 싸우다 죽는데, 총을 맞아 숨진 후에도 육혈포에 건 손가락을 쥐고 펴지 아니하고 숨이 넘어가면서도 손가락으로는 쏘는 시늉을 했다더라.

― 《동아일보》, 1923년 3월 15일 호외

종로경찰서 폭탄 투척 사건이 발생한 지 5일 만에 공안 당국은 김상옥의 은신처를 찾아냈다. 경찰은 곧바로 체포에 돌입했다. 그러나 김상옥은 경찰의 추격을 뿌리치고 탈주했다. 그가 또다시 경찰에게 발견된 것은 1월 22일 아침이었다. 김상옥은 경찰대와 세 시간에 걸친 사투 끝에 결국 사살되었다. 그는 탈주 과정에서 경찰 수명을 사살했고, 총탄 십여 발을 맞고도 최후까지 권총을 놓지 않는 등 최후의 순간까지 대단한 투혼을 발휘했다. 일제는 사건 직후 약 두 달여 동안 모든 언론 보도를 통제하며 사건의 파장을 축소하려 애썼다.

불행히도 김상옥 사건 직후 김한과 안홍한 등 대암살 파괴 계획의 관련자 대부분이 검거되었다. 수상한 것은 김상옥이 최후까지 어떤 말도 남기지 않고 장렬히 순국했는데도 일제가 의열단의 대암살 파괴 계획에 대해 정확히 인식하고 관련자들을 검거했다는 점이다. 어디선가 정보가 샌 것이다.

한 역사가는 이것이 경기도경찰부 경시 김태석金泰錫(1883~?)의 비밀공작과 관련 있다고 파악한다.(김영범, 『한국 근대 민족운동과 의열단』, 1997) 김한과 의열단 간부 류자명이 김태석을 은밀히 독립운동을 지원하는 인사로 잘못 알고 정보를 누설했다는 것이다. 김태석은 일제 시기 대표 친일 고등경찰로 오랫동안 수많은 독립운동가를 체포하고 고문하여 악명이 높았다. 그런데 김한 등은 김태석의 정체를 제대로 알지 못해 정보를 누설하는 치명적인 실수를 저질렀다.

공안 당국은 김태석을 통해 의열단의 계획을 탐지하고 김한을 비롯한 관련자들의 동태를 주시했다. 김상옥이 경성에 잠입한 사실을 당국이 처음부터 알았던 것도 이 때문이었다. 공안 당국은 폭탄이 국내로 반입되는 때를 기다려 일망타진할 기회를 노렸을 것이다. 그러나 일은 생각대로 진행되지 않았다. 종로경찰서 폭탄 투척 사건 때문이었다. 예상치 못한 사건으로 공안 당국은 더 이상 의열단 수사를 비밀에 부칠 수 없었다. 결국 그들은 대대적인 검거작전을 펼쳐 김상옥을 사살하고 김한 등 관련자를 체포했다.

정작 종로경찰서 폭탄 투척 사건은 오리무중에 빠졌다. 정황상 이 사건은 김상옥을 범인으로 보기 어려운 점이 많았다. 의열단 계획을 앞두고 그가 그렇게 위험한 모험을 감행할 까닭이 없었다. 김상옥의 죽음과 함께 사건의 진실은 역사 속으로 묻히고 말았다. 오늘날 종로경찰서 폭탄 투척 사건은 김상옥의 거사로 보는 것이 정설이지만 끊임없이 이설이 제기되는 것도 이 때문이다.

의열단의 대암살 파괴 계획의 제1막은 결국 실패로 끝났다. 그러나 김상옥의 열혈 투쟁은 다시 한 번 의열단의 의기를 만천하에 드러내는 계기가 되었다. 이제 의열단은 대암살 파괴 계획의 제2막을 준비했다.

황옥 경부 사건

의열단은 대암살 파괴 계획의 첫 시도가 실패하자 곧바로 두 번째 계획에 박차를 가했다. 국내 책임자는 이르쿠츠크파 고려공산당원이자 의열단원이던 김시현이었다. 김시현은 밀양경찰서 폭탄 투척 의거를 계기로 친해진 황옥黃鈺(1887~?)을 계획에 끌어들이고자 했다. 경기도경찰부 고등경찰과 소속의 경부警部였던 황옥은 1922년 1월 김시현의 고려공산당 입당을 도와주고 극동인민대표자대회에 참석하게 알선해준 고마운 인연이었다. 김시현은 비록 황옥이 일제의 경찰이지만 충분히 신뢰할 만한 인물이라고 여겼다.

김시현은 김원봉과 장건상에게 황옥의 합류를 건의했다. 그러자 김원봉은 황옥을 베이징으로 데려오게 했다. 황옥이 신뢰할 만한 인물인지 눈으로 직접 확인하고 싶었던 것이다. 의열단원들은 김원봉이 황옥을 만나는 것에 반대했다. 아무래도 황옥이 경찰이라는 점이 꺼림칙했기 때문이다. 그러나 김원봉은 의열단의 계획에 황옥의 경찰 신분을 활용할 수 있다는 점을 높이 샀다. 황옥을 만나고 나서는 충분히 신뢰할 만한 인물이라 판단했다. 김원봉은 더 이상 주저하지 않고 그를 의열단의 계획에 참여시켰다.

의열단은 폭탄의 국내 반입이 성공하면 실행 단원들을 잠입시켜 거사를 시행하기로 하고 폭탄을 옮기기 시작했다. 그해 3월 김시현과 황옥은 상하이에서 운반된 폭탄과 유인물 일체를 톈진에서 인수했다. 그들은 이것을 여행 가방 몇 개에 나누어 담아 안둥현까지 운반했다. 안둥현에는 김시현과 황옥이 미리 준비한 중계 거점이 있었다. 바로 조선일보 안동 지국장으로 파견 나온 홍종우洪鍾祐의 집이었다. 홍종우 역시 이르쿠츠크파 고려공산당원이었다.

김시현과 황옥은 취객으로 가장하여 인력거로 국경을 통과했다. 김원봉의 짐작대로 황옥의 경찰 신분은 국경 통과에 큰 도움이 되었다. 그들은 비상시에 쓸 폭탄 일부만 신의주에 남겨두고 나머지는 모두 경성으로 옮겼다. 이제 중국에서 파견될 실행 단원들의 입국만 기다리면 되었다. 단원들이 들어오면 적당한 시기에 대규모 암살 파괴 계획을 실행할 터였다.

그러나 불행하게도 일은 예상대로 진행되지 않았다. 3월 15일 황옥을 비롯한 관련자 18인이 일제 공안 당국에 모두 체포되고, 3월 말에는 도주했던 김시현까지 붙잡혔다. 도대체 무슨 일이 있었던 것일까?

판사 : 상관이 물어도 사건에 대해 얘기하지 않은 이유는 무엇인가?

황옥 : 일이 위험한 상황이면 말했겠지만 경성에 온 폭탄은 모두 내 손에 들어왔으므로, 상해에서 실행 단원이 오면 그때 모두 잡는 것이 좋다고 생각했소.

판사 : 이번 일로 피고의 신변이 의심스럽게 된 것은 언제인가?

황옥 : 13일이오.

판사 : 13일부터 그랬으면 그때부터 검거를 하여 의심을 푸는 것이 좋지 않은가?

황옥 : 일부 검거로는 의심을 풀 수 없으므로 전부 검거하여 공을 세우려 했소.

판사 : 피고가 잡히기 전에 왜 미리 전말을 알리지 않았는가?

황옥 : 최후까지 성공을 기대했기에 말하지 않았소.

— 황옥의 법정 증언, 《동아일보》, 1923년 8월 9일

1923년 8월 7일 의열단사건을 심리하는 법정에서 황옥은 충격적인 발언을 쏟아놓았다. 자신이 의열단의 폭탄 반입을 도운 것은 의열단원을 검거하기 위한 비밀 작전이었다는 것이다. 그의 발언으로 법정은 순간 대혼란에 빠져들었다.

사건의 진상은 이랬다. 황옥은 이르쿠츠크파 고려공산당을 수사하기 위해 고려공산당에 가입했고, 공산당원의 신분을 이용하여 김시현의 고려공산당 가입과 극동인민대표자대회 참가를 알선했다. 대회 참가시 황옥이 김시현에게 내준 여비도 경찰부의 기밀비였다. 이 일을 계기로 황옥은 김시현의 신임을 얻는 데 성공했다.

황옥은 김시현과 교류하면서 그가 의열단과 관련 있다는 것을 알게 되었다. 황옥은 이것을 천재일우의 기회라 생각했고, 곧바로 김시현을 이용하여 의열단원을 검거할 비밀 작전을 수립했다. 이어 김시현을 통해 김원봉과 장건상을 만났고, 의열단의 폭탄 반입 계획에 직접 참여하게 되었다. 황옥은 이 과정에서 고려공산당에 가입하면서 알게 된 홍종우를 자신의 밀정으로 끌어들여 상관인 경찰부장에게 그를 소개하고 당국의 허가를 받아냈다. 홍종우를 조선일보 안둥 지부장으로 보내 의열단의 계획에 가담시킨 것도 모두 황옥의 공작이었다.

황옥은 김시현과 함께 폭탄을 국내로 반입했다. 그런데 폭탄을 반입할

당시 수상한 기미를 눈치 챈 평안북도경찰부가 즉시 황옥을 검거할 것을 상부에 건의했다. 하지만 보고를 받은 총독부 경무국은 오히려 황옥의 검거를 막았다. 황옥이 고려공산당원과 의열단원을 국내로 대거 유인하여 일망타진하기 위해 공작을 진행 중이며, 홍종우도 경기도경찰부의 밀정이니 그대로 두라는 명령을 내렸던 것이다.

황옥은 의열단의 실행 단원이 모두 국내에 잠입할 때까지 기다렸다가 일망타진할 계획이었다. 그는 사건의 모든 공적을 독점하기를 바랐고, 그래야만 경시警視로 승진할 수 있다고 생각했다. 그러나 그것은 과욕이었다. 일은 황옥의 뜻대로 진행되지 않았다. 3월 14일 신의주에 남겨두었던 폭탄 일부가 평안북도경찰부에 발각되면서 계획이 틀어져버렸던 것이다. 다음 날인 3월 15일 황옥은 당국에 체포되었다.

황옥은 자신을 보호해주지 않는 경찰 당국에 분노했고 결국 법정에서 자신의 행적을 낱낱이 공개했다. 일이 이렇게까지 악화된 원인은 공적을 둘러싼 평안북도와 경기도 경찰부 사이의 알력 때문이었다. 평안북도경찰부는 경기도경찰부가 작전 중임을 알면서도 공적을 경기도경찰부에 빼앗기고 싶지 않아 신의주에 남겨진 폭탄을 발견하자 관련자 전원을 체포하고 사건을 공론화했다. 이 일로 황옥을 지원하던 경기도경찰부의 중간 간부들이 곤란해졌다. 사건의 공론화로 공적은 고사하고 책임론이 대두될 지경이었다. 그들은 황옥을 다그쳐 사건을 수습하려 했지만 사정이 여의치 않자 더 이상 황옥을 보호하지 않았다.

"천진에 출장했다가 경찰부에 돌아와 과장들에게 책망을 당하고, 아무도 나의 심사를 알아주지 못함에 분함을 이기지 못하여 자살까지 하려고 했소. 그러나 이번 사건을 교묘히 운용하여 대대적으로 검거를 행하는 동시에 나의 수완을 보이면, 책망하는 부장이나 과장이나 또는 경무국장까지도 나를 칭찬하고 경시까지 승급도 시켜주리라 믿었소. 나는 굳은 결심으로 사실을 말하지 않고 안동현에 있는 폭탄이 경성으로 들어오기만을 기다렸소. 그런데 결국은 경찰부에서 모든 사실을 탐지하고 안동현에 있는 폭탄까지 압수하여, 오늘과 같이 의열단을 이용하려던 내가 공범자라는 말을 듣게 된 것이오."

– 황옥의 최후 진술, 《동아일보》, 1923년 8월 13일

황옥은 금방이라도 울음을 터뜨릴 것 같은 표정으로 법정에서 최후 진술을 했다. 그는 시종일관 부끄럼도 없이 자신의 이중첩자 노릇을 합리화했다. 의열단원들은 황옥의 진술에 분노를 감추지 못했다. 방청석에서는 비겁한 황옥을 향해 비웃음이 쏟아졌다.

"나는 신성한 의열단원이오. 지금까지 나는 황옥을 조선의 훌륭한 남자, 뜻있는 사람이라 믿었소. 그러나 이 자리에서 황옥의 말을 들으니 나는 황옥과 같이 이 자리에 선 것이 부끄럽소. 우리를 모두 잡아 자기의 사복을 채우겠다는 악마의 행동을 이제야 알게 되다니 분하기 그지없소."

– 의열단원 이현준李賢俊의 최후 진술, 《동아일보》, 1923년 8월 13일

"그동안 나는 황옥을 진정한 동지로 알고 경찰서에서 수없는 고초를 당하면서도 황옥을 보호하고 두둔했으나 사실을 알고 보니 분하기 짝이 없소. 나는 강도가 아니오. 오로지 조선을 위하여 일편단심으로 일했을 뿐이오."

– 의열단원 류시태柳時兌의 최후 진술, 《동아일보》, 1923년 8월 13일

황옥의 발언으로 일제 공안 당국도 곤욕스러운 처지에 놓였다. 공안 당국의 수사 행태가 만천하에 공개되면서 내외 여론이 극도로 악화되었기 때문이다. 일제는 한국 독립운동가들을 잡기 위해 한국인 고등경찰을 적극 활용했고, 그들이 독립운동 진영에 침투하여 공작 수사를 펼치는 것을 관행처럼 여겼다. 이런 행태는 식민통치 기간 내내 소수의 한국인 고등경찰에 그치는 것이 아니라 수많은 밀정과 끄나풀을 양산해냈다. 이는 범죄자를 잡기 위해서는 어떤 불법 행동도 허용한다는 의미였고, 그것이 일제의 '국체國體'를 부정하는 공산주의운동이나 한국의 독립운동이어도 용납된다는 뜻이었다. 한 신문이 일제 공안 당국은 한국의 독립운동기관이냐고 비꼬았던 것도 이런 모순을 지적한 것이었다.

일본의 유명 인권 변호사로 한국의 독립운동들을 변호하는 데 힘썼던 후세 다츠지(布施辰治)는 공안 당국이 한국인의 독립운동 사상을 이용하여 벌였던 '스파이 연극'이 바로 황옥 사건의 본질이라고 비판했다. 《조선일보》도 사설을 통해 공안 당국의 밀정 공작 수사를 비판하면서 '경찰관리가 범인을 제조하고 체포한 혐의'가 확실한 만큼 공작 수사로 체포된 용의자들에게 관용을 베풀어 형량을 줄이라고 주장했다.

일제 당국이 여론 악화를 극복하고 사건을 수습할 유일한 방법은 황옥의 진술을 모두 끝까지 부정하는 것이었다. 당국은 목숨을 걸고 의열단과 접촉하여 의열단원 검거에 큰 공을 세운 황옥을 한국의 독립운동가로 몰아붙였다. 결국 황옥은 김시현과 함께 징역 10년형에 처해졌다. 그러나 2년이 지나 세상의 관심이 사그라질 무렵 황옥은 지병을 이유로 가출옥되었다.

의열단의 대암살 파괴 계획은 일제 공안 당국의 밀정 공작 수사에 빠져 거사 직전에 무산되었다. 그러나 의열단의 투쟁은 한국인들의 독립에 대한 의지가 얼마나 강한지를 다시 한 번 드러냈다. 의열단의 물적·인적 동원력과 폭탄 제조 기술의 정밀성을 확인한 일제 공안 당국은 의열단에 대한 경계를 더욱 강화했다. 일제는 중국 군벌 정권에 압력을 행사하여 의열단원을 단속하는 한편, 중국인 테러리스트를 고용하여 김원봉 암살을 시도하는 등 의열단을 전방위로 압박했다. 그들에게 의열단은 식민통치 자체를 위협하는 가장 무서운 테러 조직이었다.

이 사건으로 의열단은 일제 수사 당국의 교묘한 밀정 공작의 위험성을 체감했다. 일제의 수사 조직이 의열단에 얼마나 근접해 있는지도 알게 되었다. 이제 의열단은 중국 이역에 뿌려진 수많은 밀정들의 감시와 탄압에 맞서면서 조직의 안전과 새로운 투쟁 전략을 도모해야 했다. 그러나 이 사건은 의열단의 투쟁 심리를 더욱 자극했다. 그들의 투쟁은 계속되었다.

대중운동 시대의 개막

의열단의 최우선 과제는 일제의 밀정 공작에 맞서 철저한 보안 대책을 마련하는 것이었다. 의열단은 기밀부와 실행부로 조직을 개편하고, 기밀부를 김원봉을 비롯한 소수의 지도자로 한정하여 보안을 강화했다. 이와 함께 단원을 정단원과 준단원으로 나누고 신입 단원에 대한 심사를 강화하여 밀정이 끼어들 여지를 최소화했다.

의열단은 아나키스트와 공산주의자의 합류 그리고 「조선혁명선언」으로 크게 불어난 단세를 반영하여 향후 활동 계획도 수정했다. 먼저 조직의 실행부를 담당 지역에 따라 만저우반·국내반·일본반 등 세 개로 분리했다.

또한 의열단은 활동 반경을 크게 확대하여 블라디보스토크·도쿄·만저우 등지에 기관을 설치하고 단원을 파견했다. 이런 변화는 향후 의열단의 암살 파괴 계획을 이들 지역으로 확대하겠다는 의지를 표명하는 것이었다. 이에 따라 의열단은 남만저우의 안둥-펑톈 간 철도 파괴 계획, 천황 폭살을 포함한 일본 총공세 계획, 결사 대원 16인을 투입하는 국내 대규모 테러 계획 등 새로운 암살 파괴 계획들을 수립했다.

그러나 거사에 필요한 자금을 마련하기가 쉽지 않았다. 의열단은 소련 정부와 교섭에 나서기도 하고, 단원들을 국내에 잠입시키기도 했지만 의미 있는 성과는 거두지 못했다. 자금 마련에 실패하면서 의열단이 수립한 새로운 암살 파괴 계획들은 빛도 보지 못한 채 사장되었다. 새로운 계획들이 계획 단계에서 무산되는 일이 잦아지고 활동이 지지부진해지면서 의열단은 급격히 결속력을 잃어갔다. 급기야 의열단의 노선을 둘러싼 아나키스트와 공산주의자의 갈등이 불거지면서 의열단은 분열되었다. 결성 이래 최대의 위기였다.

1924년 4월 윤자영 등 상해파 고려공산당 출신의 단원들이 의열단을 이탈했다. 그들은 상해청년동맹上海靑年同盟이라는 새로운 좌우 결사체에 참여하여 중심 세력이 되었다. 상해청년동맹의 등장은 시대가 변하고 있음을 의미하는 것이었다. 시간이 흐를수록 암살과 파괴를 바탕으로 한 의열단의 민중직접혁명론은 상하이 청년들 사이에서 매력을 잃어갔다. 1924년을 전후하여 대중운동의 시대가 열렸다. 대중운동은 공산주의 이념에 급격히 경도되었다. 정치 활동이 가능한 대중운동의 공간이 열리자 더 이상 비밀을 최우선으로 하는 테러리즘은 의미를 잃고 공산주의 이념이 그 자리를 대체했던 것이다.

공포론(암살 파괴 전술)의 폐단은 폭력 부인의 소극적 생각을 뜻하는 것이 아니고, 개인적 공포주의 만능론을 배척하는 데 있다. 우리들은 계속적 기율 있는 무장 군중을 환기함과 동시에 적에 대하여 실효 있는 폭력적 대결을 불사하는 것이다.

— 「상해청년동맹의 선언」, 「독립운동사자료집」 9, 1975년

의열단 노선에 대한 비판도 여기저기서 쏟아졌다. 특히 상해청년동맹은 암살 파괴 노선을 독립운동의 유일 최대의 전체적 방침이라고 한 의열단의 주장이 사실과 다르다고 지적했다. 아무리 사람을 죽이고 건물을 파괴한다고 해도 민중의 각성은 일어나지 않으며 설사 각성이 일어난다고 해도 매개 없이 민중직접혁명으로 이어지기란 이상에 가깝다는 것이다. 상해청년동맹은 일제의 식민통치를 끝장내기 위해서는 일제의 통치권, 정치경제 등 각 부문의 제도와 조직을 파괴할 수 있는 실효적인 폭력이 필요하며, 그것은 조직된, 기율 있는 무장 군중의 투쟁으로만 가능하다고 주장했다.

"7년간의 부절不絶하는 폭력도 결국 민중을 각오시키지는 못했다. 민중을 각오시키는 것은 오직 탁월한 지도이론이다. 교육과 선전이다. 그밖에 다른 길은 없다. 혁명은 곧 제도의 변혁이다. 몇몇 요인의 암살과 몇 개 기관의 파괴로는 결코 제도를 변혁할 수 없다. 제도를 수호하는 것은 곧 군대와 경찰이다. 이들의 무장 역량을 해제할 수 있어야 비로소 혁명은 달성되는 것이다. 그러함에는 전 민중이 각오하여야 하고, 단결하여야 하고, 조직되어야 한다. 전 민중의 일대 무장투쟁이 아니고는 강도 일본을 구축할 도리가 없다. 혁명을 달성할 길은 없다."

— 김원봉의 진술, 박태원, 「약산과 의열단」, 1947년

의열단 역시 암살 파괴는 직접적으로 민중을 각성시키고 민중을 혁명의 주체로 추동하는 방법은 되지 못한다는 사실을 경험적으로 깨달았다. 이 것이 「조선혁명선언」의 민중직접혁명론이 지닌 치명적인 약점이었다. 의 열단은 일제의 통치를 무너뜨리고 혁명을 성공시키기 위해서는 전 민중의 일대 무장투쟁이 아니고는 방법이 없다는 것을 깨달았다. 전 민중에 의한 무장투쟁을 추동하려면 민중을 이끌 매개체가 필요한데, 바로 지도이론이 탁월한 조직이 교육과 선전을 통해 민중을 혁명의 길로 이끌어야 한다는 생각이었다. 이제 의열단의 암살 파괴 노선은 공식적으로 폐기되었다. 이 를 대신한 것은 무장투쟁 노선이었다.

1925년 8월 의열단은 본부를 광저우로 옮기고 새로운 활로를 모색했다. 상해청년동맹과의 경쟁 속에서 의열단 세력은 급격히 하락하여 이미 잔류 단원이 채 스무 명을 넘지 못하는 상황이었다. 의열단은 무장투쟁 노선에 적합한 무장 정치조직으로의 전환을 위해 먼저 단원 스스로 군사 간부로 변 신할 것을 결의했다. 이를 위해 김원봉 등 몇몇 단원들은 중국 국공합작의 상징인 황포군관학교에 입학했다. 김성숙·김산 등은 중국혁명이론의 본산 인 중산대학에 입학했다. 군사교육과 혁명이론을 체계적으로 학습하여 이 론과 실제를 갖춘 군사·정치 지도자로 거듭나는 것이 그들의 목표였다.

암살과 파괴로 한 시대를 풍미했던 의열단의 시대는 끝났다. 군사교육과 혁명이론으로 무장한 무장 정치단체 의열단이 있을 뿐이다. 이제 이들은 새로운 미래, 새로운 혁명을 꿈꾸기 시작했다.

검은 옷을 입은 사내들이 자신의 목숨은 아랑곳하지 않고 총과 폭탄으로 세상을 바꾼다. 이것이 대체로 아나키즘에 대해 갖는 일반적인 인상이다. 대부분 영화와 소설 같은 매체를 통해 만들어진 이미지다. 과연 실제는 어땠을까? 생각만큼 낭만적이지도 화려하지도 않았다는 것이 그 답이다.

아나키즘은 개인의 절대적 자유를 추구하는 사회주의의 한 조류로 탄생했다. 개인의 자유를 억압하는 모든 권력·제도·국가를 부정하고, 개인의 자유의지의 연합에 의해 운영되는 무권력·무지배 사회의 건설을 지향했다. 아나키스트들은 혁명을 통해 새로운 사회를 열고자 했다. 민중의 직접 행동에 의한 봉기·폭동·총파업으로 국가 조직을 파괴하고, 코뮌Commune을 건설하여 그 연합으로 운영되는 새로운 사회를 꿈꿨다.

한국인들은 어떻게 아나키즘을 받아들이게 되었을까? 한국인들은 대개 사회진화론을 극복하는 과정에서 아나키즘을 받아들였다. 여기에는 러시아 무정부주의자 크로프트킨Pyotr Alekseevich Kropotkin(1842~1921)의 상호부조론이 큰 영향을 미쳤다. 상호부조론은 인간 사회의 운영 원리가 생존 경쟁을 기본으로 구성되어 있다고 주장하는 사회진화론과 달리 공생공락共生共樂을 추구하는 상호부조를 기반으로 구성되어 있다고 주장하여 한국인에게 큰 환영을 받았다.

하지만 한국인 공산주의자들이 그러했듯이 한국인 아나키스트들도 기본적으로 민족주의적 성격이 강했다. 애초에 아나키즘을 받아들인 목적이 민족의 독립과 해방이었기 때문이다. 따라서 한국인 아나키스트들은 아나키즘의 민중직접혁명론을 민족해방운동을 위한 하나의 방략으로 받아들였다. 이와 함께 그들은 테러적 직접행동론·혁명근거지 건설론·민족전선론 등 다양한 방법론을 도출하며 지속적으로 아나키즘을 민족해방운동과 연계시켰다.

일제강점기에 활약했던 한국인 아나키스트로는 신채호·류자명·이회영·이을규李乙奎·이정규李正奎(1864~1945)·정화암鄭華巖(1896~1981) 등이 있다. 이들은 흑색청년동맹黑色靑年同盟 베이징 지부·재중국조선무정부주의자연맹在中國朝鮮無政府主義者聯盟·남화한인청년연맹南華韓人靑年聯盟 등에서 활동하며 테러와 이상촌 건설 운동 등을 벌여나갔다. 일본에서는 박열朴烈(1902~1974)이 흑우회黑友會를 통해 아나키즘 운동을 선도했다. 그가 천황 암살미수사건으로 검거된 후에는 흑풍회黑風會·흑우연맹黑友聯盟 등이 뒤를 이었다. 국내에는 흑로회黑勞會·흑기연맹黑旗聯盟·문예운동사文藝運動社 등이 있었다.

아나키즘은 1920년대 초반 한국인에게 강력한 영향력을 발휘했다. 앞서 살펴보았듯이 의열단의 주요 활동은 아나키즘의 강력한 영향력 아래 이루어졌다. 하지만 1920년대 중반 이후 아나키스트들은 공산주의자들과 치열하게 경쟁하고 분열하면서 급속히 권한을 잃어갔다. 아나키스트들은 독자적인 세력화를 통해 끊임없이 활로를 모색했지만 민족주의·공산주의와 어깨를 나란히 하던 1920년대로는 다시 돌아갈 수 없었다.

1925년 광저우로 이동한 의열단은 어떻게 되었을까? 김원봉과 의열단원들은 황포군관학교와 중산대학에서 군사·정치 교육을 받고 군사·정치 지도자로 거듭났다. 광저우를 기반으로 의열단은 예전의 조직을 회복하는 데 거의 성공했다. 이를 바탕으로 의열단은 중국 국민당과 같은 대중혁명조직으로 조직을 개편하고, 한·중 연대에 입각한 민족혁명 완수를 계획했다. 하지만 1927년 4월 장제스(蔣介石)가 쿠데타를 통해 국공합작을 깨고 공산당원들을 공격하면서 의열단은 중국혁명의 파고에 휘말렸다. 그 결과 의열단원들은 중국혁명에 참여한 한국인들과 함께 광저우 봉기 과정에서 대부분 희생되고 말았다.

중국혁명에서 살아남은 김원봉과 의열단원들은 깊은 절망에 빠졌다. 단원 대다수를 잃은데다 장제스 정부가 대일 관계에서 타협하는 태도를 보이며 기대를 저버렸기 때문이다. 이후 의열단은 조선공산당朝鮮共産黨 책임비서였던 안광천安光泉(1897~?)과 제휴하여 좌경 노선으로 조직을 재건했다. 본부를 베이징으로 옮기고 안광천이 주도하는 조선공산당재건동맹에 참여하는 한편, 레닌주의 정치학교를 열어 혁명인자를 양성했다. 조선공산당재건동맹은 만저우와 한국 각지에 지부를 설치하고, 정치학교 졸업생들을 국내로 파견하여 대중운동과 비밀결사 조직을 도모했다. 하지만 자금 부족으로 정치학교 운영을 중단할 수밖에 없었다.

자금 부족으로 공산주의자들과의 연대가 실패하자 의열단은 다시 장제스 정부에 접근했다. 1931년 만저우 사변으로 중·일 관계가 악화된 것이 계기였다. 의열단은 장제스의 난징 정부로부터 자금을 지원받아 조선혁명간부학교를 개설했다. 이 학교는 약 4년간 혁명 간부 125명을 배출했다. 이들은 의열단의 새로운 인적 기반이 되었다.

이후 의열단은 중국 관내 독립운동을 주도했다. 당시 만저우 사변을 계기로 독립운동가들 사이에 민족통일전선의 필요성이 고조되었는데, 의열단은 여기에 적극 참여하여 민족통일전선 결성에 일조했다. 그 결과 1935년 다섯 난체가 연합한 민족혁명당民族革命黨을 창당했는데, 의열단이 최대 세력이 되었다. 민족혁명당의 창당과 함께 의열단은 공식 해체를 선언했다. 민족통일전선 결성에 참가한 단체는 모두 기존 조직을 해체하기로 결정했기 때문이다. 이로써 1919년 창설된 의열단은 16년이라는 시간을 뒤로하고 역사 속으로 사라졌다. 하지만 정치 세력으로서 의열단의 영향력은 그 후로도 오래도록 유지되었다. 그들은 1938년 결성된 조선의용대朝鮮義勇隊의 중심 세력으로 활약했고, 1941년에는 충칭 임시정부에 참여하여 주요 정치 세력이 되었다. 의열단은 그 자체로 한국 독립운동의 빛나는 역사였다.

5

×

민족해방과
공산주의 실현을 꿈꾸다

| 조선공산당 |

현재 세계 대세는 식민지 대 제국주의 군벌의 전쟁과
무산자계급 대 자본가계급의 전쟁으로 전개되고 있다.
제국주의 군벌에 대한 전쟁은 민족적 · 정치적 해방을 목적으로 하는 것이며,
자본계급에 대한 전쟁은 계급적 · 경제적 해방을 목적으로 한 것이다.
그러므로 식민지에 있어서는 민족해방이 곧 계급해방이고
정치적 해방이 곧 경제적 해방이라는 것을 알지 않으면 안 된다.
즉 식민지 민족이 모두가 무산계급이며 제국주의가 곧 자본주의이기 때문이다.
— 대한독립당

신의주 경찰 폭행 사건의 후폭풍

1925년 11월 국경 도시 신의주의 어느 깊은 밤, 청년 20여 명이 시내 경성 식당에 모여 주연을 즐기고 있다. 그들은 신의주의 유력한 청년단체 신만청년회新灣靑年會의 회원들로, 회원 전 아무개의 결혼 피로연 중이었다. 그런데 피로연이 점점 흥겨워질 무렵 식당 주인이 나타나 흥을 깼다. 아래층에 있던 순사 일행이 식당에서의 가무는 불법이니 즉시 중지해달라고 했던 것. 알아보니 순사 일행은 평소 친일 인사로 평판이 좋지 않던 변호사 박유정朴有禎과 의사 송계하宋啓夏 등 지역 유지들의 접대를 받는 중이었다.

식당 주인의 전언에 흥분한 청년 몇몇이 순사 일행의 방으로 쳐들어갔다. 언제나 사소한 일에도 트집을 잡는 경찰들의 강압적 태도에다 제 잇속 챙기기에만 능한 친일 인사들의 아니꼬운 접대 자리라 하니, 젊은 혈기와 술기운으로 순식간에 이성을 잃고 만 것이다. 거친 말이 오가고 멱살잡이를 하다가 결국 사태는 폭력으로 치달았다. 박유정은 얼굴을 맞고 쓰러지고, 한국인 순사 김운섭金運燮은 주먹다짐을 당했다. 일본인 순사 스즈키(鈴木友義)는 겨우 밖으로 도망치는 데 성공하지만 이내 뒤따라온 청년들에게 잡혀 구타당했다. 옷은 찢어지고 시계가 부서졌다. 신의주 시내는 한동안 한밤의 활극으로 소란스러웠다. 폭행에 가담한 청년은 모두 10여 명. 긴급 출동한 경찰들이 사태를 겨우 진정시켰다.

신의주 경찰 폭행 사건은 금세 세상에 알려졌다. 각종 신문에 사건의 전말이 실렸기 때문이다. 이 사건에 대한 대중의 반응은 대개 비슷했다. 폭행 피해자 가운데 경찰이 끼어 있어 문제 해결이 간단치는 않겠지만 술김에 벌어진 일이니 별일 있겠냐는 것이 대체적인 반응이었다. 사건을 전한 언론도 이 사건에 큰 무게를 두지 않았다. 단지 경찰에 소환된 사람들이 좀 많다는 것과 그들 대부분이 도청·금융조합·식산은행 등에 근무하는 전문직이라 이들 기관의 연말 결산에 차질이 좀 있겠다는 걱정이 다였다. 그런데 사건은 전혀 예상치 못한 방향으로 흘러갔다. 경찰이 전격적으로 가택수색을 실시하면서 사건이 확대되었기 때문이다. 언론들은 신의주경찰서의 가택수색을 '괴상한 조처'라고 논평했다.

신의주경찰서는 왜 술자리에서 벌어진 단순 폭력사건을 과잉 수사 했을까? 경찰 당국은 오래전부터 신의주 유일의 사상단체인 신만청년회를 의심해왔다. 그들은 신만청년회의 사상 경향이 좌익에 가깝다고 판단했다. 특히 신만청년회 집행위원장 김득린金得麟을 주목했다. 그런 그가 이번 사건에 연루되어 잡혀왔으니, 당국으로서는 좋은 기회를 잡은 셈이었다. 그들은 작정하고 김득린과 신만청년회를 수사할 요량이었다. 사상 쪽에 큰 문제가 없더라도 경찰을 폭행한 '비법무도'한 한국인들을 이대로 얌전히 풀어줄 수 없다는 것이 그들의 생각이었다.

수사가 진행되면서 사건 당시 김득린이 '붉은 완장'을 찼다는 피해자들의 진술이 나왔고, 정확한 의미는 알 수 없지만 김득린이 폭력을 행사하면서 "성공이다"라고 외쳤던 사실도 밝혀졌다. 두 진술 사이에는 아무런 연관성이 없었지만 당시 수사 기록에는 '붉은 완장'과 '성공'이 '혁명의 성공'을 의미하는 게 아닐까 의심된다고 기록되어 있다. 뭐 눈에는 뭐만 보인다고, 억

측도 그런 억측이 없었다.

하지만 김득린을 사상범으로 다루려던 경찰 당국의 간절한 바람이 이루어진 것일까. 억지스럽기만 하던 수사 담당자의 의심이 현실로 드러났다. 신만청년회원 김경서金景瑞의 집을 수색하는 과정에서 '불온 유인물'이 발견된 것이다. '고려공산청년회高麗共産青年會 중앙집행위원회' 명의의 '회원 자격 심사표'와 수취인이 여운형인 통신문 세 통이 나온 것이다. 취조 결과 이 문서들은 고려공산청년회 중앙집행위원장 박헌영朴憲永(1900~1955)이 상하이에 파견된 고려공산청년회 중앙집행위원 조봉암曹奉巖(1899~1959)에게 보내는 문서들로 밝혀졌다. 박헌영은 조선공산당원이자 국경연락원이던 조선일보 신의주 지국 기자 임형관林亨寬에게 이 문서들의 우송을 부탁했고, 임형관은 역시 당원인 김경서에게 문서들을 잠시 맡겨놓았던 것이다. 이 문서들은 상하이의 여운형을 통해 조봉암에게 전달될 예정이었다.

비밀 문서가 발견되면서 사건은 일파만파 확대되었다. 조선공산당과 고려공산청년회라는 공산주의 비밀조직의 실체가 드러나면서 순식간에 대규모 조직사건으로 발전했다. 전국에 거대한 검거 선풍이 몰아닥쳤다. 많은 공산주의자들이 체포되었고, 조선공산당 책임비서 김재봉金在鳳(1890~1944)·고려공산청년회 중앙집행위원장 박헌영 등 조선공산당의 주요 지도자들도 붙잡혔다.

혈기왕성한 청년들의 치기 어린 술자리 폭력사건으로 시작된 신의주 사건은 비극적 결말로 막을 내렸다. 이 사건으로 수많은 사람들이 오랫동안 힘겹게 준비했던 한국 혁명의 전위前衛, 조선공산당은 순식간에 붕괴 위기에 봉착했다. 조선공산당은 어떤 조직이었을까?

조선공산당, 민족해방운동의 새 장을 열다

장애 많은 조선 사회에서 언론의 권위를 신장하고 아울러 이에 헌신한 기자의 연락과 간친을 도모하여 언론계의 꾸준한 발전을 도모하려는 수단 방법의 한 가지로 조선서 처음으로 계획된 조선기자대회는 준비를 시작한 지 시일도 오래지 아니함에도 불구하고 관계자의 비상한 향응으로 전 조선을 통하여 갖은 방면으로 필봉을 휘두르는 20여 종의 신문잡지사 690여 명의 기자가 참가하게 되어 실로 예기한 이상의 대성황과 상상 이상의 수확을 얻게 되었으며, 따라서 조선서는 처음인 것만큼 일반 사회의 기대와 주시가 비상하여 침체하기 짝이 없던 조선의 언론계는 금 15일 오전 10시부터 천도교기념관에서 우렁차게 울리는 대회의 주악 소리를 비롯하여 새로운 활기와 거룩한 암시를 잠잠한 조선 사회에 던지게 되었더라.

− 《동아일보》, 1925년 4월 15일

1925년 4월 15일 조선기자대회가 서울 천도교기념관에서 3일간 개최되었다. 참가 인원이 700명에 육박하는 대규모 행사였다. 순식간에 서울은 전국에서 모여든 언론계 인사들로 북새통을 이뤘다. 뿐만 아니라 조선기자대회 직후에는 '전조선민중운동자대회'가 예정되어 있었다. 이는 한국 민중운동의 통일과 근본 방침에 대한 논의를 목적으로 노농단체·청년단체·사상단체 등 전국 425단체 대의원 508명이 참가하는 대규모 행사였다. 세상의 이목이 두 대회로 쏠렸다. 공안 당국도 예의 주시했다. 서울은 전국에서 모여든 언론 종사자들과 각 단체 운동가들로 그 어느 때보다 들떠 있었다. 그 이면에는 묘한 긴장감도 흘렀다. 태풍의 눈 속에 있는 것처럼 금방이라도 뭔가 큰일이 벌어질 것 같은 분위기였다.

조선기자대회의 마지막 날인 4월 17일 오후 1시, 황금정(현재 서울 을지로)에 있는 중국음식점 아서원 2층에 한 무리의 사람들이 모여들었다. 겉으로는 술을 곁들인 평범한 점심 연회처럼 보였지만 사실은 조선공산당을 결성하는 자리였다. 그들은 조선기자대회와 전조선민중운동자대회로 세상의 이목이 쏠린 틈을 타 공안의 감시를 따돌리고 한자리에 모였다.

두 전국대회가 거의 같은 시기에 개최된 것은 우연이 아니었다. 전국의 주요 공산주의자들이 공안 당국의 감시를 피해 만나기 위한 장치였다. 공산주의자들의 공개적인 신분이 대개 기자나 사회단체의 활동가였기 때문에 조선기자대회와 전조선민중운동자대회에 참여한다는 명목으로 서울에 모일 수 있었던 것이다.

이날 모임에 김재봉 · 김찬金燦(1894~?) · 박헌영 · 조봉암 · 조동호趙東祜(1892~1954) · 김약수金若水(1893~1964) 등 공산주의자 19인이 참석했다. 당시 한국에 존재하던 화요파 · 북풍파 · 상해파 등 세 공산주의 그룹의 대표자들이었다. 이들은 한국의 사상운동을 지도할 전위 조직의 필요성에 공감하여 조선공산당 창당을 결의했다.

조직을 지휘할 중앙 간부 인선은 전형 위원 3인을 선출하여 일임하기로 했다. 비밀 유지를 위해 전형 위원이 중앙 간부를 선출한 후 해당 간부에게 개별 통보하는 방식을 취한 것이다. 조선공산당의 강령과 규약의 작성은 향후 선출될 중앙 간부들에게 일임되었다. 다음날 중앙집행위원으로 선출된 7인이 김찬의 아지트에 모였다. 이들은 조선공산당의 중앙을 비서부 · 조직부 · 선전부 등 7개 부서로 나누고, 비서부 김재봉 · 조직부 김찬 · 선전부 조동호 등을 선임했다. 조선공산당의 최고지도자는 책임비서에 임명된 김재봉이었다.

같은 날 박헌영의 집에서는 조선공산당 산하의 고려공산청년회가 조직되었다. 원래 고려공산청년회는 1921년 상하이에서 조직되어 이르쿠츠크파 공산당의 영향하에 활동했는데, 조선공산당이 창당되면서 그 산하에 재창당이 선언된 것이다. 고려공산청년회의 중앙 조직도 조선공산당과 동일한 방법으로 구성되었다. 그 결과 중앙집행위원장에는 박헌영이 선출되었고, 중앙집행위원에는 김단야金丹冶(1901~1938)·권오설權五卨(1897~1930)·조봉암 등 7인이 선임되었다.

이로써 민족해방운동의 새로운 조류를 담당할 공산주의자들의 조직, 조선공산당이 만들어졌다. 민족해방과 공산주의 실현이라는 꿈을 위한 공산주의자들의 역사적 발걸음이 시작된 것이다.

조선공산당은 조직 과정에 대해 두 가지를 강조했다. 첫째 국내 공산주의자들이 국외 공산주의 그룹과의 제휴 없이 독자적으로 당을 조직했으며, 둘째 한국에 존재하는 다수의 유력한 공산주의 그룹들이 연합하여 만들었다는 것이다. 그러나 이는 사실과 달랐다.

조선공산당을 주도한 김재봉·김찬·박헌영·조봉암 등 간부들은 해외공산당인 이르쿠츠크파 고려공산당 출신으로 이르쿠츠크파의 정체성이 강했다. 더구나 그들은 당 조직의 전 과정을 코민테른 오르그뷰로Comintern Org Bureao(당준비회)와 협의하에 진행했고, 이르쿠츠크파 공산당과 일정한 교감을 주고받았다. 또한 화요파·북풍파·상해파 세 그룹의 연합으로 조직되었지만 창당 직후 북풍파와 상해파는 철저히 소외되었다. 조선공산당은 당 중앙부터 지방까지 사실상 화요파의 전위당이었다. 문제는 또 있었다. 당대 최대 공산주의 그룹이던 서울파가 창당 과정에서 완전히 배제되었던 것이다.

조선공산당은 왜 사실과 다른 주장을 했을까? 그들은 왜 자신들의 모습에서 해외 공산주의 그룹을 지우고자 했을까? 왜 당이 다수의 유력한 공산주의 그룹의 연합으로 이루어졌다고 주장했을까? 그 이유는 한국 공산주의운동의 복잡한 역사와 관련이 있다. 조선공산당이 창당되기 전 한국의 공산주의운동을 살펴볼 필요가 있겠다.

해외파 고려공산당의 국내 진출 실패

한국의 공산주의운동은 해외에서 먼저 시작되었다. 러시아혁명의 직접적인 영향을 받은 러시아 거주 한국인들이 선구했다. 이들을 기원으로 하여 1921년 5월 두 조직이 형성되었다. 바로 상해파고려공산당과 이르쿠츠크파 고려공산당이다.(임경석, 『한국 사회주의의 기원』, 2003)

상해파 고려공산당은 1918년 4월 창당된 한국인 최초의 사회주의 정당인 한인사회당韓人社會黨을 기원으로 한다. 대표자는 신민회 시절부터 민족해방투쟁의 오랜 경력을 자랑하는 이동휘였다. 이들은 민족해방이라는 당면 목표(최소 강령)를 거쳐 사회주의혁명으로 성장·전화하는 연속혁명론을 지지했다. 또한 당면 과제가 민족해방이었기 때문에 민족주의자와의 민족통일전선 형성에 적극적이었고, 대한민국임시정부를 그 대상으로 삼았다. 이동휘·김립을 비롯한 한인사회당 인사들이 임시정부에 참여한 것도 이런 조직적 판단의 결과였다.

이들은 상하이로 진출한 직후 보이친스키Grigori. Voitinsky가 상하이에 설치한 코민테른 임시 동아비서부와 손잡고 한국공산당을 창당했다. 한국공산당은 이동휘·김립 등 한인사회당 세력 외에도 김만겸金萬謙(1886~1938)·안병찬安秉瓚(1854~1921)·여운형·조동호 등 결코 만만치 않은 경력을 자랑하는 공산주의자들이 함께했다. 한인사회당은 이런 활동을 인정받아 레닌 정부로부터 40만 루블이라는 거금을 지원받는 데 성공했다. 이들은 이 자금을 바탕으로 고려공산당을 조직하는 한편 한국·중국·일본 등 동북아시아의 공산주의운동을 지원하면서 활동 영역을 넓혔다.

반면 이르쿠츠크파 고려공산당은 러시아 내지의 한국인 공산주의자들을 중심으로 한 정당이었다. 이르쿠츠크파는 중간 단계 없이 민족해방과 사회주의혁명을 동시에 추구하는 소비에트건설론을 주장했다. 이들은 민족주의자들을 제휴 대상이 아니라 극복 대상으로 인식하고 배척했다. 진정으로 혁명적인 민족단체에 한하여 임시 제휴만 허용했다. 이르쿠츠크파는 코민테른 극동비서부의 적극적인 지원을 받아 성장했다. 코민테른 극동비서부는 아시아의 혁명을 총괄하는 코민테른 직속 기구로, 탄생과 동시에 한국 공산주의운동에 큰 영향력을 행사했다. 이후 이르쿠츠크파는 공산주의로의 전향을 선언한 대한국민의회 간부진, 모스크바 자금 문제로 상해파와 결별한 여운형 등 한국공산당 잔류파, 박헌영을 책임비서로 하는 고려공산청년회 등을 흡수하면서 조직을 확대해나간다.

상해파와 이르쿠츠크파는 모두 고려공산당이라는 동일한 이름으로 당을 조직했기 때문에 형성 당시 주요 근거지의 이름이 그들을 구분하는 별칭이 되었다. 그들은 모두 자파 세력의 주도하에 한국인 공산당 조직을 통합하고, 한국인 공산주의운동을 지도하기 위해 각축을 벌였다.

그런데 1921년 이후부터 세계 정세가 바뀌었다. 제1차 세계대전 종전에서 비롯된 혁명 정세가 퇴조하기 시작한 것이다. 혁명 열기에 결정적으로 찬물을 끼얹은 것은 열강들의 위싱턴회담이었다. 세계 열강들이 평화적으로 이권 배분에 성공하면서 세계 체제가 전후 안정기에 돌입한 것이다. 세계 정세의 변화는 한국의 민족해방운동에도 결정적인 영향을 미쳤다.

혁명 정세하에서 다수 공산주의자들이 효과적인 투쟁으로 인식했던 독립전쟁론이 힘을 잃었다. 1921년 6월 러시아령 자유시(알렉세예프스크)에서 발생한 자유시참변自由市慘變은 독립전쟁론의 종결을 상징하는 비극적 사건이었다. 독립전쟁론을 대체한 것은 '대중운동론'이었다. 대중운동론이란 광범한 대중을 의식화·조직화하여 혁명을 통해 민족해방투쟁과 사회주의 혁명의 과업을 완수한다는 운동론이었다. 시기가 좀 늦긴 하지만 의열단의 변화를 촉발한 것도 대중운동론이었다. 대중운동론이 급부상하면서 다수 대중이 존재하는 한국이 새로운 운동 공간으로 주목받았다. 운동의 중심이 해외에서 국내로 이전되면서 누가 국내에 더 많은 대중을 조직하는가가 차세대 운동을 주도할 핵심 조건이 되었다.

상해파와 이르쿠츠크파는 앞다투어 국내로 진출했다. 모스크바 자금을 활용할 수 있었던 상해파가 조금 앞섰다. 상해파는 장덕수를 책임비서로 하여 국내부를 조직하고 조선청년연합회朝鮮靑年聯合會를 중심으로 세력을 확대해나갔다. 윤자영·이봉수 등이 대표 지도자였다. 이들은 당시 《동아일보》 주필이던 장덕수를 중심으로 《동아일보》를 기관지처럼 활용하면서 물산장려운동과 민립대학기성운동 등 '문화운동론'에 기반한 굵직굵직한 운동 과제를 선구적으로 제기하며 조직을 확대해갔다. 한국의 혁명 역량이 아직 성숙하지 못했다는 판단하에 문화계몽운동을 통해 인민의 경제적 수준과 혁명 역량을 향상시키겠다는 것이 상해파 국내부의 목표였다. 한편 이르쿠츠크파는 이교담李敎淡 등을 국내로 파견하여 국내부를 조직했다. 이들은 조선노동대회朝鮮勞動大會라는 노동단체에 침투하여 조직의 중앙을 장악하고, 이 단체를 기반으로 국내부 조직을 확대해나갔다.

그러나 상해파와 이르쿠츠크파 모두 국내 진출에 상당한 어려움을 겪었다. 상해파는 모스크바 자금 문제가, 이르쿠츠크파는 자유시참변이 발목을 잡았다. 지난날 상해파는 모스크바 자금을 독점 관리하면서 이르쿠츠크파와 상하이 임시정부 등 모스크바 자금에 기대를 걸었던 많은 운동 세력들과 갈등을 빚었다. 이들 세력은 상해파가 모스크바 자금을 제멋대로 유용했다고 생각했고, 이런 생각은 국내의 운동 세력들에게도 그대로 전파되었다. 더구나 상해파의 문화운동이 민족개량주의 세력까지 협력의 대상으로 포함하는 우편향적인 모습을 보이자 국내 공산주의자들은 상해파 국내부를 비혁명적이고 사기적인 공산당이라고 비판했다. 결국 1922년 초부터 대대적인 상해파 배척 운동이 일어났다. 이른바 '사기공산당사건'이다.

이르쿠츠크파의 처지도 상해파와 크게 다르지 않았다. 이르쿠츠크파는 상해파와의 주도권 다툼에서 자유시에 집결한 한국인 독립군 부대를 자파 휘하에 편입하려다가 거부하는 수백 명을 참살하는 참변을 일으켰다. 사건 직후부터 좌·우 진영을 막론하고 이르쿠츠크파를 극심하게 비난했고, 국내에도 커다란 반향을 일으켰다. 국내 공산주의자들은 자유시참변이 이르쿠츠크파의 당파적 행위로 발생했다고 인식하고, 1922년부터 이르쿠츠크파 배척운동을 통해 국내 사회운동 진영에서 이르쿠츠크파를 축출하기 시작했다. 여기에 기름을 부은 이가 바로 황옥이었다. 이르쿠츠크파 공산당에 잠입하여 이르쿠츠크파의 국내 조직 건설에도 깊숙이 관여했던 황옥이 1923년 3월 의열단사건을 통해 밀정으로 밝혀지자 국내 공산주의자들은 이르쿠츠크파를 더욱더 배척했다.

결국 1922년 상반기부터 진행된 상해파와 이르쿠츠크파에 대한 대대적인 배척운동으로 양 파벌은 국내 사회운동 진영에서 영향력을 거의 상실했다. 그리고 배척운동의 선두에 섰던 국내 공산주의자들이 그 자리를 대체했다.

전위 정당 건설의 꿈

상해파와 이르쿠츠크파 배척운동의 중심에 조선공산당이라는 비밀 조직이 있었다. 그들은 상해파와 이르쿠츠크파에 대해 중립적인 태도를 취했다고 해서 흔히 중립당으로 불렸다. 중립당은 기원이 다른 두 공산 그룹, 즉 김사국金思國(1895~1926) · 이영李英(1889~1960)을 중심으로 한 사회혁명당과 김한金翰(1888~?) · 정재달鄭在達(1895~?)을 중심으로 한 조선공산당(뒷날의 조선공산당과 이름만 같을 뿐 한낱 그룹에 불과했다)이 통합된 것이었다. 이들은 배척운동 과정에서 양 그룹을 통합하고 이를 기반으로 전위 정당 건설에 나섰으나 구체적인 방법을 둘러싸고 의견이 갈리면서 다시 두 그룹으로 쪼개졌다.

이 두 그룹을 기원으로 하여 뒷날 한국 공산주의운동을 양분하는 거대 공산주의 그룹, 서울파와 화요파가 탄생한다. 김사국 · 이영을 지도자로 한 서울파는 주로 서울청년회를 중심으로 활동하여 서울파라 불렸다. 이들은 1923년 2월 고려공산동맹이라는 독자적인 전위 조직을 결성하고 노동단체 · 청년단체 등 합법적인 영역으로 조직 역량을 확대해나갔다.

서울파는 국내 공산 그룹만을 통합하여 통합 전위 정당을 결성하고자 했다. 그래서 상해파와 이르쿠츠크파 등 해외파와 국내파를 아우르고자 한 코민테른의 전위 정당 건설에 반대했다. 서울파는 해외 공산주의자들이 그동안 당파적 오류로 한국 공산주의운동에 결정적인 해악을 끼쳐왔기 때문에 그들과 함께할 수 없다고 생각했다.

화요파는 서울파가 분리되어 나간 후 잔류 중립당을 중심으로 조직된 공산주의 그룹이었다. 김재봉·김찬을 주요 지도자로 하여 화요회라는 합법적 사상단체를 통해 활동했기 때문에 화요파라 불렸다. 그들은 코민테른의 지도를 충실히 따랐다. 코민테른이 통합 전위 정당 건설을 위해 설치했던 고려총국(코르뷰로) 국내부에도 적극 가담했다. 고려총국 국내부에는 서울파와 상해파를 제외한 공산주의 그룹 대부분이 참여했다. 그러나 옌하이저우의 고려총국이 상해파와 이르쿠츠크파의 갈등으로 해체되자 고려총국 국내부 역시 해체의 길을 걸었다.

전위당 건설을 위한 코민테른의 첫 시도가 실패하자 헤게모니는 서울파에 돌아갔다. 1924년 3월 서울파의 주도로 '통일조선공산당 창립대회소집 준비위원회'가 열렸다. 이 위원회는 각파 지도자 13인으로 구성되었다고 하여 흔히 '13인회'라 불렸다. 13인회에는 국내의 거의 모든 공산주의 그룹이 모여 있었다. 이들은 통합 전위 정당의 구성을 논의하는 한편 합법적인 공간에서 조선노농총동맹朝鮮勞農總同盟·조선청년총동맹朝鮮青年總同盟을 성공적으로 결성하여 통합의 분위기를 고조시켰다. 이제 전위 정당 건설이 목전에 다다른 듯 보였다.

그러나 전위 정당 건설은 다시 한 번 외부에서 불어온 회오리바람에 직면했다. 코민테른이 옌하이저우에 '고려공산당 창립대표회 준비위원회(오르그뷰로)'를 설치하고 정재달 등을 국내로 파견하면서 국내 세력만으로 전위 정당을 건설하려던 13인회와 갈등을 빚은 것이다. 결국 화요파를 비롯하여 과거 고려총국 국내부에 참여했던 공산주의 그룹이 13인회를 이탈하면서 서울파 중심의 전위 정당 건설 운동은 실패로 돌아갔다.

13인회 해체 직후 화요파는 오르그뷰로와의 적극적인 협의하에 독자적인 전위 정당 건설에 나섰다. 이들은 처음부터 서울파를 협상 대상에서 배제했다. 오르그뷰로와의 협력하에 당을 건설하려면 서울파와 함께할 수 없었기 때문이다. 이처럼 당 창건 방법에 대한 이견으로 화요파와 서울파는 결국 끝까지 분립했다. 화요파는 서울파를 대신하여 김약수를 지도자로 하는 북풍파 공산주의 그룹 및 상해파 일부 인사들과 손을 잡았다. 이 과정에서 화요파에게 필요한 것은 명분이었다. 국내 최대 그룹인 서울파를 배제한 상황이어서 화요파 마음대로 전위 조직을 건설했다는 비난은 피해야 했던 것이다. 하지만 그들은 조직의 주도권까지 양보할 생각은 없었다. 조직의 주도권은 철저히 화요파에 귀속되었다. 조선 최초의 전위 정당 조선공산당은 그렇게 탄생했다.

프롤레타리아 독재론

조선공산당은 세계 사회주의혁명의 대본영, 국제공산당의 일분대로, 압박받는 조선 군중을 세계 피압박 민족의 해방운동과 세계 무산자혁명, 특히 일본의 그것과 또 소비에트사회주의연합공화국과 밀접한 동맹을 지어, 제국주의자에 대한 투쟁을 지도할 것이다. 우리들은 세계 사회주의혁명의 일군단이라, 승리의 보장은 여기에 있다.

— 〈조선공산당 선언〉, 《불꽃》, 1926년 7월

조선공산당은 어떤 세상을 꿈꾸었을까? 1926년 7월 상하이에서 발행된 조선공산당 기관지 《불꽃》에 발표된 〈조선공산당 선언〉에 따르면, 조선공산당은 피억압 계급이 모든 경제적 압박에서 벗어나는 사회, 더 이상 사람이 사람을 착취하지 않는 사회를 지향했다. 모든 사람이 평등한 무계급사회·공산주의의 실현이 그들이 꿈꾼 미래이자 최고 강령이었다.

흔히 공산주의자들은 공산주의의 실현을 위해 기존 지배계급의 모든 권력을 철폐해야 한다면서 '프롤레타리아 독재'를 상정했다. 프롤레타리아 독재란 다수의 무산자계급이 기존 지배계급의 모든 권력을 대체하고, 이를 바탕으로 공산주의로의 이행을 준비하는 최후의 권력기관이었다. 공산주의자들은 프롤레타리아 독재를 통해 기존의 권력 관계를 철폐하고 정치·경제·사회·문화 등 부문에서 인간에 대한 착취를 근절해야 한다고 생각했다. 이것이 무계급사회인 공산주의사회로 이행하는 최선의 방법이라고 믿었다.

이르쿠츠크파 등 일부 초기 공산주의 세력은 러시아혁명으로 증명되었듯이 프롤레타리아 독재론에 입각하여 한국도 소비에트 국가를 수립해야 한다고 생각했다. 하지만 시간이 흐르면서 한국의 공산주의자들은 이런 생각이 현실을 고려하지 않고 러시아혁명을 한국에 기계적으로 대입한 결과라고 여기기 시작했다. 봉건 잔재가 가득한 농업 중심의 후진국이자 일제의 식민지인 한국에서 사회주의혁명을 통해 곧바로 프롤레타리아 독재를 실현하고 소비에트 국가를 건설하는 것은 현실을 전혀 고려하지 않은 극좌

노선이라 생각했다.

이런 반성에 기반하여 조선공산당은 부르주아 민주주의혁명으로 건설되는 민주공화국을 제시했다. 조선공산당의 민주공화국은 모든 권력이 인민의 직접 · 비밀 · 보통 · 평등 선거를 통해 구성되는 입법부에 있었다. 이를 기반으로 양심의 자유, 언론 · 출판 · 집회 · 결사의 자유, 동맹 파업의 자유 등을 인민의 기본권으로 제시하고, 인민의 절대 평등 · 여성 평등 등을 주장했다.

조선공산당이 제시한 민주공화국은 내용상 서방의 일반적인 자유민주주의 국가와 크게 다르지 않았다. 공산주의의 실현을 최고 강령으로 삼았던 조선공산당이 왜 서방의 자유민주주의국가와 거의 차이가 없는 민주공화국을 정치 지향으로 제시했을까? 그것은 민주공화국이 자신들이 설정한 당면 목표, 즉 최소 강령이었기 때문이다. 한국의 현실을 고려하여 먼저 민주공화국을 건설하고, 이를 바탕으로 단계적으로 공산주의로 이행한다는 것이 조선공산당의 복안이었다.

여기서 주목할 것은 〈조선공산당 선언〉 말미에 제시된 "인민공화국 만세"라는 슬로건이다. 조선공산당의 지향이 민주공화국만은 아님을 암시하기 때문이다. 조선공산당이 말하는 인민공화국과 민주공화국의 차이는 무엇일까? 흔히 연구자들은 정권의 헤게모니가 누구에게 있는가로 '인민'과 '민주'의 차이를 유추한다.(임경석, 「일제하 공산주의자들의 국가건설론」, 1992) 인민공화국은 노동자와 농민이 정권의 헤게모니를 장악한 상태, 즉 '노농민주독재'가 실현된 국가를 의미하는 반면 민주공화국은 아직 노동자와 농민이 헤게모니를 장악하지 못했지만 '공산당'으로 대표되는 노동자와 농민의 정치적 · 조직적 활동이 독자적으로 인정되는 국가를 뜻한다. 인민공화국과 민주공화국은 모두 부르주아 민주주의혁명에 입각한 정권 형태지만 조선공산당은 노농민주독재가 관철되는 인민공화국을 더 선호한다는 복안을 은근슬쩍 드러냈던 것이다.

조선공산당은 어떤 전략과 전술로 민주공화국 혹은 인민공화국을 실현하고자 했을까? 당시 조선공산당은 부르주아 민주주의혁명과 사회주의혁명으로 이어지는 2단계 혁명론을 예상했다. 부르주아 민주주의혁명을 통해 민주공화국을 건설한 후 연속적으로 사회주의혁명을 실현하여 공산주의사회로 이행하겠다는 계획이었다.

조선공산당은 한국의 현실에서 당면한 혁명은 부르주아 민주주의혁명이라고 생각했다. 한국의 미래를 민주공화국 혹은 인민공화국으로 상정한 이유와 마찬가지로 한국이 봉건적 잔재가 남아 있는 후진국이자 일제의 식민지라는 현실을 외면할 수 없다고 여겼기 때문이다. 따라서 한국의 부르주아 민주주의혁명은 기본적으로 반제국 · 반봉건주의 성격을 내포했다. 한국이 당면한 혁명은 일제의 식민통치를 끝장내는 반제국주의 혁명이자 봉건적 잔재를 청산하는 반봉건주의 혁명이어야 했다.

특히 한국의 공산주의자들에게 반제국주의 혁명은 반드시 관철해야 할 과제였다. 그들은 대부분 독립운동의 한 방편으로 공산주의를 선택하고 민족해방투쟁을 혁명 과정의 일부로 적극 편입했다. 그들에게 민족해방은 혁명의 선행 전제이거나 동시에 해결해야 할 최우선 과제였던 것이다. 조선공산당 역시 '조선의 절대 해방'을 부르주아 민주주의혁명에 입각한 민주공화국의 건설과 함께 즉시 실행해야 할 당면 과업으로 삼았다.

부르주아 민주주의혁명의 주력은 노동자와 농민이었다. 그러나 반제국 · 반봉건 부르주아 민주주의혁명을 성공시키기 위해서는 민족의 역량을 광범위하게 모아야 했다. 조선공산당은 노동자와 농민, 소부르주아와 민족 부르주아 등 4대 계급이 동맹한 '민족혁명유일전선'을 결성하자고 주장했다. 민족통일전선을 기반으로 반제국·반봉건 부르주아 민주주의혁명을 이루고 민주공화국 혹은 인민공화국을 내용으로 하는 민족통일전선 정권을 수립하겠다는 전략이었다. 이와 함께 조선공산당은 한국의 혁명이 세계 사회주의혁명의 일부임을 선언하면서 세계 무산자혁명과 일본의 무산자혁명 그리고 사회주의혁명의 모국 소련과의 밀접한 동맹하에 이루어져야 한다고 주장했다.

조선공산당은 민족해방투쟁과 혁명을 실현할 방법으로 노동자와 농민의 일상 투쟁에 기반한 정치·경제적 투쟁을 제시했다. 대중운동과 대중투쟁을 통해 노동자·농민 계급을 조직하고 이를 기반으로 소부르주아·민족부르주아 계급과 동맹하여 민족해방과 부르주아 민주주의혁명에 나선다는 전술이었다. 최종 방법으로 전쟁도 고려되었다. 대중운동에 기반한 일상 투쟁을 중심으로 조직을 확대해나가다가 적당한 시기가 도래하면 조직을 기반으로 전쟁이라는 최후 수단을 통해 민족해방과 혁명을 완수하겠다는 계획이었다.

산 넘어 산

조선공산당은 출범 직후 중앙집행위원 조동호·고려공산청년회 중앙집행위원 조봉암을 모스크바로 파견했다. 국제공산당 코민테른의 승인을 받아 조선공산당을 코민테른의 정식 지부로 인정받고자 했던 것이다. 코민테른의 승인은 당시 공산주의운동에서 가장 중요한 과제 중 하나였다. 국제공산당 지부가 된다는 것은 조선공산당이 세계 혁명운동의 일원이 되는 동시에 국제공산당의 공식 지도를 받아 한국의 혁명을 지도하게 된다는 의미였다. 이는 조선공산당이 한국의 혁명을 지도하는 데 있어 대내외적인 권위를 인정받고, 여타 공산주의 그룹보다 우월한 지위를 획득하는 것이었다.

한편 조선공산당은 적극적인 조직 배가 운동으로 기존 당원 120여 명 외에 40여 명을 추가로 확보했다. 여러 사회단체의 활동가들을 당으로 끌어들여 역량을 강화했던 것이다. 한편 당의 선전 활동에도 역량을 총동원했다. 기관지 《조선지광朝鮮之光》을 발행하여 정력적으로 선전 활동을 펼쳤다. 《조선일보》·《동아일보》·《시대일보時代日報》 등 당대 유력 일간지에 프랙션(다른 단체 안에 만들어진 당 조직)을 설치하여 적극적인 선전 활동을 벌였다.

박헌영을 중심으로 한 고려공산청년회(이하 고려공청)도 활발하게 활동했다. 고려공청은 한국 최대의 합법적인 청년 조직인 조선청년총동맹을 재편하면서 총동맹 내에서 영향력을 확대했고, 지방 청년 조직을 확대하는 데도 노력을 기울였다. 이 시기 고려공청의 활동 중 가장 돋보이는 것은 유망한 청년들의 모스크바 유학을 추진했던 것이다. 상하이에 있던 여운형이 이 사업을 도왔다. 그의 폭넓은 인맥이 상하이와 모스크바를 아우르는 교섭 과정에서 큰 도움이 되었다. 고려공청은 1925년 11월까지 20여 명을 모스크바로 유학 보내는 데 성공했다. 이들은 뒷날 한국의 공산주의운동에서 적지 않은 역할을 하게 된다.

그런데 조직 초기 조선공산당은 여러 문제를 안고 있었다. 먼저 민족해방을 위해 가장 먼저 시도해야 할 민족통일전선형성에 소극적이었다. 민족통일전선을 형성할 주요 대상인 민족주의 세력에 편협한 것이 가장 큰 문제였다. 그들은 민족주의 세력을 개량주의자나 반동이라는 의심의 눈초리로 바라보았다. 결국 이 시기 민족통일전선 과제는 전혀 진전되지 않았다.

화요파 중심의 당파적인 당 운영도 문제였다. 화요파의 당파성이 비민주적인 당 운영으로 이어져 당내 여타 그룹이 강하게 반발했다. 예를 들어 화요파는 북풍파와 상해파 등 당내 그룹에게 몇몇 부서를 맡기기만 했을 뿐, 해당 부서에 어떤 역할도 부여하지 않았다. 뒷날 중앙집행위원이었던 화요파의 김찬이 그 부서들을 '무임소 부서'라고 부를 정도였다. 이 일로 결국 북풍파가 탈당했고, 당 조직은 크게 약화되었다. 바로 이 무렵 신의주 사건이 발생했다. 조선공산당은 당 중앙의 문제를 수습할 겨를도 없이 중앙 조직 대부분을 잃었다.

다행히 신의주 사건으로 촉발된 당의 위기는 이내 수습되었다. 위기에 대비하여 미리 선임해두었던 후보 중앙집행위원들이 신속히 중앙을 복구했기 때문이다. 새 책임비서는 조선일보 진주 지국을 운영하던 강달영姜達永(1887~1942)이 맡았다. 그는 3·1운동부터 시작하여 오랜 민족운동과 사회운동을 경험한 노련한 공산주의자였다. 강달영은 위기를 수습하기 위해 과감히 과거의 당파성을 버렸다. 중앙집행위원에 상해파 출신인 김철수金綴洙(1893~1986)와 이봉수가 선출된 것이 그 증거였다. 강달영은 화요파의 주도권을 유지하면서도 중요한 문제들은 상해파 인사들과 함께 처리함으로써 당 운영을 정상화했다.

신의주 사건은 주로 당 간부들이 체포되는 선에서 수습되었다. 덕분에 중앙은 극심한 피해를 입었지만 지방을 비롯한 기타 당 조직은 그대로 살아남았다. 강달영은 남은 조직을 수습하여 당을 정비했다. 이 시기에 조선공산당은 처음으로 도 기관 두 곳과 경성부 간부를 설치하는 데 성공했다.

중앙이 지방 조직을 직접 관리하던 방식을 버리고 중간 간부인 도 간부를 두어 지방을 관리하게 한 것이다. 덕분에 조직을 보다 효율적으로 운영할 수 있었고 중앙의 비밀 유지와 안전 도모에도 유리했다. 이외에도 해외부 (만저우·상하이·도쿄) 3개, 야체이카(당의 세포조직) 29개, 프랙션 5개를 갖춘 전위 정당으로 성장했다.(이준식, 『조선공산당의 성립과 활동』, 2008)

1926년 3월, 모스크바에서 반가운 소식이 들려왔다. 코민테른이 '조선 문제에 대한 결정'을 통해 조선공산당을 코민테른의 정식 지부로 승인한 것이다. 모스크바에 파견된 조동호와 조봉암의 노력이 맺은 결실이었다. 하지만 '결정'에는 좋은 소식만 있지 않았다. 코민테른은 조선공산당을 승인하면서 서울파와 북풍파 등을 당 외 공산주의 그룹으로 공식 인정했던 것이다. 코민테른은 조선공산당과 당 외 공산주의 그룹들 간의 극심한 분파 투쟁을 금지하고 건전한 경쟁을 유도하기 위해 공산주의 그룹에는 조선공산당과 투쟁하지 말 것을, 조선공산당에는 공산주의 그룹 내부에 분파를 만들지 말 것을 각각 주문했다. 이제 조선공산당은 코민테른의 승인으로 대내외적 명분과 함께 유리한 지위를 획득했지만 여전히 여타 공산주의 그룹들과 치열하게 경쟁해야 했다.

강달영은 당 조직 문제가 일단락되자 민족통일전선 결성을 적극적으로 추진했다. 그는 이전 중앙과는 달리 민족주의 세력에 비교적 우호적이었다. 천도교나 기독교 같은 종교 세력과도 충분히 통일전선을 함께할 수 있다는 입장이었다. 강달영은 합법 노농단체인 조선노농총동맹 간부라는 합법적 직위를 활용하여 국내 민족주의 세력과 접촉했다. 조선공산당은 민족통일전선기관인 조선국민당朝鮮國民黨 설립을 기획했다. 일부 우익 반동 세력을 제외한 천도교·기독교 등 민족주의 세력 일반과 공산주의 세력을 망라

1910년 8월 22일 당시 총리대신인 이완용이 한 · 일병합조약에 서명함으로써 대한제국은 일제에 합병되었다. 이후 대한제국 마지막 황제 순종은 왕으로 강등되어 창덕궁에서 지내다가 1926년 4월 25일 승하했다. 순종의 장례식을 기해 6 · 10만세운동이 일어났으나 3 · 1운동처럼 크게 번지지 못했다.

하여 명실상부한 민족 기관을 설립하려 했다. 민족주의자들과의 협상은 결코 쉽지 않았지만 조선공산당의 변화된 모습은 분명 진전을 의미했다.

　그 즈음 조선공산당의 운명을 바꾸는 사건이 하나 발생했다. 1926년 4월 25일 대한제국의 마지막 황제 순종純宗(1874. 3. 25~1926. 4. 25)이 사망한 것이다.

6 · 10만세운동

　우리는 일찍이 민족과 국제 평화를 위하여 1919년 3월 1일, 우리의 독립을 선언했다. 우리는 역사적 복벽주의를 반복하려는 것은 아니다. 다만 우리들의 국권과 자유를 회복하려 함에 있다. 우리는 결코 일본 전 민족에 대한 적대가 아니요, 다만 일본 제국주의의 야만적 통치로부터 탈퇴코자 함에 있다. 우리들의 독립 요구는 실로 정의의 결정으로 평화의 표상인 것이다. (……) 현재 세계 대세는 식민지 대 제국주의 군벌의 전쟁과 무산자계급 대 자본가계급의 전쟁으로 전개되고 있다. 제국주의 군벌에 대한 전쟁은 민족적·정치적 해방을 목적으로 하는 것이며, 자본계급에 대한 전쟁은 계급적·경제적 해방을 목적으로 한 것이다. 그러므로 식민지에 있어서는 민족해방이 곧 계급해방이고 정치적 해방이 곧 경제적 해방이라는 것을 알지 않으면 안 된다. 즉 식민지 민족이 모두가 무산계급이며 제국주의가 곧 자본주의이기 때문이다. (……) 보라! 그들 관청의 기강은 혼란에 빠져들고 있지 않은가! 그들의 정당은 인간 사냥의 도구가 되고 있지 않은가! 그들의 군비는 살아 있는 인간을 어육으로 만들고 있지 않은가! 형제여! 자매여! 속히 전진하자! 최후까지 싸워 완전 독립을 쟁취하자! 혁명적 민족운동자 단체 만세! 조선 독립 만세!

— 대한독립당, 「격고문」, 1926년 6월

마지막 황제 순종의 죽음은 한반도 전체를 또 한 번 비통함에 몰아넣었다. 많은 한국인은 순종의 죽음을 계기로 다시 한 번 식민지인으로 사는 자신의 애달픈 삶을 떠올렸다. 슬픔·자괴감·울분·무력감이 순식간에 온 한국을 뒤덮었다.

순종의 죽음을 계기로 반일 감정이 고조되면서 전국에서 상인들이 철시하고 뒤따라 학생들이 동맹 휴학했다. 조선공산당은 조선국민당 설립을 잠시 뒤로 미루고 순종 장례일인 6월 10일에 맞춰 대규모 시위를 기획했다. 바로 6·10만세운동이었다. 3·1운동이라는 대중운동의 세례를 받은 공산주의자들은 미래의 새로운 운동세대를 위해 3·1운동의 재현을 꿈꿨다.

조선공산당은 6·10만세운동을 통해 민족이 하나로 뭉쳐 민족해방의 꿈을 이루기를 원했다. 민족해방을 위해 민족의 단일대오가 필요하고, 민족의 단일대오를 위해 6·10만세운동과 같이 민족이 함께할 결정적 기회가 필요했다. 민족해방을 위해서라면 어떤 희생도 기꺼이 감수했다.

애초에 조선공산당은 좌우를 망라한 반일 민족통일전선 기관으로 대한독립당大韓獨立黨을 만들어 운동의 지도부로 삼고자 했다. 과거 3·1운동의 민족대표가 했던 역할을 대한독립당에 맡기고자 했던 것이다. 하지만 이 계획은 실패했다. 민족주의자 대부분이 3·1운동 이후 뒤따른 일제의 참혹한 탄압을 떠올리고 참여를 거부했기 때문이다. 그러나 천도교 구파가 참여하면서 부분적으로나마 공산주의자와 민족주의자의 연합이 이루어졌다. 연대의 경험은 미래를 위해서도 소중했다. 이런 경험이 하나하나 모여 점점 더 커다란 흐름으로 이어질 것이기 때문이다.

권오설을 책임자로 하는 투쟁지도특별위원회가 운동을 지휘했다. 권오설은 뛰어난 지도력으로 시위를 이끌 학생조직을 꾸리고 투쟁 슬로건을 준비했다. 검거를 피해 해외로 망명했던 구 고려공청 간부 김단야도 코민테른과의 교섭을 통해 초기 운동 자금을 제공하고 선전 격문을 작성하는 등 적극적으로 지원했다. 준비는 순조로웠다. 6월 10일, 그날이 오기만을 기다리면 되었다. 하지만 일은 예상대로 흘러가지 않았다.

1926년 6월 6일, 일제 공안 당국이 서울 경운동 천도교 본부를 급습했다. 중국 화폐 위조범을 추적하는 과정에서 우연히 대한독립당 명의의 불온 문서를 발견했는데, 수사 결과 천도교가 경영하는 개벽사開闢社의 한 직원에게서 유출된 문서였고, 천도교 본부에 또 다른 불온 문서들이 다량 숨겨져 있다는 정보를 입수했던 것이다.

공안 당국은 천도교 본부에서 다섯 종류의 격문 5만여 장을 찾아내고 즉시 격문 제작을 주도한 용의자를 추적했다. 그 결과 천도교 전 교주 박인호朴寅浩(1855~1940)의 조카 박래원朴來源(1902~1982)이 용의자로 체포되었다. 그는 서울인쇄직공동맹 상무집행위원이자 조선노농총동맹과 경성노동연맹의 집행위원으로 활약하던 요주의 인물이었다. 경찰의 살인적인 고문 앞에 박래원은 결국 자신의 뒤에 권오설이 있음을 자백했다. 권오설은 다음날인 6월 7일 곧바로 검거되었다. 극심한 고문 끝에 그는 결국 6·10만세운동의 배후에 조선공산당이 있으며 책임비서 강달영의 은신처도 함께 자백하고 말았다. 다행히 강달영은 이미 지하로 잠적한 뒤였다.

6·10만세운동은 예정대로 진행되었다. 투쟁 지도부 대부분이 검거되거나 도피한 뒤였지만 조선공산당의 남은 조직들은 만세운동을 예정대로 진행했다. 일제의 탄압으로 예상보다 그 규모는 크지 않았지만 6·10만세운동은 한국인의 독립 의지를 다시 한 번 대내외에 과시한 주요 사건으로 기록되었다. 6·10만세운동은 공산주의자와 민족주의자가 하나의 투쟁 대열에 섰던 최초의 민족운동이었다.

통합 조선공산당을 건설하라

1926년 7월 17일 명동의 한 증권회사에서 강달영이 체포되었다. 맡겨둔 돈을 찾으러 왔다가 잠복한 경찰들의 포위망에 걸려든 것이다. 그가 체포된 이후 얼마 지나지 않아 은밀히 숨겨두었던 조선공산당의 공식 문서들이 발각되었다. 조선공산당의 강령이나 당칙 외에 조직의 전모를 알 수 있는 비밀 문서도 다수 포함되어 있었다. 조직을 보위하려는 당원들의 힘겨운 심문 투쟁에도 불구하고 비밀 문서의 암호는 며칠 만에 해독되고 말았다. 경찰은 곧바로 대대적인 검거에 나섰고, 그 결과 조선공산당원 130여 명이 체포되었다.

　결국 조선공산당은 궤멸적인 타격을 받았다. 6 · 10만세운동으로 시작된 검거 열풍은 당 중앙뿐 아니라 지방 조직에까지 치명적인 상처를 남겼다. 중앙집행위원 가운데 검거를 피한 사람은 김철수가 유일했다. 그는 은신처에 숨어 조직을 부활시키기 위한 고독한 싸움을 시작했다. 공안 당국에 노출된 상태였기 때문에 공개적인 활동이 불가능했다. 고광수高光洙(1900~1930)가 김철수를 도와 당의 연락 업무와 대외 교섭을 담당했다. 그는 모스크바 동방노력자대학 출신으로 조선공산당의 신진 재원이었다.

　김철수는 검거되지 않은 중앙집행 후보위원과 함께 당 중앙을 복구하고자 했다. 김철수가 새로운 책임비서가 되었고 후보위원들을 중심으로 새로운 중앙집행위원이 선출되었다. 그러나 검거 선풍이 계속되면서 새로 중앙집행위원이 된 인사들 가운데도 망명을 희망하는 사람들이 생겨났다. 안타까웠지만 어쩔 수 없는 일이었다.

　다행히도 이 시기에 서울과 지방 할 것 없이 아래로부터 운동선을 통일하려는 열망이 강력하게 표출되었다. 분파로 나뉜 사회운동계를 하나로 통일하려는 공산주의자들의 오랜 열망의 표현이었다. 조선공산당과 고려공산동맹의 통합 문제가 수면 위로 떠오르면서, 조선공산당 조직을 복원하는 데 천재일우의 기회로 작용했다.

　궤멸 상태에 빠진 조선공산당이 중앙과 지방의 조직을 복구하려면 먼저 외부에서 새로운 인력을 충원해야 했다. 당이 통일된다면 자연히 인력을 충원할 수 있었다. 조선공산당이 아래로부터 불어온 당 통일 운동에 적극 호응한 주요 이유였다. 여기에 당 조직 재건의 책임자 김철수가 비화요파 출신(상해파)으로 비교적 당파성이 약했다는 점, 또 그가 강달영 책임비서 시절에 서울파와 당 통일 문제로 협상한 적이 있다는 점도 긍정적으로 작용했다.

한편 서울파 고려공산동맹 내에도 당 통일과 관련된 긍정적인 변화가 진행되었다. 1926년 5월 서울파의 대부 김사국이 사망한 이후 당 통일 문제에 적극적이던 김준연金俊淵(1895~1971)이 책임비서가 된 것이 첫 번째 변화였다. 이와 함께 서울파 내에서 당 통일 문제와 관련하여 신구 갈등이 벌어졌고, 당 통일에 적극적이던 서울 신파가 다수파를 차지한 것이 두 번째 변화였다. 서울파는 신구 갈등으로 붕괴 직전까지 치달았지만 덕분에 당 통일 문제는 서울 신파를 중심으로 급속히 진전되었다.

1926년 8월 12일, 고려공산청년회와 서울파의 비밀 청년 조직인 고려공산청년동맹이 합동을 선언했다. 양 조직에서 당 통일에 적극적이던 청년 지도자들이 합의한 결과였다. 본격적인 당 통일에 앞서 양 파벌의 청년 조직이 먼저 합동을 선언함으로써 당 통일을 기정사실화하고 양 당의 수뇌부를 압박했다. 통일 청년 조직의 명칭은 고려공산청년회(일명 합청)였고, 고광수가 책임비서가 되었다.

이후 조선공산당과 서울파의 통일 논의도 급진전했다. 조선공산당은 그동안 통합 원칙으로 고수했던 '심사 후 개별 입당'을 포기하고 '조건부 집단 입당'으로 한 걸음 양보했다. 여기서 조건부란 조선공산당이 서울파 인사 가운데 부적절하다고 판단되면 입당을 거부할 수 있다는 조건이었다. 하지만 이것은 별 문제가 되지 않았다. 11월 10일 서울파가 드디어 조선공산당 가입을 결정했기 때문이다.

11월 16일 서울파 공산주의자 140여 명이 조선공산당에 입당했다. 주로 서울 신파에 해당하는 사람들이었다. 입당을 거부한 구파 인사들이 여전히 당 밖에 존재했지만 결과는 고무적이었다. 조선공산당은 서울파 공산주의자들의 대거 입당으로 궤멸 직전이던 당 조직을 정상화하고, 오랜 라이벌이던 서울파와 함께 통일 공산당이라는 역사적 과업을 도출해냈기 때문이다. 김철수는 비로소 당 중앙도 안정적으로 복구할 수 있었다. 책임비서 김철수를 필두로 양명梁明(1902~?)·안광천·김준연·권태석權泰錫(1895~1948)을 중앙집행위원으로 새로 선출했다. 이제 김철수는 자신에게 주어진 새로운 과제를 해결해야 했다. 제2차 당 대회 개최가 그것이었다.

1926년 12월의 어느 날, 서울 서대문 천연동의 한 민가에 공산주의자들이 모여들었다. 전국 51개 야체이카와 프랙션을 대표하는 대의원 13인과 김철수 등 현임 간부를 대표하는 3인이 그들이었다. 전체 조직을 대표하기에는 대의원 수가 부족했지만 경찰의 삼엄한 경계와 자금 부족이라는 악조건 아래 대회를 개최할 수 있다는 것만으로도 감지덕지했다. 그들은 노동·농민·청년·여성 등 사회 각 부문의 운동에 대한 당의 방침을 확정하고 새로운 당 지도부를 선출했다. 역시 비밀을 유지하기 위해 선거위원 세 명이 당 지도부를 선출하는 방식을 선택했다. 그 결과 새로운 책임비서로 안광천이 선택되었다. 재일본 일월회一月會 출신으로 조선공산당의 공식 표면단체 정우회正友會에서 이론가 및 조직가로 이름을 날리던 그는 과거 분파투쟁의 경험이 없고 경찰에 비교적 덜 노출되었다는 점이 최대 장점이었다. 이와 함께 조직부장 김남수金南洙(1899~1945)·선전부장 김준연을 비롯

하여 한위건韓偉健(1896~1937)·하필원河弼源(1900~?) 등이 새로운 중앙집행
위원으로 선출되었다.

　김철수는 제2차 대회 종료 직후 모스크바로 향했다. 제2차 당 대회 결과
를 보고하고 코민테른의 승인을 받는 것이 그의 마지막 임무였다. 뒷날 김
철수는 그때가 인생에서 가장 기쁜 순간이었다고 회고했다. 당의 최대 위
기에서 당 조직을 복구하고 새로운 당 대회까지 성공적으로 마쳤으니 왜
기쁘지 않았겠는가. 그러나 기쁨은 오래가지 않았다. 그가 모르는 거대한
진실이 조직 내부에 은폐되어 있었기 때문이다.

거대한 음모

　숨겨진 진실. 그것은 레닌주의동맹(ML파)이라는 비밀 조직의 존재였다.
레닌주의동맹은 조선공산당과 고려공산동맹의 통합 과정을 실질적으로 주
도한 당 중의 당이었다. 그랬다. 레닌주의동맹은 조선공산당 안의 또 다른
당이었다. 독자적 정체성과 행동 규칙을 가진 비밀 조직 레닌주의동맹은
1926년 3월, 공산주의 운동전선에서 분파주의를 청산하고 현실로 존재하
는 두 전위 조직인 조선공산당과 고려공산동맹을 통합하려는 공산주의자
10여 명이 처음 조직했다.

　ML파는 해외의 세 조직, 즉 고려공산청년회 만주총국(만주공청)·재베이
징 혁명사·재일본 일월회에서 출발했다. 그들은 1925년 여름을 전후하여
한국에 들어왔고, 조선공산당과 고려공산동맹에 개별적으로 가입하여 활
동하다가 다음해 봄 ML파로 결집했다. 그들은 또 다른 분파를 형성했다는

비난을 피하기 위해 별도의 조직 체계를 만들지는 않았다. 하지만 조선공산당과 고려공산동맹 안에서 뜻을 함께하는 동지를 규합하여 각각의 당 중앙을 장악한 후 적당한 시기에 양 전위를 통합한다는 계획을 수립하고 실천에 들어갔다.

ML파에 주목하여 당 통합 과정을 복기해보자. 고려공산청년회와 고려공산동맹의 통합을 주도한 고광수 등의 인사들은 모두 ML파의 회원이거나 동조자였다. 애초에 서울 신파가 만들어진 것도 ML파의 영향력이 작용한 결과였고, 서울파의 새로운 지도부가 되었던 김준연과 권태석 역시 ML파였다. 그러면 당 대회 이후에 만들어진 조선공산당의 새 중앙은 어땠을까? 조직부장 김남수(화요파)를 제외한 나머지 인사들이 모두 ML파였다. ML파가 통합 조선공산당의 중앙을 완전히 장악한 것이다. 이른바 ML파 조선공산당은 그렇게 시작되었다.

김철수는 모스크바에 도착해서야 이 사실을 알았다. 김철수가 ML파의 움직임을 눈치채지 못했던 것은 일제 공안 당국 때문에 국내에서 그의 활동이 자유롭지 못했기 때문이다. 김철수는 분노했다. 자신이 이룩한 통일 조선공산당이 결국 ML파의 음모였다는 사실을 뒤늦게 알았기 때문이다. 김철수는 ML파라는 새로운 분파의 탄생을 전혀 눈치채지 못했고, ML파가 조선공산당을 장악하는 것도 막지 못했다. 통합 조선공산당은 사실상 ML파 조선공산당이었다. 김철수는 고려공청의 일로 미리 모스크바에 와 있던 고광수에게 이 사실을 따지며 조직을 돌려놓으라고 했지만 이미 벌어진 일은 되돌이킬 수 없었다. ML파는 생각보다 뿌리가 깊었고, 조선공산당은 많은 부분 그들에게 잠식되었으며, 시간 역시 이미 많이 흘러가 있었다.

민족통일전선을 위하여

우리 운동을 우선 과거의 균열로부터 구하지 아니하여서는 아니된다. 그리 하기 위하여는 운동을 소수의 파쟁적 음모의 농락으로 팔아먹는 상품으로부터 해방하여, 조선 내 대중 자체의 자주적 분투로 진전시켜야 할 것이며, 종래의 중상역설을 대신하여 공개적인 토론을 전개하여야 할 것이며, 운동 전체의 이익 앞에서 분파적 또는 단체적 이익을 종속시켜야 할 것이다.

「정우회 선언」, 1926년 11월 15일

1926년 11월 조선공산당과 고려공산동맹의 통합이 마무리된 직후 조선공산당의 표면단체인 정우회가 선언문을 발표했다. 한국의 사회운동 방향을 전환시키기 위해 통합 조선공산당이 세상에 던진 화두였다. 「정우회 선언」이 발표되자 한국의 사회운동계에 파란이 일어났다. 특히 민족통일전선을 제기한 세 번째 항목이 주목받았다.

민족주의 세력에 대하여는 그 부르주아 민주주의적 성질을 명백하게 인식하는 동시에, 또 우리와의 과정적 동맹자적 성질도 충분히 승인하여, 그것이 타락한 형태로 출현되지 아니하는 것에 한하여는 적극적으로 제휴하여, 대중의 개량적 이익을 위하여서도 종래의 소극적 태도를 버리고 분연히 싸워야 할 것이다.

- 「정우회 선언」, 1926년 11월 15일

「정우회 선언」은 과거 공산주의운동 진영의 당파적 갈등을 극복하고, 경제 투쟁에서 정치 투쟁으로의 전환과 민족주의 세력과의 적극적인 제휴를

신간회는 1927년 2월 15일 사회주의·민족주의 세력이 결집하여 조직한 좌·우 합작 독립운동단체로, 1931년 5월까지 지속되었다. 사진은 1928년 1월 29일 신간회 안동지회 2회 정기대회 모습.

제기하는 공개 선언이었다. 이에 대해 서울 구파의 표면단체인 전진회前進會는 장문의 답변서를 공개했고, 민족주의자 진영에서도 큰 화제가 되었다. 이것은 조선공산당이 절실히 원했던 반응이었다. 조선공산당은 「정우회 선언」을 통해 민족통일전선 문제를 공론화하고, 통일전선의 결성 방안에 대해 치열한 논쟁을 펼쳐서 민족통일전선 문제를 한국 사회의 최대 현안으로 부각시키고자 했다.

조선공산당의 영향하에 있던 여러 사회단체들이 「정우회 선언」에 가장 먼저 반응했다. 특히 조선청년총동맹은 운동 방침과 강령 등을 새로 정하고 조직을 개편하면서 "우리의 목표에 대해 협력할 수 있는 대중층의 모든 요소를 적극적으로 획득"할 것을 선언하고 "조선 민족의 이익을 대표할 수 있는 전 민족적 단일 협동전선 결성의 촉진"을 당면 정책으로 결정했다. 「정우회 선언」에 발맞춰 청년동맹을 민족통일전선 형성에 적합하도록 민족주의자를 포함한 전 계급·전 계층의 단체로 변화시키겠다는 목표였다. 그러나 가장 극적인 사건은 신간회新幹會의 창립이었다.

> 순민족주의 단체인 조선민흥회朝鮮民興會와 신간회가 주의와 운동을 위하여 합동한 후, 편의상 신간회라는 이름으로 개최한 신간회 창립대회를 예정과 같이 15일 오후 7시에 시내 종로 중앙기독교청년회 대강당에서 개최했는데, 신간회 창립대회는 이야말로 조선에 있어서 민족주의 단체로는 획기적인 큰 모험인 만큼 회원과 방청인은 물론하고 정각 전부터 조수같이 밀려들어 방청석은 정각이 되기 약 한 시간 전부터 입추의 여지가 없으리만큼 만원의 성황을 이루었으며, (……) 장내는 숙연한 중에도 매우 긴장미를 띤 공기가 넘치어 자못 삼엄한 빛이 가득한 중에 순서를 좇아 의사를 진행했다.
>
> — 《조선일보》, 1927년 2월 16일

1927년 2월 15일 신간회가 창립되었다. 해외에서 불어온 민족유일당운동의 바람을 타고 드디어 민족주의자와 공산주의자가 결속한 것이다. 아이러니하게도 결정적인 역할은 일제와 타협하여 자치론을 꺼내든 일부 개량주의자들이 나누어 맡았다. 조선공산당의 「정우회 선언」으로 압박을 받은 민족주의자들이 개량주의자들의 자치운동을 더 이상 좌시할 수 없다고 판단하고 민족통일전선 수립을 서둘렀기 때문이다.

신간회의 창립으로 최대 숙원 사업이던 단일민족당이 만들어졌다. 여기에는 자치론자나 개량주의자를 제외한 거의 모든 민족주의자와 공산주의자가 결집했다. 민족해방을 갈망하는 거의 모든 세력이 하나의 깃발 아래 모인 것이다. 이로써 조선공산당의 최대 당면 과제였던 민족통일전선 문제가 해결되었다.

조선공산당은 신간회 중앙으로 적극 진출하지 않았다. 대신 신간회 지회에 적극 참여했다. 전술적 선택이었다. 신간회 본부에는 프랙션을 설치하여 조선공산당의 의견이 반영될 최소한의 공간을 마련하는 정도로 만족했다. 대신 표면단체인 정우회를 비롯한 각 지방 사상단체들을 해산하여 신간회 중앙 조직과 지회의 설치를 간접적으로 지원하고 공산주의자들의 지회 진출을 적극 도모했다. 조선공산당이 서울파가 추진한 민족통일전선체인 조선민흥회와 조선사회단체중앙협의회朝鮮社會團體中央協議會의 추진을 방해한 것도 신간회를 국내 유일의 강력한 민족통일전선체로 만들기 위한 방책이었다.

이로써 조선공산당은 미래를 향해 성큼 또 한 발을 내딛었다. 오랜 숙원대로 당을 통일하고 민족통일전선까지 결성했으니 조선공산당이 이룬 성과는 어느 때보다 컸다. 이제 그들에게는 활활 타오르는 불꽃처럼 한국의 혁명을 향해 앞으로 전진하는 길만이 남아 있었다. 그러나 그들의 앞길은 결코 순탄하지 않았다. 일제 공안 당국의 탄압이 그들을 기다리고 있었다.

조선공산당 해체

조선 공산주의자들이 이 결의의 지시를 이행하고 강철 같은 조직, 공산당을 조직할 것을 진심으로 기대한다. 공산당의 복구·강화 없이는 일본 제국주의의 속박으로부터 조선을 해방하기 위한, 그리고 토지혁명을 수행하기 위한 지속적이고도 결정적인 싸움은 불가능하다.

– 코민테른 중앙집행위원회 정치서기국, 「조선 농민 및 노동자의 임무에 관한 결의(12월 테제)」, 1928년 12월

1928년 7월 조선공산당이 해체되었다. 신간회의 결성으로 어느 때보다 민족해방을 향한 희망찬 미래가 기대되었지만 조선공산당은 1928년 2월과 7월 두 차례에 걸친 일제 공안 당국의 대규모 검거작전을 버텨내지 못했다. 조선공산당의 마지막 책임비서 차금봉車今奉(1898~1929)은 6월 20일 일제가 숨통을 조여오자 일단 당을 해체하고 망명 간부인 양명에게 당의 전권을 인계하기로 했다. 점점 강화되는 일제의 탄압 앞에 더 이상 국내 세력의 역량으로는 후계 간부도 세울 수 없다고 판단했다. 차금봉은 일제의 감시를 피해 양명에게 당권을 인계할 준비를 했다. 그러나 그는 아무것도 할 수 없었다. 그 역시 7월부터 시작되어 10월까지 이어진 대규모 검거 선풍을 피할 수 없었다. 조선공산당 관련자 170여 명이 체포되었다. 당 중앙간부 대부분이 구속되었고, 지방 조직 역시 궤멸되었다. 일제 경찰은 유능했고, 조선공산당은 당을 복구할 여력과 시간을 갖지 못했다.

조선공산당이 해체라는 비극적인 결말을 맞은 주요 원인은 1927년 9월 이후 재현된 당파 간 갈등이었다. 당의 주도권을 장악한 ML파가 자파 중심으로 당을 운영하면서 새로 합류한 서울파를 제대로 다독이지 못한 것이 문제의 시발이었다. 결국 서울파 일부가 당을 이탈한 뒤 상해파 일부와 서울상해파(이후 서상파)를 새로 형성하고 ML파와 대립하기 시작했다. ML파와 서상파의 당파 갈등은 한국 공산주의운동의 역량을 크게 약화시켰다. 조선공산당은 거센 일제의 탄압에 제대로 대응하지 못했고 결국 해체를 선언하고 말았다.

조선공산당은 해체되었다. 하지만 끝은 아니었다. 코민테른은 12월 테제를 통해 강철 같은 조선공산당을 재건하라고 지시했다. 조선공산당 없이는 민족해방혁명도 부르주아 민주주의혁명도 모두 불가능하다고도 설득했다.

조선공산당은 붕괴되었지만 아직도 한국에는 코민테른의 뜻에 부응할 수 많은 공산주의자가 존재했다. 한국의 공산주의자들은 일제의 가혹한 탄압 하에서도 다시 미래를 그려가기 시작했다. 아직 민족해방과 공산주의 실현이라는 꿈이 그들의 가슴 깊숙이 존재했기 때문이다.

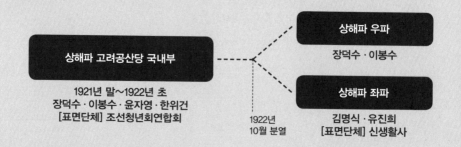

상해파 고려공산당 국내부

1921년 말~1922년 초
장덕수 · 이봉수 · 윤자영 · 한위건
[표면단체] 조선청년회연합회

1922년
10월 분열

상해파 우파

장덕수 · 이봉수

상해파 좌파

김명식 · 유진희
[표면단체] 신생활사

이르쿠츠크파 고려공산당 국내부

1921년 말
서초 · 이교담 · 황옥 · 노병희
[표면단체] 조선노동대회

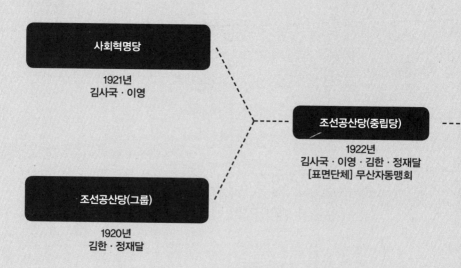

사회혁명당

1921년
김사국 · 이영

조선공산당(중립당)

1922년
김사국 · 이영 · 김한 · 정재달
[표면단체] 무산자동맹회

조선공산당(그룹)

1920년
김한 · 정재달

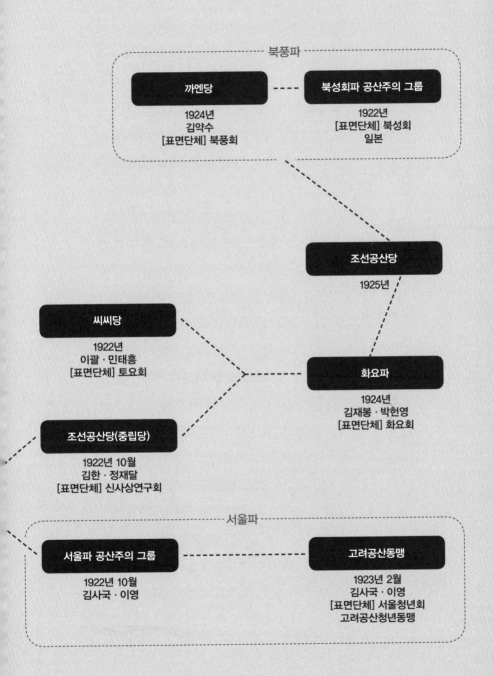

6

×

청년과 학생들은
왜 짱돌을 들었을까?

| 성진회와 독서회 중앙부 |

경무 당국의 의견은 (……)

이 사건에 대한 근본적으로 오류된 해석일뿐더러

조선 민족의 사상 감정을 근본적으로 오해하는 것이라고 아니할 수 없다.

그 원인은 곧 조선이라는 토지 내에 성립된 부자연한 양 민족의 주객전도적인 관계다.

(……) 사건의 발단이 이러한 민족 감정의 일폭발에 있는데다가

그 화염에 시纂를 투投한 결과가 된 것은 검찰 당국에서 일본인 학생은 석방하고

조선인 학생을 다수로 검거한 사실이다.

이에 학생과 조선 측 민중은 경악하지 아니치 못한 것이다.

– 동아일보 사설, 1929년 12월 29일

광주학생운동의 '총본영' 성진회

광주학생사건의 총본영 성진회醒進會 오늘 공판

광주학생 3대 비사사건 중 소녀회少女會와 독서회讀書會는 광주지방법원에서 판결 언도까지 받았다 함은 기보와 같거니와, 전 광주 조선인 학생 등을 지도하여 나오던 총본영인 성진회 장재성 외 34명에 대한 공판은 오늘 21일 10시 광주지방법원에서 궁원宮元 재판장의 심리와 삼森·운림雲林 양 배석판사와 사상 전문 주정酒井 검사의 입회로 개정한다는데, 이 사건에도 소녀회와 독서회를 자진 변론했던 경성 김병로·이창휘, 목포 이의형·김명진·김성호 씨 등이 변호를 맡는다 하며, 이 사건 역시 방청을 금지시키리라 한다.

– 《동아일보》, 1930년 10월 20일

1930년 10월의 어느 날, 국내 주요 신문들이 일제히 사회면 톱으로 지난해 말부터 세상을 떠들썩하게 했던 광주학생운동의 배후 조직인 성진회의 공판 기사를 실었다. 일제 공안 당국은 광주학생운동의 배후로 성진회를 지목했다. 성진회·독서회·소녀회를 광주학생운동과 관련된 3대 비밀결사로 규정하고, 특히 성진회를 광주학생운동의 '총본영'이라 지목했다. 일제는 성진회 사건을 엄중히 다뤘고, 관련자 대부분에 실형을 선고했다.

그런데 성진회 사건은 수상한 점이 많았다. 관련자 30여 명 가운데 성진회 소속은 열한 명밖에 없었고, 광주학생운동에 참여한 사람은 고작 다섯 명에 불과했다. 성진회 사건이라 칭하면서도 관련자 모두가 성진회원은 아니었고 광주학생운동의 배후라면서도 일부만 광주학생운동에 참여했다니, 왜 이런 말도 안 되는 상황이 벌어졌을까?

여기에는 일제 공안 당국의 불순한 의도가 숨어 있었다. 광주학생운동의 진실을 은폐하고 호도하기 위한 모종의 음모. 성진회는 어떤 단체였을까? 그리고 광주학생운동은 어떤 운동이었을까? 자, 이제부터 진실을 가리는 일제의 음모를 걷어내고 광주학생운동의 진실을 파헤쳐보자.

사회과학 독서 모임이냐 비밀결사냐

1926년 11월의 어느 날, 광주 외곽에 위치한 광주고등보통학교(이하 광주고보) 학생의 하숙집에 한 무리의 학생들이 모여들었다. 그들은 광주고보와 광주농업학교(이하 광주농교)의 학생들이었다. 이날 그들은 비밀결사 성진회를 결성했다.

모임의 제안자는 광주고보생 왕재일王在一(1904~1961)이었다. 그는 전라남도 구례 출신으로 광주에서 신문 배달 등을 하며 유학 생활을 하던 고학생이었다. 집안이 어려워 뒤늦게 공부를 시작했는데, 광주의 한 청년단체가 주관하는 무료 강습소가 그를 도와주었다. 그 인연으로 그는 일찍부터 광주지역 청년 사회단체의 활동가들과 친분을 쌓았다. 당시 광주에 '흥학관'이라는 곳이 있었는데, 여기에 광주 지역의 주요 청년 사회단체들이 다닥다닥 모여 있었다. 왕재일은 이곳을 왕래하며 일찍부터 사회문제에 관심을 가졌다. 성진회를 계획한 것도 이런 영향 때문이었다.

왕재일은 주변 인물들을 중심으로 서로 알음알음으로 추천하여 회원을 모았다. 그가 같은 학교에 다니던 친구 장재성張載性(1908~1950)을 추천하고, 장재성이 다시 다른 회원들을 추천하는 식이었다. 평소 사회문제에 관심이 있고 의식이 있는 학생들이 추천 대상이었다.

성진회의 목적은 사회과학, 즉 마르크스-레닌주의를 공부하는 것이었다. 그들은 회원들의 하숙집을 오가며 매월 두 차례 모임을 가졌다. 마르크스의 『자본론』을 비롯한 주요 마르크스주의 사상가들의 저작과 『유물사관대의』·『자본주의의 기교』 같은 사회주의 관련 정치 서적들을 읽고 토론했다. 이렇듯 성진회는 거창한 목적을 가진 비밀결사가 아니라 단지 사회과학에 관심이 있는 학생들이 모인 소규모 독서 모임이었다.

성진회가 활동을 비밀에 부친 까닭은 어쩔 수 없는 선택이었다. 일제는 학생회 같은 자치기구의 조직과 활동을 한국인 학생들에게 전혀 허용하지 않았다. 학생자치기구가 식민통치를 위협한다고 판단했기 때문이다. 이런 상황에서 일제의 식민 지배에 대한 문제 제기로 발전할 수 있는 마르크스-레닌주의 사상을 공공연히 드러내놓고 배우는 것은 사실상 불가능했다.

성진회는 비밀결사였지만 기본적으로 학생들의 사회과학 독서 모임에 불과했다. 회원들의 비밀 유지 태도를 보면 더욱 그렇다. 그들은 성진회 결성 직후 사진관으로 달려가 단체로 기념사진을 찍었다. 비밀결사와는 전혀 어울리지 않는 행동이다. 그 사진이 지금까지 전해진다. 교복을 입은 사진 속 열다섯 명의 앳된 얼굴은 몇 년 후 자신들이 겪게 될 고난을 추호도 상상하지 못했다.

사회과학 학습 모임 성진회는 사회 변혁을 갈망하는 광주 지역의 학생들이 갈증을 해소하는 장이었다. 성진회를 조직한 직후 회원 15명이 함께 찍은 사진이 지금까지 남아 있다.

"(당시에는) 유물사관이나 『자본론』 등 사회과학 서적이 주요 관심이었습니다.
사회주의 사상을 모르고선 선생이나 학생이나 병신 취급을 받았습니다. 나도 유
물론이 하도 재미있어서 일주일간 학교를 결석하고 책을 읽었지요."

— 성진회원 정동수鄭東秀의 증언, 《광주일보》, 1989년 11월 3일

　　1920년대는 한창 신사상, 그 가운데 사회주의 사상이 물밀듯이 들어오던
시절이었다. 당시 사회주의이론은 암담한 현실을 해명하고 동시에 해결책
도 제시해주는 '나침반' 구실을 했다. 한국의 많은 청년 · 학생들이 사회주
의 사상에 환호한 것은 모두 이 때문이었다. 그들은 사회주의 사상을 통해
현실을 재인식하고, 현실의 벽을 뛰어넘기 위한 요구를 점차 구체화하기
시작했다. 성진회 같은 사회과학 학습 모임은 청년 · 학생들이 사회 변혁에
대한 목마름을 해소하는 장이었다.

성진회라는 비밀결사가 등장하는 데는 당시 활성화되어 있었던 광주 지역 청년 활동가들의 역할이 컸다. 특히 1926년은 그들이 조선공산당과 그 청년 조직인 고려공산청년회에 집단 가입하여 활동하던 때였다. 조선공산당의 전라남도 지역 세포로 활동했던 장석천張錫天(1903~1935)·강해석姜海錫(1904~1972)·김재명金在明(1901~1930) 등이 도드라졌다. 그들은 광주 지역 주요 청년단체인 광주청년동맹·전라남도청년연맹 등의 간부로 활동하면서 흥학관을 드나들던 학생들과 긴밀한 관계를 맺고 사회과학 학습에 대해 조언하거나 졸업생 환송 모임 등을 통한 격려 정도로 성진회를 지원했다. 그들은 학생들의 지속적인 학습과 조직을 유도하고자 했다.

그런데 성진회는 1927년 3월, 불과 넉 달 만에 해산하고 말았다. 모임 내 경찰 가족이 있어서 더 이상 비밀 유지가 어렵다고 판단했기 때문이다. 이것은 위장 해산이었다. 일단 해산한 후 정예 회원을 중심으로 재조직할 요량이었다. 하지만 왕재일·장재성 등 주요 회원들이 학교를 졸업하면서 애초의 계획은 실현되지 못했고 성진회는 결국 해체되었다.

동맹 휴학 열풍

성진회가 해산된 후 광주 학생들은 독자적으로 학교별 독서 모임을 꾸리면서 그 명맥을 유지했다. 그들은 사회과학을 학습하면서 식민지 현실의 모순을 새롭게 깨닫고 정치적으로 각성했으며, 점차 현실적인 문제에도 적극적으로 대처하고자 했다. 이때 '동맹 휴학'이 거세게 일어났다.

1920년대 중반 이후 한국 교육계는 전국적으로 불어온 동맹 휴학 열풍으로 홍역을 치렀다. 동맹 휴학이란 학생들의 수업 및 등교 집단 거부 운동으로, 처음에는 주로 시설 개선이나 교원 배척 등 교내 문제가 원인이었지만 점차 식민교육 반대 · 학생자치 허용 등 정치 문제로 확대되었다. 결국 동맹 휴학은 개별 학교를 뛰어넘어 학교 간 연대 투쟁 형태로 발전했고, 학교 밖의 사회단체들과도 연결되었다. 일제 공안 당국이 이 시기를 '주의적 맹휴기', 즉 '사회주의적 동맹휴학운동 시기'라 규정했을 정도로 동맹 휴학은 조직적이고 정치적으로 발생했다.

광주도 예외는 아니었다. 특히 1928년 광주고보와 광주농교에서 벌어진 동맹 휴학이 두드러졌다. 사건의 발단은 사회주의 옹호 격문을 붙인 광주고보생 이경채李景采(1910~1978)가 최종 판결이 나기도 전에 학교 당국으로부터 퇴학 처분을 받으면서 비롯했다. 일부 학생들이 이경채의 퇴학 처분은 부당하다며 학교 당국에 진정서를 제출했는데, 학교 당국이 강압적인 태도로 진정서를 제출한 학생들까지 징계하면서 대규모 동맹 휴학으로 발전했다.

광주의 동맹 휴학은 무려 3개월간이나 지속될 정도로 매우 격렬하게 진행되었다. 학생들은 '맹휴중앙본부'를 조직하고 그 산하에 참모부 · 통신부 · 외교부 · 회계부를 두어 조직적으로 투쟁했다. 그들은 학부모들에게 통지문을 보내 투쟁의 정당성을 알리고 적극적인 지원을 호소하는 한편, 동맹 휴학에 참여한 학생들에게 격문과 투쟁 신문격인 《경과보고》 등을 배포하여 결속을 다졌다.

동맹 휴학은 수많은 학생들이 퇴학 · 정학당한 채 성과 없이 끝이났다. 동맹 휴학이라는 투쟁 방법만으로 학생들이 거대한 식민 당국과 맞서기란 불가능해 보였다. 하지만 학생들에게 1928년 동맹 휴학의 경험은 매우 특별했다. 그들은 맹휴투쟁을 통해 조직과 연대의 중요성을 뼈저리게 느꼈다.

장재성의 등장

1929년 5월 시모노세키에서 부산으로 향하는 관부연락선에 대학 교복 차림의 학생이 타고 있었다. 그는 광주고보를 졸업하고 도쿄의 주오대학교로 유학을 떠났던 성진회의 장재성이었다. 그가 돌연 유학을 중단하고 귀국했다. 그의 얼굴에 복잡한 심경이 어려 있었다. 이미 오래전부터 결심해온 일이었지만 막상 유학을 포기하기는 쉽지 않았다. 그것은 분명 그의 인생에서 중요한 변곡점이 될 터였다. 하지만 그는 출세가 보장된 길을 포기하고 항일민족운동에 투신하기로 마음먹었다.

지난해 모교에서 있었던 동맹휴학운동이 그의 선택에 결정적인 영향을 미쳤다. 그는 도쿄 유학생 모교 분규사건 대책위 특파원 자격으로 잠시 귀국하여 재일 유학생들의 항의서를 학교 당국에 제출하고, 맹휴중앙본부를 적극 지원했다. 하지만 동맹 휴학은 별다른 성과 없이 상당한 피해만 야기한 채 끝이 났고, 이 일로 장재성은 커다란 상처를 안았다. 유학 중에도 방학 때마다 귀국하여 후배들의 독서 모임을 챙기며 광주의 학생운동에 각별한 애정을 쏟았던 그였기에 실망이 더욱 컸다. 그는 기존 학생운동에 중대한 변화가 필요함을 절감했고 미력하나마 자신이 도움이 되기를 바랐다.

장재성이 귀국을 결심하는 데 결정적인 영향을 미친 사람이 한 명 있었다. 바로 장석천이었다. 흥미롭게도 그 역시 일본 유학을 떠났다가 중도에 그만둔 전력이 있었다. 그는 일찍이 항일민족운동에 뜻을 두고 조선공산당에 투신했다.

1929년 장석천은 전남청년연맹 집행위원장이자 신간회 광주지회 간사로 활동하면서 전라남도 지역의 조선공산당 재건 운동에 관여했다. 1928

년 대규모 검거 사건으로 조선공산당이 붕괴된 이후 한국의 공산주의자들에게 최우선 과제는 당을 재건하는 일이었다. 장석천은 전라남도 지역에서 그 일익을 담당했다. 그는 대중운동과 기층 조직에 기초하여 공산당을 재건하라는 1928년 코민테른의 방침에 따라 당 재건 운동의 한 방편으로 학생운동을 주목했다. 1928년 광주의 대규모 동맹휴학운동은 학생들의 운동 역량을 재평가하는 중요한 계기였다.

장석천은 성진회 시절부터 학생조직과 친밀한 관계를 맺었기 때문에 광주 시내 한국인 중등학교인 광주고보 · 광주농교 · 전남사범학교 · 광주여고보에 십수 명으로 구성된 독서회의 존재를 잘 알고 있었다. 이들 독서회들을 하나로 묶고 학생들을 사상적으로 지도하려면 전담할 사람이 필요했다. 장석천이 장재성에게 귀국을 종용한 이유였다. 장재성은 광주고보 시절부터 테니스 선수로 광주에서 꽤나 유명세를 탔던 전도유망한 학생이었고, 차분하고 논리적인 말솜씨로 후배들 사이에 신망이 두터웠다. 장재성만큼 광주의 학생운동을 조직하기에 적합한 인물도 없었다.

장재성은 귀국 직후 연이 닿는 후배들을 한자리에 불러 모았다. 대개 광주고보 · 광주농교 · 전남사범학교 등 광주의 주요 학교에서 독서회를 이끌며 1928년 동맹휴학운동을 경험했던 학생운동 지도자들이었다. 장재성은 그들과 함께 지난해의 동맹휴학운동을 평가하고 광주의 학생운동 현황에 대해 의견을 나눴다. 결론은 하나였다. 현재처럼 학교별로 분산되어서는 학생운동을 효과적으로 지도할 수 없으며, 한계를 극복하기 위해서는 각 학교의 독서회를 묶는 새로운 시스템을 통해 조직적 단결을 강화하고 체계적인 이론 학습을 수행해야 한다는 것이었다. 그들은 기존의 독서회들을 재편하여 새로운 단체를 결성하기로 뜻을 모았다. 그것이 바로 '독서회 중앙부'였다.

"우리는 장재성이 운영하는 빵집 등에서 모임을 가졌지요. (장재성의) 신혼 방이나 상가 집의 골방을 전전하기도 했어요. 자신이 맡은 부분에 대한 발표 후에는 반드시 현실과 결부시켜 비판과 토론을 벌였어요. 결정 나지 않는 내용에 대해서는 철저히 연구하여 다시 공부해올 것을 지시받았지요. 그리고 그다음 모임에서 결정을 짓곤 했지요. 우리는 일정 시간 동안 비판과 토론을 하면서 공부했기 때문에 사상적으로 견해차가 전혀 없었고 모든 것을 함께 공유했어요."

– 이기홍 유고, 안종철 역, 「광주학생독립운동은 전국학생독립운동이었다」, 1997년

1929년 6월 중순, 장재성은 각 학교의 독서회 지도자들을 중심으로 독서회 중앙부를 조직하고, 학교별로 독서회를 재조직하는 작업에 착수했다. 그는 독서회 중앙부의 책임비서 역할을 맡았다. 또 조사선전부 · 조직교양부 · 출판부 · 재정부를 두어 각 학교의 독서회들을 체계적으로 지도하고자 했다. 독서회 중앙부의 회원들은 일주일에 한 번씩 모여서 활동 방향을 긴밀히 논의하고 장재성의 지도 아래 본격적으로 마르크스주의를 연구했다.

학교별로 독서회를 재조직하는 작업은 순조롭게 진행되었다. 독서회 중앙부의 구성원들은 이미 각자의 학교에서 주도적인 활동을 하고 있었다. 독서회 중앙부가 만들어진 지 일주일 만에 광주고보 독서회가 재조직되었다. 광주고보생 스물여섯 명이 소풍을 가장하여 무등산 자락에 모여서 독서회를 조직했다. 그들은 토론을 거쳐 독서회의 운영 방법과 실천 사항을 정하고, 각자가 속할 부서와 반을 결정했다. 회의 후에는 호기롭게 스크럼을 짜고 행진가를 부르며 너른 들판을 누볐다. 그 이틀 후에 광주농교생 열일곱 명이 같은 곳에서 독서회를 결성했다. 그들도 회의 후에는 스크럼을 짜고 시위 훈련을 하며 투지를 다졌다. 전남사범학교에서는 열네 명이 모

여 독서회를 결성했고, 광주여고보에서는 장재성의 누이인 장매성張梅性을 중심으로 독서회가 조직되었다.

장재성은 각 학교의 독서회가 조직되는 과정에 참석하여 사회과학 학습의 필요성을 역설하고 독서회 결성을 독려했다. 그는 『공산당 선언』을 등사하여 독서회원들에게 돌려 모두 읽게 하는 등 독서회들을 균등하게 지도하는 데 힘을 쏟았다.

한편 장재성과 독서회 중앙부는 장석천 등이 추진하던 소비조합 결성에도 힘을 보탰다. 독서회원들이 십시일반 돈을 모으고 소비조합을 책임진 김기권金基權(1910~2005)이 사비를 털어 9월 초 마침내 문방구를 개점했다. 소비조합 최초의 성과였다. 문방구는 마침 8월에 문을 연 장재성의 빵집 곁에 자리를 잡았다. 장재성은 누이의 중매로 결혼을 하면서 호구지책으로 빵집을 열었다. 군이 빵집을 낸 이유는 예나 지금이나 빵집이야말로 학생들이 남의 눈을 의식하지 않고 자연스럽게 모일 수 있는 공간이었기 때문이다. 독서회원들은 빵집과 문방구를 오가며 자연스럽게 모임을 가졌다. 이곳은 독서회 중앙부와 각 독서회, 그리고 학생과 청년 사회운동가들을 연결하는 통로였다.

독립과 사회주의를 꿈꾼 학생들

성진회와 독서회 중앙부 그리고 각 학교의 독서회 등은 사회과학을 학습하며 미래의 한국을 어떻게 바꾸고자 했을까? 그리고 그들은 어떤 방법으로 그 꿈을 이루고자 했을까?

성진회나 독서회는 기본적으로 학생들의 소규모 학습 모임이었기 때문에 조직적 차원에서 합의된 거창한 목표는 존재하지 않았다. 별다른 강령이 발견되지 않는 이유도 이 때문이다. 관련자들의 회고를 살펴보면 조직의 목표에 대해 주도자와 일반 회원들 간의 생각 차이도 상당히 컸다.

하지만 그들이 막연하게나마 공유하던 목표는 있었다. 바로 조국의 독립이었다. 그들은 현재의 모순 대부분이 식민지 조국의 현실에서 비롯했다는 인식을 같이하고 사회과학을 공부함으로써 현실의 모순을 재인식하고 독립의 일꾼으로서 미래를 준비하고자 했다.

그리고 학생들이 막연히 공유한 지향은 사회주의였다. 물론 개인에 따라 인식의 차이는 컸다. 장재성과 같이 모임을 주도하던 이들은 대개 사회주의의 실현을 궁극적인 목표로 설정했지만 일반 회원들은 그렇지 않은 경우가 더 많았다. 그럼에도 그들이 사회주의이론을 학습했던 이유는 당시 크게 유행하던 사회주의를 식민 지배를 극복할 민족해방이론으로 받아들였기 때문이다. 이들은 민족과 계급이 모순된다고 생각하지 않았고, 민족해방·계급해방 투쟁은 하나라고 믿었다. 식민통치를 끝장내고 한국의 독립을 이루기 위해서는 노동자와 농민을 비롯한 전 민중이 해방을 위해 싸워야 한다고 확신했다.

일제의 통치가 20년 가까이 지난 시점에서 일제의 교육을 받고 성장한 학생층이 이런 각성에 도달했다는 것은 식민통치가 실패했음을 적나라하게 보여주는 지표였다. 이른바 일제의 '문화정치' 아래 한국인 학생 수는 꾸준히 증가하고 근대 교육의 혜택도 늘어났지만 열악한 교육 환경과 차별은 오히려 학생들의 불만을 증폭시켰다. 그중 일부는 민족의 상층부를 차지하며 식민통치에 편입했지만 대다수 학생들은 일제의 한국인 억압과 차별 속에서 독립과 사회주의를 고리로 하여 저항 의지를 키웠다.

성진회와 독서회의 회원들은 어떤 방법으로 자신들이 지향하는 바를 얻고자 했을까? 첫 번째는 연대였다. 개별 독서회가 가진 한계를 뛰어넘기 위해 학교 간 연대 · 청년운동 진영과의 연대를 적극적으로 추진했다. 대표적인 결과물이 독서회 중앙부였다. 독서회 중앙부는 청년 사회주의자들의 지도 아래 각 독서회를 단일한 대오로 묶어나갔고, 이를 바탕으로 보다 강화된 조직적 역량을 확보했다.

두 번째는 대중투쟁이었다. 독서회 중앙부와 개별 독서회들은 주요 운동 방법으로 대중투쟁을 설정했다. 각 학교의 독서회들이 스크럼을 짜고 농성을 하는 등 대중시위 방법을 훈련했던 이유다. 이는 이 시기 독서회들이 모두 동맹휴학운동의 산물이었기 때문에 가능했다. 한편 1920년대 후반부터 고조된 대중운동의 발전상을 반영하기도 했다.

독립과 사회주의를 꿈꾸며 연대와 대중투쟁으로 현실을 바꾸고자 했던 독서회 중앙부와 각 학교의 독서회들은 그 후 어떤 길을 걸었을까? 독서회 중앙부의 지도하에 일사불란하게 조직되었던 개별 독서회들은 조직된 지 3, 4개월 만에 잇달아 해산했다. 장재성의 주도하에 1929년 9월 광주고보와 광주농교에서, 10월에는 전남사범학교에서 독서회가 해산되었다. 주요 이유는 회원 간의 내분이었다.

이것은 위장 해산이었다. 3년 전 성진회를 해산한 것과 마찬가지로 조직을 재정비하기 위해 위장 해산을 시도한 것이다. 그런데 각 학교 독서회는 재조직되지 못했다. 그들 앞으로 거대한 대중운동의 물결이 다가왔기 때문이다. 그것은 바로 광주학생운동이었다.

나주역의 주먹다짐

광주고보생과 중학생 충돌, 단도와 여러 흉기로 난투를 벌여

지난 30일 오후, 나주역전에서 광주중학생 후쿠다 외 두 명이 광주여고보생을 희롱한 것이 원인이 돼 광주고보생 박준채朴準珠와 결투가 일어나 한바탕 활극이 벌어졌다. 경관이 제지해 싸움이 멈추었으나 밤사이 그들이 다시 싸우면서 중학생이 조금 맞자 중학생들은 이를 분풀이할 기회만 별렀다. (11월 1일) 오후 4시쯤 중학생 50명이 배트를 휘두르며 유도 선생과 더불어 광주역에 모여서 고보생들이 돌아가는 길을 엿보고 있자 고보생도 이에 응해 큰 싸움이 벌어질 참이었는데 양쪽의 선생과 경관이 제지해 한때 진정됐다. 그럼에도 중학생들은 여전히 배트를 들고 돌아다니고 고보생들도 지지 않으려 대치해 있다고 한다.

— 《조선일보》, 1929년 11월 4일

1929년 10월 30일, 나주에서 광주까지 열차로 통학하는 한·일 학생들 사이에 폭행사건이 발생했다. 나주에서 통학하는 일본인 남학생이 한국인 여학생의 갈래머리를 잡아당기며 희롱하는 광경을 목격한 광주고보생이 그 일본인 학생을 제지하며 시비가 붙은 것. 광주고보생은 일본인 학생에게 희롱당한 여학생의 사촌동생이었다. 시비는 곧 주먹다짐으로 번졌는데, 싸움을 제지하러 온 일본인 순사는 사건의 정황을 알아보지도 않고 일방적으로 일본인 학생을 편들며 한국인 학생의 뺨을 수차례 때렸다고 한다. 나주에서 광주로 통학하는 한국인 학생들이 모두 이 광경을 현장에서 목격했다. 그 가운데는 독서회원들도 끼어 있었다. 사건을 목격한 학생들은 모두 일본인 학생의 무례함과 일본 순사의 부당한 처사에 분노했다.

다음날 통학 기차에서 일부 한국인 학생들이 희롱당한 여학생의 사촌동생과 함께 그 일본인 학생을 찾아가 사과를 요구했다. 하지만 일본인 학생은 사과를 거부했고, 다시 싸움이 일어났다. 그런데 이번에도 싸움을 제지한 일본인 차장과 승객들이 일방적으로 한국인 학생을 나무라고 모욕을 주었다. 이 소식은 곧바로 광주 시내 학생들에게 퍼졌고 한국인 학생들은 점점 격앙되어갔다.

여기에 일본인 학생들이 기름을 부었다. 전날 기차에서 한국인 학생들에게 맞은 일본인 학생들이 분풀이를 하겠다고 일본인 유도 교사와 함께 광주역에 나타났던 것이다. 학생들 간의 싸움은 소식을 듣고 달려온 교사들과 경찰의 제지로 일단락되었다. 하지만 끝이 아니었다. 11월 3일 일본인 학생들이 모든 상황을 재현했기 때문이다.

첫 번째 시위

11월 3일 광주 시내는 '메이지 천황 탄생 기념식'과 '전남 지역 누에고치 생산 6만 석 돌파 기념식'으로 대단히 혼잡했다. 이날은 휴일이었지만 광주 지역 학생들은 모두 기념식 행사에 동원되어 일본 신사 앞에서 천황의 탄생을 축하하며 머리를 조아려야 했다. 나주역 사건으로 민족 감정이 상해 있던 상황에서 정복자의 기념식에 동원된 한국인 학생들은 심정이 착잡했다. 더욱이 이날은 음력 10월 3일 개천절이기도 해서 나라 잃은 설움이 더욱 크게 와 닿았다. 그런데 화려한 기념식장의 요란한 축포 소리를 뒤로하고 귀가하던 학생들은 생각지도 못한 봉변을 만났다. 바로 지난 1일 보복에 실패한 일본인 중학생들이 시내 곳곳에서 행패를 부렸던 것이다.

일본인 광주중학생들은 삼삼오오 짝을 지어 다니며 한국인 학생이 보이는 족족 시비를 걸었다. 그들은 단도와 같은 흉기를 몰래 숨긴 채 한국인 학생들을 위협하기도 했다. 일본인 학생들이 한국인 학생들에게 린치를 가한다는 소식은 이내 광주 전체로 퍼졌다. 시내 곳곳에서 난투극이 벌어졌고, 마침내 광주역에서 한·일 학생 간의 대대적인 충돌로 발전했다. 열차 통학생 수십 명이 역전에서 대치하며 싸움을 시작한 것이다.

이 소식을 듣고 이미 귀가했던 학생들과 학교에서 체육 활동 중이던 학생들이 각목과 곤봉을 들고 광주역으로 몰려들었다. 여기에는 광주고보생들뿐 아니라 광주농교생들도 있었고, 광주여고보생들도 응급 약품을 들고 뛰어와 응원했다. 상대편 광주중학생들도 떼로 몰려왔고, 광주고등여학교의 일본인 여학생들도 뒤에서 돌을 주워 나르며 싸움을 지원했다. 광주중학교로 통하는 역 근처 다리에서 대치한 양측 학생이 순식간에 수백 명에 달했다. 자칫하면 큰 불상사가 일어날 형국이었다. 경찰과 소방대가 긴급히 출동하고 교사들이 적극적으로 양쪽 학생을 뜯어말려 싸움은 간신히 진정되었다. 하지만 이미 부상자 수십 명이 병원으로 후송된 뒤였다.

경찰의 개입으로 충돌이 무마된 뒤에도 한국인 학생들은 흩어지지 않고 대열을 지어 광주고보 체육관으로 이동했다. 긴급학생총회를 열기 위해서였다. 학생들은 충돌이 벌어지게 된 전말을 서로서로 보고하고 향후 대책을 논의했다. 이때 대중시위를 벌이자는 의견이 나왔다. 위력적인 시위를 보여서 일본인 학생들이 더 이상 해코지를 못하게 막고, 민족적 자존심을 건드린 일제 식민통치에 민족의 의기를 보여주자고 주장했다. 거의 모든 학생이 찬동했고, 참석해 있던 광주농교 열차 통학단장도 농교생들과 동참하겠다고 했다.

학생들은 일사불란하게 대열을 갖추고 농기구실과 운동구실을 열어 각목과 곤봉으로 무장했다. 농교생들까지 가세하여 시위대는 약 300여 명에 달했다. 상급 학년인 5학년생들이 대열의 선두에 서서 교가와 응원가를 부르며 시내로 진출했다. 간간이 독립만세 구호도 들렸다. 광주중학교로 향하던 시위대는 경찰이 길목을 막아선 것을 보고 시내를 크게 휘돌아 다시 광주고보로 향했다. 싸움과 시위 소식을 듣고 뒤늦게 달려온 전남사범학생들과 광주여고보생들도 대열에 동참했다. 시위내의 위세에 눌린 경찰은 그저 시위대가 광주중학교로 향하지 못하게 막는 데 급급했다. 시위를 마친 학생들은 부상 학생들을 병원에 입원시키고 해산했다.

이날 처음부터 끝까지 시위를 지도한 사람들이 바로 독서회 중앙부의 리더 장재성과 독서회원들이었다. 그들은 광주역전에서 처음 싸움이 벌어질 때부터 사태를 주시했다. 긴급학생총회에서 대중시위를 벌이자는 의견을 낸 것도 그들이었다. 장재성과 독서회원들은 자생적으로 폭발한 학생폭력 사태를 순식간에 조직적인 대중시위로 바꾸어놓았다.

조선총독부와 전라남도의 일본인 사회는 한국인 학생들의 단호한 행동에 크게 놀랐다. 일본인들은 한국인 학생들을 강력히 처벌할 것과 광주고보의 폐교를 요구하며 경찰 당국을 압박했다. 총독부의 대응도 예전과 크게 달랐다. 이제까지 식민 당국은 동맹 휴학과 같은 사건들은 형사 처벌보다 학교 차원의 징계로 마무리하도록 유도해왔다. 하지만 이번 사건에 대해서는 한국인 가담자들을 강력히 처벌하도록 현지 경찰에 명령했다. 애초 광주경찰서는 한·일 학생을 대여섯 명씩 소환하여 처벌하는 수준으로 마무리하려 했으나 총독부의 지시로 70여 명에 이르는 한국인 학생을 긴급 체포했다.

식민 당국이 한국인 학생들만 일방적으로 처벌하자 한국 사회는 크게 술렁였다. 더구나 부상당해 병원에 입원해 있던 학생들까지 강제 연행한 사실이 알려지면서 한국인들의 분노는 극에 달했다. 한국 사회에 일촉즉발의 전운이 감돌기 시작했다.

학생 대중아, 궐기하자

지난 3일 전남 광주에서 일어난 고보학생 대 중학생의 충돌 사건에 대하여 시내 종로 2정목에 있는 신간회 본부에서는 지난 5일 제19회 중앙상무집행위원회의 결의로 장성·송정·광주 3지회에 대하여 긴급조사보고를 지령하는 동시에 사태의 진전을 주시하고 있던 바, 지난 8일 밤 신간회 주요 간부들이 긴급 상의한 결과, 사건 내용을 철저히 조사하는 동시에 구금된 학생들의 석방을 교섭하기 위하여 신간회 중앙집행위원장 허헌 씨와 서기장 황상규 씨와 회계 김병로 씨 최고 간부 3인을 광주까지 특파하기로 하고 9일 오전 10시 특급열차로 광주에 향하게 했다더라.

– 《동아일보》, 1929년 11월 10일

광주의 일이 전해지자 서울의 사회활동가들과 학생운동가들이 잇달아 광주를 방문했다. 진상을 조사하고 대책을 마련하여 학생들의 피해가 커지는 것을 막기 위해서였다. 민족 최대의 통일전선체였던 신간회는 허헌許憲 (1885~1951)·황상규·김병로金炳魯(1887~1964) 등 고위 간부를 즉시 파견했다. 청년단체인 중앙청년동맹과 학생단체인 조선학생과학연구회朝鮮學生科學硏究會 · 조선학생전위동맹朝鮮學生前衛同盟 등도 활동가들을 파견하여 진상을 파악하고 대책 마련에 부심했다.

광주는 전남청년연맹 위원장 장석천의 지도하에 일사불란하게 움직였다. 장석천은 나승규羅承奎 · 강석원姜錫元(1908~1991) 등 전남청년연맹 간부들과 함께 11월 3일 학생시위를 지도했던 장재성을 수시로 만나 향후 대책을 논의했다. 장석천과 장재성은 검거된 학생들을 석방하고 운동을 전국차원으로 확산시키기 위해 2차 시위를 벌이기로 했다.

장석천은 광주를 방문한 신간회 대표단과 학생 · 청년단체 활동가들을 만나 광주의 진상을 알리고 연대 활동을 요청했다. 특히 신간회 대표단과 만난 자리에서 시위를 전국으로 확대할 것을 논의하고, 이를 위한 경비 지원을 약속받았다. 서울서 찾아온 학생 대표들과는 서울로 시위를 확산할 방법을 논의하고, 시위를 조직하기 위해 광주의 활동가들을 서울로 파견하기로 결정했다. 이로써 광주의 학생운동은 전국으로 확산될 단초를 얻었다.

2차 시위 준비는 순조로웠다. 비록 11월 3일 이후 광주 시내의 모든 학교가 휴교에 들어갔지만 장재성과 독서회 중앙부가 중심이 되어 학생들과 접촉하고, 다시 등교일에 맞춰 시위를 벌이기로 했다. 장재성은 학생들에게 배부할 전단 작성과 제작을 서두르는 한편, 각 학교의 독서회 대표들과 함께 구체적인 시위 계획을 짰다. 최종 시위 날짜는 11월 12일로 결정했다. 마침 그날은 광주의 장날이어서 일반인들의 호응도 기대할 수 있었다.

시위 전날 장석천 · 장재성 · 강석원 등 청년연맹 간부들은 투쟁본부를 구성했다. 제2차 학생시위의 강력한 구심이 형성된 것이다. 이들은 각자 책임을 분담하여 학생을 조직하고, 노동자 · 교사 등 각 부문의 연대 활동을 구성하며, 타지로 소식을 적극 전파하여 운동을 확산할 방안을 논의했다. 장재성은 이날의 결정을 독서회원들에게 알리고, 12일 수업 개시와 동시에 시위운동을 벌일 것, 학생 전원이 체포·구속될 때까지 시위를 계속할 것, 구속된 학생들이 갇혀 있는 형무소 앞까지 행진하여 함성으로 그들에게 용기를 줄 것을 지시했다.

11월 12일, 첫 수업을 알리는 종이 울렸다. 광주고보의 독서회원 한 명이 책상 위로 뛰어 올라갔다. 순간 교실은 크게 술렁였다. 학생들은 이미 시위를 촉구하는 격문을 받은 뒤였다.

"학우들이 구속되어 철창에서 신음하는데 우리가 이대로 있어서야 되겠어, 모두 나가자!"

독서회원의 외침에 학생들은 일제히 구호를 외치며 교실 밖으로 뛰쳐나갔다. 순식간에 운동장은 일사불란하게 대열을 지은 학생들로 꽉 찼다. 학생들의 손에는 운동구실과 농기구실에서 빼낸 곤봉과 각목 등이 들려 있었다. 교문 밖으로 진출한 학생들은 결연한 표정으로 다섯 열의 스크럼을 짠 채 행진했다. 대열의 앞뒤에서 일부 학생들이 "구속 학생 석방하라" 등의 구호를 선창했다. 학생들은 "학생 대중아, 궐기하자", "조선 민중아, 궐기하자"라고 쓰인 격문을 시민들에게 배포했다.

시내로 나온 광주고보생 300여 명은 구호를 외치고 운동가를 부르며 시내 중심가를 누볐다. 목표는 지난 시위에서 연행된 동료 학생들이 갇힌 광주형무소였다. 한편 광주농교생 200여 명도 마찬가지로 시위를 벌이며 광주형무소로 향했다. 시위 학생들은 근처의 전남사범학교·광주여고보에도 들러 함께 행진하자고 호소했다. 이들 학교의 학생들도 교문으로 달려 나왔으나 교사와 경찰들이 이미 문을 봉쇄한 뒤여서 가두로 나오지는 못했다.

학생들이 도착한 광주형무소에는 이미 대규모 경찰 병력이 배치되어 있었다. 지난 3일 벌어진 충돌과 시위로 광주 민심이 흉흉해지자 일제는 인근의 경찰력까지 총동원했다. 일제 경찰은 학생들을 포위하고 마구잡이로 체포했다. 이날 시위로 광주고보생 190여 명·광주농교생 60여 명이 체포되었고, 전라남도의 청년단체 회원 160여 명도 잇달아 검거되었다. 장재성을 비롯한 투쟁본부 구성원 대다수도 체포되었다. 그러나 몇몇은 몸을 빼내 광주를 탈출했다. 그 가운데 전남청년연맹 위원장 장석천도 끼어 있었다.

번져나가는 불길

전남 광주 사건에 대하여 독자 제씨로부터 지금 형편이 어찌 되어 있는가를 여러 번 물으시나, 이 사건은 경무 당국으로부터 신문에 게재하지 말라는 경고가 있으므로 당분간 부득이 보도하지 못하게 된 것이다.

– 《동아일보》, 1929년 11월 16일

11월 12일 일어난 2차 시위는 일제의 보도 통제로 전혀 보도되지 않았다. 광주 소식을 묻는 독자들의 질문이 빗발치자 언론사들은 지면을 통해 그 이유를 따로 설명해야 했다. 그러자 일본인 의용소방대가 학생들을 학살하고 나이 어린 보통학생들마저 폭행했다는 등 온갖 흉흉한 소문이 나돌았다. 정확한 정보가 통제되는 가운데 악성 유언비어가 떠돌면서 한국 사회는 더욱 격앙되었다. 특히 광주의 2차 시위는 서울의 학생들 사이에 큰 반향을 일으켰다. 1차 시위 후 광주에 특파원을 파견했던 조선학생과학연구회나 조선학생전위동맹 등이 진상을 알리는 격문을 준비했지만 동조 시위까지는 힘들지 않겠느냐는 것이 그때까지 서울의 분위기였다. 그러나 2차 시위 소식은 상황을 단번에 바꿔놓았다. 식민 당국의 탄압에도 굴하지 않고 광주의 학생들이 또다시 궐기함으로써 서울의 학생들에게 행동 의지를 크게 북돋았다.

서울의 학생들이 시위운동에 나서기까지 결정적인 역할을 한 사람이 있었다. 바로 11월 16일 광주를 탈출하여 서울로 잠입한 장석천이었다. 그는 우선 신간회 본부를 방문하여 광주의 상황을 보고하고 신간회의 행동을 촉구했다. 운동을 전국적이고 전 민족적인 항쟁으로 발전시키자면 신간회의 역할이 가장 중요했기 때문이다. 또한 장석천은 지역 청년회의 상급단체인 조선청년총동맹의 활동가들과도 긴밀히 접촉하여 운동을 확산할 방안을 논의했다. 청년총동맹의 일부 간부들은 시위운동에 회의적이었지만 장석천은 황태성黃泰成(1906~1963)과 같은 젊은 활동가들을 설득하여 청년총동맹이 시위운동에 적극적으로 나서도록 종용했다.

청년총동맹이 가세하자 준비는 일사천리로 진행되었다. 청년총동맹이 책임지고 격문을 인쇄·배포하고, 장석천과 황태성이 직접 학생들을 설득하기로 했다. 장석천은 체포 직전까지 청년총동맹과 연계되어 있던 학생 활동가들을 일일이 찾아다니며 광주의 진상을 알리고 시위 참여를 촉구했다. 장석천과 황태성 등의 노력으로 서울 학생들은 탄압에 대한 두려움을 떨치고 시위를 조직하기 시작했다. 광주 학생들의 희생을 더 이상 방관할 수 없다고 인식한 것이다.

지난 5일 시내 청운동 제2고등보통학교 3, 4학년생 300명이 "광주 학생이 석방될 때까지 공부를 할 수 없다"는 조건 아래 동맹 휴학을 시작하자 6일에는 중동학교, 7일에는 제1고등보통학교 등이 일제히 동맹 휴학을 하고, 9일에 이르러는 시내 관사립고등보통학교가 전부 일어나게 되어 경성 시내에는 처참한 살풍경이 연출되었다. 9일 오전 9시 반경 경신학교 생도 300여 명이 조회시간에 광주학생 사건에 대한 격렬한 연설을 한 후 일제히 만세를 고창하고 기마경관대의 경계선을 돌파하며 길거리로 뛰어나와 창경원 앞을 지나 혜화동에 있는 남대문상업학교 문전에 이르러 만세를 부르고 동교 학생을 유출했으나 교문이 잠겨서 동교 학생들이 나오지 못하고 문 안에서 통곡하는 것을 보고 경신학교 생도는 역시 만세를 부르며 시위 행렬로 나오는 보성고등보통학교 400여 명과 합세하여 숭이동 방면에서 일대 시위 행렬을 하다가 검속하려는 경관대와 충돌이 생겨 일부 격투까지 연출하게 되었다.

– 《동아일보》, 1929년 12월 28일

조선청년총동맹과 조선학생전위동맹이 준비한 격문은 12월 초부터 서울의 학생들에게 비밀리에 배포되었고, 각 학교의 독서회들은 동맹 휴학과 시위운동을 준비했다. 12월 5일, 제2고등보통학교가 맨 처음 행동에 나섰다. 이후 중동학교와 제1고등보통학교 등 서울 시내 학교들이 뒤따라 동맹 휴학에 들어갔다. 서울 시내 학교들의 동맹휴학운동은 12월 9일 대규모 연합 시위로 발전했다. 이날 시위에는 경신학교와 보성고보 외에도 중앙고보와 휘문고보 등 주요 학교들이 모두 참여했다. 미처 교문 밖으로 나서지 못한 학생들은 학내 농성이나 수업 거부 투쟁을 벌였다.

이날 오후 서울 거리는 시위 학생들을 압송하는 경찰차와 소방차의 행렬 탓에 몹시 소란스러웠다. 놀란 눈으로 상황을 지켜본 시민들은 걱정과 안타까움에 발을 동동 굴렀다. 못내 분을 삭이지 못한 이들은 강압적으로 행인들을 검문하는 경찰들을 꾸짖기도 했다. 일제 경찰은 9일 하루 동안 1,200명을 검거했고, 유치장에 미처 다 수용하지 못하자 회의실 등 경찰서 곳곳을 유치장으로 사용했다. 경찰 당국이 모지게 탄압했지만 학생들은 동맹 휴학과 시위운동을 좀처럼 멈추지 않았다. 결국 일제 당국은 12월 13일 조기방학을 단행했다.

한편 학생들의 항거를 사회 각 부문으로 확산하고 거족적인 항일투쟁으로 발전시키려는 노력도 진행되었다. 그 중심에 신간회가 있었다. 신간회는 광주 현지 조사 이후 대책을 논의하고 비판 연설회 등을 계획했다. 그러나 일제가 공개적이고 대중적인 행사를 허용할 리 만무했다. 일제는 온갖 수단을 동원하여 신간회의 연설회 계획을 무산시켰다. 장석천이 상경하여 서울 시위를 준비하고 있음을 알렸지만 신간회의 대응은 매우 굼떴다. 신간회 중앙 간부들은 어떻게든 합법적인 틀 안에서 운동을 추진하려 했다. 그러나 12월 5일부터 서울에서 동맹 휴학과 시위운동이 시작되자 신간회의 분위기도 급변했다. 허헌의 발의로 신간회는 민중대회를 열기로 했다. 그리고 민중대회가 금지되면 곧바로 전 민족적 시위운동을 벌일 것을 계획했다.

학생들의 연합 시위가 벌어진 이튿날인 12월 10일, 신간회의 주요 간부들이 허헌의 집에 모여 민중대회를 개최하기 위한 구체적인 계획을 짰다. 이 자리에서 신간회 본부는 각 사회단체와 신간회 지회들에 민중대회 참가를 독려하고, 시위운동이 벌어지면 조선·동아 등 언론과 연계하여 우호적인 여론을 조성하기로 했다. 민중대회에서 쓰일 연설문 2만 매는 미리 제작 배포하기로 했다. 민중대회 날짜는 12월 14일이었다.

그러나 식민 당국은 신간회의 움직임을 예의 주시하고 있었다. 그리고 13일 새벽부터 신간회 간부들을 체포했다. 허헌·홍명희洪命熹(1888~1968)·조병옥趙炳玉(1894~1960) 등 주요 간부 수십 명이 모두 검거되었다. 체포를 면한 연설문 인쇄 담당자가 곧바로 각 언론사와 신간회 지회에 격문을 발송하고, 저녁에는 극장에서 단독으로 격문을 살포하고 연설도 시도했으나 그 역시 곧바로 붙잡히고 말았다. 학생시위운동을 사회 전체의 항일투쟁으로 발전시키려던 신간회의 계획은 안타깝게도 무산되었다.

새로운 세대의 등장

경무 당국의 의견은 이번 사건을 주로 학생 간의 사소한 충돌을 이용한 일부 공산주의자 및 기타 불온분자의 선동의 결과로 돌리는 듯하다. 이야말로 이 사건에 대한 근본적으로 오류된 해석일뿐더러 조선 민족의 사상 감정을 근본적으로 오해하는 것이라고 아니할 수 없다. 그 원인은 곧 조선이라는 토지 내에 성립된 부자연한 양 민족의 주객전도적인 관계다. 일본인은 조선인에 대하여 치자적治者的·정복적 우월감을 가질 때 조선인은 조선에 있어서는 자기가 주인이라는 확고한 전통적 신념을 가지어 일본인의 우월적·모멸적인 언동에 대하여는 조선인이 아니고는 이해할 수 없는 심각한 불만을 느끼는 것이다. 사건의 발단이 이러한 민족 감정의 일폭발에 있는데다가 그 화염에 시柴를 투投한 결과가 된 것은 검찰 당국에서 일본인 학생은 석방하고 조선인 학생을 다수로 검거한 사실이다. 이에 학생과 조선 측 민중은 경악하지 아니치 못한 것이다.

— 사설, 《동아일보》, 1929년 12월 29일

광주학생운동은 12월 서울의 학생시위로 그치지 않고 전국은 물론 만저우·일본·상하이·옌하이저우 등 해외에까지 번졌다. 이렇듯 광주학생운동이 전 민족적 운동으로 발전한 것은 위의 사설이 지적하듯이 민족적 차별을 야기하는 일제의 식민통치에 대해 민족 전체가 공분했기 때문이다. 광주학생운동의 원인은 일제 식민통치의 실정 그 자체에 있었다. 그러나 일제 식민 당국은 잘못을 인정하지 않았다. 오히려 그들은 한국 민족에 대한 탄압을 더욱 강화하면서 책임을 전가할 대상을 만들어냈다. 바로 1926년에 이미 해체되고 없었던 성진회였다.

일제 치안 당국은 장재성과 장석천 등 광주학생운동의 주역들을 비밀결사 '성진회 사건'으로 옭아 넣었다. 일제는 성진회를 "사유재산제도를 부인하고 공산제 사회의 실현"을 목적으로 하는 공산주의 비밀결사로 규정했다. 그리고 성진회를 대규모 공산주의 조직 사건으로 키우기 위해 광주의 청년 활동가들과 과거 독서회에 참여했던 이들을 사건에 연루시켰고, 이미 별다른 활동을 하지 않았던 과거의 성진회원들까지 모두 체포했다. 성진회 사건이라 명명되었음에도 성진회와 관련된 사람보다 관련 없는 사람이 더 많았고, 광주학생운동의 불온한 배후로 지목되었음에도 광주학생운동에 참여한 사람보다 참여하지 않은 사람이 더 많았던 이유가 바로 여기 있었다.

광주학생운동은 일제의 강경 대응으로 수많은 학생 희생자를 남기고 끝났다. 하지만 광주학생운동을 경험한 세대의 정치적 성장은 모든 희생을 보상할 만큼 컸다. 광주학생운동 이후 세대는 군국주의로 빠져든 일제의 서슬 퍼런 침략 정책 앞에서도 주눅 들지 않고 투쟁을 계속했다. 그들은 광주학생운동으로 고양된 정치의식을 바탕으로 노동·농민운동으로 대표되는 1930년대 대중운동에 거침없이 뛰어들었다.

일제가 자행한 상상도 할 수 없는 폭력과 억압도 정치적으로 각성한 젊은이들을 모두 막지는 못했다. 그 각성의 중심에 광주학생운동과 성진회, 각 학교 독서회, 독서회 중앙부가 있었음은 물론이다.

보통학생도 동맹 휴학을 했다?

1920년대 학생운동이 민족운동의 중심으로 등장할 수 있었던 이유는 무엇일까? 그것은 학생 수의 급격한 증가에서 비롯했다. 3 · 1운동 이후 민족의식의 성장과 이로 인한 교육열의 고조로 학생 세력이 양적으로 크게 신장되었던 것이다.

그런데 학생 수의 급격한 증가는 여러 문제를 양산했다. 학생 수는 늘었지만 학교의 학생 수용 능력이나 시설은 크게 나아지지 않았고, 민족교육에 대한 요구는 날로 높아졌지만 식민지 동화교육에 바탕을 둔 일제의 식민지 차별 교육은 변함 없었기 때문이다.

학생들은 등교 · 수업 거부 등의 집단행동 동맹 휴학을 통해 교육 설비의 개선과 교육 기회의 확대, 무능 또는 부적격 교원에 대한 배척, 식민지 노예 교육의 철폐, 한국인 본위의 교육 실시 등을 주장하며 식민지의 열악한 교육 현실을 바꾸고자 했다. 동맹 휴학은 유행처럼 번져 1920년대 학생운동의 가장 일반적인 투쟁 형태가 되었다.

믿기 힘들겠지만 1921년부터 1928년까지 전국에서 일어난 동맹 휴학 400여 건 중 190여 건이 오늘날 초등학교에 해당하는 보통학교에서 발생했다. 당시 입학난과 생활난 등으로 제 나이에 취학하는 아동이 별로 없었다는 사실을 고려한다고 해도 놀라운 일이다. 보통학생들이 동맹 휴학에 나서야 할 정도로 이 시기 일제의 교육정책에 문제가 많았음을 반증하기 때문이다. 광주학생운동이 전국적으로 확산될 때 동조 시위에 참가한 194개교 중 54개교가 보통학교였다.

동맹 휴학이 발생한 주요 원인을 살펴보면 일본인 교원들의 민족적 차별이나 모멸적 언사, 한국인 교원들의 자질 및 지식 부족 등 교원 문제가 다수를 차지했다. 한국어·한국사·한국 지리를 제대로 교육하지 않는 일제의 교육정책이나 만성적인 교실 부족 등 일본인 학교에 비해 극도로 열악한 시설도 동맹 휴학의 주요 원인이었다. 학생들은 교사들의 민족적 차별과 자질 부족, 민족 차별적 교육 내용, 열악한 교육 시설에 항거하여 나이 어린 보통학생부터 고등보통학생까지 동맹 휴학을 조직했다.

　6·10만세운동 이후 동맹 휴학은 정치적 성격을 띠었다. 노예 교육의 철폐·한국사의 교수·교내에서의 한국어 사용·학생회의 자치 허용·언론과 집회의 자유 등 정치적인 문제들이 적극적으로 제기되었다. 6·10만세운동 이후 학생들의 역량이 크게 확대되고, 신간회 등을 통해 민족운동의 기반이 넓어졌으며, 사회주의운동의 영향으로 학생운동이 조직화되면서 일어난 변화였다. 그 결과 동맹 휴학은 점차 조직화·장기화했고, 학교 담장을 뛰어넘어 지역별 연대 투쟁으로 확대되었다. 광주학생운동은 이런 동맹휴학투쟁의 정점에 자리하여 한·일 학생 간의 우연한 폭력 사건이 광주 지역의 연대 투쟁 단계를 거쳐 전국적인 민족운동으로 번져나갔다.

7

×

한국인 공산주의자,
만저우의 전설이 되다

| 조국광복회 |

1. 한국 민족의 총동원으로 광범한 반일통일전선을 실현함으로써
강도 일본 제국주의의 통치를 전복하고 진정한 조선이 독립적 인민정부를 수립할 것.
2. 한·중 민족의 친밀한 연합으로써 일본 및 그 주구 만주국을 전복하고
중·한 인민이 자기가 선거한 혁명정부를 창설하여
중국 영토 안에 거주하는 조선인의 진정한 가치를 실현할 것.

– 재만한인조국광복회 10대 강령

보천보 게릴라 작전

함남경찰부에 의하면 지난 4일 오후 11시 30분경 김일성 일파와 최현 일파 300
여 명은 국경 대안인 혜산진에서 동북으로 22킬로 지점에 있는 보천보普天堡에
나타나 보통학교·우편소·면사무소·소방서 등을 습격하고 방화를 하여 그중
우편소와 면사무소는 전소되었다는 바, 그 통에 그들은 한 명을 사살하고 도주했
다. 이 급보를 접한 함남경찰부에서는 북촌北村 고등과장이 부원 수십 명을 대동
하고 금야 11시에 현장으로 출동하리라 하는 바, 아직 쌍방의 자세한 사상자는
판명되지 않았다 한다.

– 《동아일보》, 1937년 6월 5일 호외

1937년 6월 5일 《동아일보》를 비롯한 국내 언론들은 일제히 보천보사건
을 보도했다. 보도에 따르면 보천보사건은 만저우의 무장공비 김일성金日成
(1912~1994) 부대와 최현崔賢(1907~1982) 부대의 소행으로 알려졌다. 그들
은 경기관총과 각종 무기로 무장한 공산 게릴라들로, 1936년부터 만저우
창바이현(長白縣)의 밀림지대를 중심으로 신출귀몰하며 '약탈과 방화'를 일
삼았다. 공산 게릴라들은 6월 4일 야음을 틈타 뗏목을 타고 압록강을 건너
보천보로 침투했다. 그들은 전화선을 절단하여 외부와의 연락을 차단한 후
경찰관 주재소와 면사무소 등 주요 관공서를 습격했다. 그들은 '북조선파

견대' 명의로 작성된 선전용 삐라를 배포하고 침투한 지 약 한 시간 만에 압록강 너머로 사라졌다.

일제 공안 당국은 혜산경찰서 소속 경관을 중심으로 추격 부대를 꾸려 긴급히 게릴라들의 뒤를 쫓았다. 하지만 너무 서둘렀던 것일까? 추격 부대는 창바이현 23도구에서 김일성 부대와 맞닥뜨렸지만 오히려 궤멸적 타격을 입고 후퇴하고 말았다. 총 병력 서른한 명 가운데 경관 일곱 명이 그 자리에서 즉사하고 열네 명이 중상을 입었다. 일제는 수비대와 헌병대를 동원하여 재추격했지만 게릴라들은 이미 송적을 감춘 뒤였다.

보천보사건은 국내외에 큰 반향을 불러일으켰다. 게릴라 부대의 과감한 국내 침투 작전도 놀라웠지만 일제의 추격을 유유히 따돌리고 도주한 것이 더 충격적이었다. 이 사건으로 일제 공안 당국은 자존심에 깊은 상처를 입었다.

공안 당국이 추격에 실패하면서 게릴라 부대의 재침입에 대한 '공포'는 점차 확산되었다. 언론들은 국경 지방의 불안한 민심을 전하는 한편, 연일 게릴라 부대의 '활약상'을 기사화하며 공포를 재생산하는 데 일조했다. 물론 이것은 일제 당국과 일부 한국인들에게는 공포였겠지만 일제의 폭압적 통치에 신음하던 한국인 대부분에게는 기쁨과 희열 그 자체였다.

김일성과 최현의 부대로 알려진 공산 게릴라들은 과연 어떤 이들이었을까? 당시 보도에 의하면 이들은 확실한 조직 계통과 실력은 알 수 없으나 현대식 군대 편제에 교묘한 전법과 전술을 구사하는 공산 게릴라 부대로 알려졌다. 이들은 만저우의 창바이현과 안투현(安圖縣)에서 체계적으로 훈련받은 무장부대로, 인원은 대략 수천 명에 달할 것으로 추측되었다.

공산 게릴라 부대에 대한 기사들은 대부분 부정확한 정보에 근거하여 보도되었지만 게릴라 부대에 대한 신화를 탄생시키기에 충분했다. 신화는 공포와 희열 그 어디쯤에서 만들어졌다. 1937년 6월 전 한국을 공포와 희열에 빠뜨린 공산 게릴라 부대, 그들은 어떤 존재였을까?

만저우의 한국인 공산주의자들

만저우는 일찍부터 해외 독립운동의 근거지로 각광받았다. 지리적으로 한국과 접하는데다 개항 이전부터 만들어진 대규모 한국인 사회가 독립운동의 기반이 되었기 때문이다. 이런 이유로 공산주의자들도 일찌감치 만저우에 진출하여 조선공산당 지부를 건설하고 한국의 혁명을 꿈꿨다. 그 결과물이 바로 1926년 5월에 만들어진 조선공산당 만주총국이었다. 조선공산당 만주총국은 조선공산당 전권위원 조봉암을 중심으로 화요파와 상해파 공산주의자들이 연합한 조선공산당의 만저우 지부였다. 그러나 이 조직의 생명은 길지 않았다. 1927년 10월 제1차 간도공산당검거사건으로 조직 전체가 붕괴되었기 때문이다. 조직이 해체되고 그 뒤를 이은 것은 화요파 · ML파 · 서상파로 각각 분열된 만주총국이었다. 한국 공산주의운동의 고질적 병폐인 분파주의가 만저우에서도 나타났던 것이다. 각 파벌은 만주총국의 정통성을 두고 극심한 파벌 싸움에 빠져들었다.

코민테른이 3파의 파벌 싸움에 제동을 걸었다. 코민테른은 일국일당주의 원칙을 내세워 만저우의 한국인 공산주의자들에게 3파의 만주총국을 모두 해체하고 중국공산당에 입당하라고 지시했다. 만저우의 한국인 공산주의자들은 혼란에 빠졌다. 중국공산당에 들어가 중국의 혁명운동에 복무하라는 코민테른의 지시는 더 이상 한국의 혁명에 직접 관여하지 말라는 말과 같았기 때문이다.

한국인 공산주의자 대부분은 중국공산당에 입당했다. 코민테른의 지도는 당시 국제공산주의운동에서 절대적인 명령이었다. 한국인 공산주의자들은 한국의 독립을 포기했다는 비난을 받았지만 그들은 결코 조국의 독립과 해방을 포기하지 않았다. 한국의 독립과 해방은 그들에게 결코 포기할 수 없는 목표이자 존재의 이유였다. 한국인 공산주의자들은 중국공산당 입당과 함께 스스로를 '이중의 사명'을 가진 공산주의자로 규정했다. 이중의 사명이란 중국과 한국의 혁명이었다. 중국 혁명의 성공을 바탕으로 한국의 독립과 해방도 쟁취하겠다는 것이었다.

1930년 3월 ML파 만주총국의 해체 선언을 시작으로 한국인 공산주의자들은 중국공산당에 입당했다. 화요파와 서상파도 자파의 만주총국을 해산하고 뒤를 이었다. 하지만 그들의 중국공산당 입당은 개인 자격으로만 이루어졌다. 중국공산당이 한국인 공산주의자들의 파벌 경향을 문제 삼아 개인 자격의 입당만 허용했기 때문이다. 이와 함께 중국공산당은 입당 조건으로 1930년 이른바 '붉은 5월 투쟁'이라 명명한 '간도 5·30봉기'에서 열렬한 선구적 투쟁을 보여달라고 요구했다. 이것은 한국과 만저우를 오가며 혁명운동에 투신했던 한국인들에게 지극히 부당한 대우였지만 중국공산당의 요구를 모두 감내할 수밖에 없었다. 한국인 공산주의자들은 코민테른의 명령과 파벌주의라는 약점에 발목 잡혀 있었다.

1930년 8월을 전후하여 한국인 공산주의자들은 모두 중국공산당에 입당했다. 이로써 중국공산당 만주성위원회(이하 만주성위)는 그동안 지지부진했던 성과에서 벗어나 크게 조직을 확대할 수 있었다. 1929년 120여 명에 불과했던 당원 수는 한국인들이 입당한 후 1,100여 명에 달할 정도로 중국공산당은 거대 조직으로 탈바꿈했다. 그중 한국인이 95퍼센트에 달했다. 만저우의 중국공산당은 한국인 당원이 거의 대부분을 차지하게 된 것이다. 그런데 그 즈음 만저우의 정세가 급변했다. 1931년 9월 18일 일제가 '만주사변'을 일으킨 것이다. 일제는 동북군벌 장학량張學良 정권을 무너뜨리고 괴뢰국가 만주국을 내세우며 순식간에 만저우를 장악했다.

일제의 침략에 중국인들은 분노했다. 그들은 곳곳에서 의용군을 조직하여 일제에 맞섰다. 중국공산당도 그 대열에 합류했다. 중국공산당 만주성위는 일제의 침략에 맞서 싸울 것을 결의하고 만저우 전역에 공산 유격대를 조직했다. 만저우 중국공산당의 대다수를 점한 한국인 공산주의자들이 공산 유격대의 중심 역할을 담당한 것은 당연한 결과였다. 이 유격대들이 바로 1937년 보천보 전투를 이끌었던 공산 게릴라 부대의 기원이다.

민생단사건

1932년 10월의 어느 날, 동만저우(젠다오) 옌지현(延吉縣)의 공산 유격대 중 하나인 노두구유격대는 근거지 근처에서 정찰 중이던 일본 헌병 두 명과 통역원 한 명을 발견했다. 이는 산중 오지에 자리한 유격대의 근거지가 노출되었다는 뜻이었다. 유격대는 곧바로 일본 헌병을 사살하고 통역원을 사로잡아 심문했다. 그 결과 놀라운 사실이 밝혀졌다. 만주성위 동만특별위원회(이하 동만특위東滿特委) 산하 노두구 구위원회의 비서로 일하던 송영감(한국인)이라는 자가 지난 8월 일본 헌병에 검거된 후 변절한 사실이 드러났던 것이다. 그는 일제로부터 노두구 구위원회 내에 '민생단'이란 간첩 조직을 만들어 유격대를 파괴하라는 임무를 부여받고 돌아왔다. 유격대의 근거지를 발설한 것도 바로 그였다. 유격대는 곧바로 송영감을 체포하여 심문했다. 그 결과 송영감은 노두구유격대 대장 박동근朴東根을 비롯하여 연길현위원회 주요 간부 20여 명이 민생단원이라는 놀라운 사실을 털어놓았다. 동만특위의 서기 동장잉(董長榮)은 즉시 송영감 사건의 전말을 옌지·허룽(和龍)·왕청(望城)·훈춘(琿春) 등 젠다오 4현에 알리고 민생단을 색출하라고 지시했다.(한홍구,『상처받은 민족주의』, 1999) 이것이 바로 민생단 사건의 시작이었다.

민생단은 본래 1932년 2월 지린성 룽징(龍井)에서 친일파 조병상曹秉相·박석윤朴錫胤·김동한金東漢 등이 '젠다오 한국인의 자치'를 주장하며 결성한 친일단체였다. 일제 당국에 한국인의 공민권 획득과 특별자치구 설치 등을 청원하며 젠다오 지방의 자치운동을 주도했다. 또한 순회강연대를 조직하여 일본군의 만저우 침략과 지배를 옹호·선전하고, 무장 자위대를 조직하여 항일 무장 세력에 맞서는 등 노골적인 친일 활동을 펼쳤다. 하지만 민생단의 생명은 길지 않았다. 얼마 지나지 않아 일제 당국이 민생단에 대한 지원을 중단했기 때문이다. 일제 당국은 한국인들의 자치를 전혀 용납할 생각이 없었을 뿐 아니라 자치운동이 오히려 한국인들의 독립운동으로 변모할까 우려했다. 결국 일제 당국의 지원을 받지 못한 민생단은 결성 5개월 만에 자동 해체되었다.

그런데 민생단이 송영감 사건과 함께 부활했다. 일제가 민생단이라는 이름으로 간첩 조직을 운영한 사실이 밝혀졌기 때문이다. 그리고 이내 젠다오 전체를 뒤흔드는 대사건으로 발전했다. 반경유潘慶由(한국인) 살해사건이 기폭제가 되었다.

1933년 6월 만주성위 순시원 반경유가 젠다오에 도착했다. '1월 서한'을 전하기 위해서였다. 1월 서한에는 기존의 좌경 노선을 완화하는 중국공산당의 새 방침이 담겨 있었다. 그런데 순시원 반경유와 동만특위 서기 동장잉은 새 방침을 적용하는 과정에서 좌경 노선의 책임을 모두 현위원회 간부들에게 전가했다. 당 중앙의 명령에 따라 좌경 노선을 실행한 죄밖에 없었던 현위원회 간부들은 크게 반발했다.

하지만 당내 반발은 반경유와 동장잉이 주도한 살벌한 숙청 분위기에 이내 묻히고 말았다. 그들은 젠다오 4현을 순시하며 간부회의를 소집하여 간부들의 책임을 따졌다. 그런데 훈춘현위원회의 서기 서광徐光이 끝까지 회의석상에 나타나지 않았다. 분노한 반경유와 동장잉은 서광이 일본군의 토벌 과정에서 일본 영사관에 투항한 것이라고 판단했다. 그들은 "일제의 주구들이 파쟁 분자의 모자를 쓰고 당에 들어와 당을 파괴해왔다"면서 서광을 일제의 주구로 단정하고 당적을 박탈했다.

서광이 나타나지 않자 모든 책임은 훈춘현유격대의 정치위원 박두남朴斗南에게 씌워졌다. 박두남은 해임과 동시에 당에서 제명되었다. ML파 출신이었던 그는 '파벌 투쟁의 우두머리'이자 일제의 주구라는 혐의를 받았다. 자신에게 온갖 비난과 질책이 쏟아지고 일본의 주구라는 혐의까지 받자 박두남은 생명의 위협을 느꼈다. 결국 그는 "네가 나를 죽이려 한다면 내가 먼저 너를 죽이겠다"며 반경유를 살해하고 도주했다.

서광이 회의에 불참한 이유는 나중에야 밝혀졌다. 그는 회의에 참석하러 오는 길에 일본군의 토벌에 걸려 사살되었던 것이다. 하지만 진실이 밝혀진 후에도 달라질 것은 없었다. 이미 박두남은 당 상급간부 반경유를 살해하는 해당 행위를 저질렀고, 도주 후 일본 영사관에 투항하여 유격대를 토

벌하는 토벌대의 대장이 되었기 때문이다. 그는 결국 진짜 일본의 주구가
되었다.

반경유 살해사건으로 동만특위는 충격에 빠졌다. 파벌 분자이자 일제 주
구의 혐의를 받았던 박두남이 반경유를 살해하자 동만특위의 중국인 공산
주의자들은 한국인 공산주의자 전체를 의심했다. 특히 한국인 공산주의자
들의 과거 경력, 즉 민족주의운동과 파벌주의를 문제 삼았다. 과거 민족주
의운동에 참여한 경력이 있거나 파벌에 속했던 적 있는 한국인들은 모두
일제의 주구나 민생단원으로 의심받았다. 이제 민생단원은 일제의 밀정·
파벌주의자·민족주의자와 동의어가 되었다. 이는 한국인 공산주의자들이
다져온 항일투쟁의 역사 전체를 부정하는 것과 같았다.

동만특위는 젠다오 전체에서 강력한 반민생단투쟁을 펼칠 것을 결의했
다. 곧 젠다오에는 광풍이 거세게 몰아칠 것이었다. 반민생단투쟁이라는
광풍이.

반민생단투쟁 광풍

반민생단투쟁은 비록 막대한 성과를 얻기도 했지만 집행 중에 범한 오류도 적지
않다. 먼저 적들의 반혁명 작용에 대해 과도하게 평가하여 언어상의 잘못된 말이
나 행동상의 부정확함이 조금만 있어도 민생단으로 판정하거나 의심하고 동지
간에 서로 신임하지 못하고 의심을 가중시켜 확실한 증거를 수집하지 않고도 가
볍게 판단을 내렸다. 동시에 자료 수집 방법은 각종 매서운 고문과 체형을 시행
하여 얻은 자백을 증거로 삼는 것에 거의 완전하게 의존했다. 당시의 실제 상황

은 누구든 관계없이 피고문자는 분명하게 민생단이 아니면서도 승인할 수밖에

없어, 그 결과 총살된 500여 명의 민생단 중 실제로 우리의 진짜 좋은 동지도 적

지 않게 피해를 입었다.

– 김일성, 「항일연군 제1로군 약사」, 1942년

젠다오 전역에 불어닥친 반민생단투쟁이라는 광풍은 수많은 한국인 공산주의자들을 벼랑 끝으로 몰아넣었다. 민생단원으로 지목된 사람은 온갖 고문과 구타로 결국 자신이 민생단원임을 자백했고, 고문과 구타를 멈추기 위해 무고한 사람들을 민생단원으로 지목했다. 동만특위는 스스로 민생단과 관련된 어떤 구체적인 자료도 발견되지 않았다고 인정했지만 끝없는 고문과 구타로 수많은 민생단원을 양산해냈다. 숙청 작업을 주도했던 한국인 간부들은 자신의 무고를 증명하기 위해 더욱 가혹한 숙청 작업에 나섰지만 그들 역시 결국 민생단원으로 몰려 숙청당하는 비운을 맞았다.

반민생단투쟁이 가속화하면서 숙청의 범위는 유격대 근거지 내의 일반 한국인들로 확대되었다. 민생단으로 지목되는 이유도 각양각색이었다. 한국인들은 선전 전단을 잘못 인쇄하거나 쌀을 조금 흘려도 민생단원이라고 비판받았다. 일제의 대대적인 토벌작전으로 유격 근거지가 공격당하는 와중에도 민생단 숙청 작업은 멈추지 않았다. 일제의 토벌과 동만특위의 민생단 학살로 근거지의 군중 수는 1933년 2만여 명에서 1934년 봄 4,000~5,000명 수준으로 급감했다.

1934년 3월 민생단 마녀사냥을 주도했던 둥장잉이 일본 토벌대에 사살된 후 민생단 숙청 작업은 잠시 소강 국면을 맞았다. 그러나 만주성위에서 파견한 종즈윈(鍾子云)이 숙청 작업을 재개했다. 종즈윈은 동만특위 산하 유

격구 군중의 70~80퍼센트가 민생단이라 주장하며, 체포할 사람은 체포하고 제명할 사람은 제명하고 총을 멜 사람이 없을 때는 총을 땅에 묻더라도 민생단 숙청을 위해 잔혹한 투쟁을 계속해야 한다고 강조했다. 참으로 어처구니없는 말이었지만 서슬 푸른 마녀사냥의 와중에 숙청을 멈출 수 있는 이는 아무도 없었다.

1935년 2월 동만특위는 대황외회의를 통해 조직을 개편하고 만주성위에서 파견한 웨이증민(魏拯民)을 새 서기로 임명했다. 웨이증민은 숙반위원회를 만들어 민생단 문제를 전담시켰다. 그런데 숙반위원회의 최초 희생자는 아이러니하게도 위원장 송일(宋一)이었다. 1934년 김동한을 중심으로 조직된 일제의 특무조직 간도협조회의 공작 때문이었다. 어느 날 간도협조회의 밀정이 유격 근거지에 잠입하여 간도협조회 김동한 회장이 송일에게 보내는 편지를 떨어뜨리고 갔는데, 그 편지에 송일이 마치 민생단원인 것처럼 씌어 있었던 것이다. 송일은 이 편지가 결정적 증거가 되어 처형되었다.

"과연 민생단이란 현실에 존재하지 않는 환영이던가."

송일이 남긴 마지막 말이다. 민생단 숙청에 누구보다 앞장섰던 그 역시 민생단의 망령을 피하지 못했다.

민생단 숙청 작업은 계속되었다. 하지만 극단적인 반민생단투쟁이 계속되었음에도 민생단의 숫자는 전혀 줄지 않았다. 반민생단투쟁은 하면 할수록 민생단을 양산시켰다. 그러자 중국인 공산주의자들 가운데 반민생단투쟁의 효과를 의심하는 사람들이 나타나기 시작했다. 길동특별위원회(이하 길동특위)의 서기 우핑(吳平)이 대표 인물이다. 한국인 공산주의자들 중에도 반민생단투쟁의 문제점을 지적하는 사람들이 나타났다. 김일성이 대표 인물이었다.

김일성의 등장

후리후리한 키, 우락부락한 말소리. 음성을 보아 고향은 평안도인 듯. 예상보다 젊은 혈기왕성한 삼십 미만의 청년. 그는 만주어에 정통, 어디까지 대장이란 표적이 없고 복장·음식에까지 부하들과 한가지로 기거를 같이하며 감고甘苦를 같이하는데, 그 감화력과 포용력이 있는 듯하게 보였다.

– 〈국경의 비적수괴 김일성 회견기〉, 《삼천리》, 1937년 10월호

김일성은 1931년 중국공산당에 입당했다. 이때 그의 나이 20세였다. 이듬해 그는 통일전선의 임무를 띠고 민족주의 계열 우이청(吳義成) 부대 산하의 구국군에서 활동했다. 그가 공산 유격대로 복귀한 것은 1933년 2월 동만특위의 왕청유격대에 참가하면서다. 그해 6월에는 왕청유격대의 정치위원으로 발탁되었다. 그리고 그해 9월 둥닝현성(東寧縣城) 진공 전투에 참여하여 구국군 슈종형(史忠恒) 부대를 구출하는 등 큰 활약을 펼쳤다.(신주백, 「김일성의 만주항일유격운동에 대한 연구」, 1994)

하지만 김일성도 반민생단투쟁의 광풍을 피하지 못했다. 그는 민생단원으로 몰려 정치위원 직에서 해임되고 곧바로 투옥되었다. 그러나 감옥 생활은 길지 않았다. 그가 금세 풀려날 수 있었던 이유는 구국군과의 친밀한 관계 덕이었다. 동만특위는 중국공산당의 중요한 통일전선 대상인 구국군과의 관계를 고려할 수밖에 없었기 때문에 구국군이 반대하는 투옥이나 처형은 강행하지 못했다.

1934년 6월 김일성은 동만의 유격대를 통합한 동북인민혁명군東北人民革命軍 제2군이 저우바오중(周保中)의 수녕반일동맹군 그리고 구국군과 함께 나

자구전투에 참가할 때 지휘부의 일원으로 복귀했다. 9월에는 동북인민혁명군 제2군 3단 참모장으로 임명되었는데, 이는 그가 일단 민생단이라는 혐의에서 어느 정도 벗어났음을 의미했다. 곧이어 김일성은 저우바오중의 요청으로 북만 원정에 참여하기 위해 동만을 떠났고, 당분간 동만특위의 반민생단투쟁에서 자유로워졌다. 하지만 이것으로는 충분치 않았다. 반민생단투쟁은 언제 어디서 다시 불어올지 모르는 광풍이었다. 누군가가 나서서 이 광풍을 끊어놓지 않는다면 언제고 다시 자신을 향해 불어올 터였다.

1935년 1월 김일성은 북만 원정 길에 동만특위의 상급단체인 길동특위 책임자 우핑을 만났다. 그는 우핑에게 동만특위의 반민생단투쟁을 둘러싼 문제점을 상세히 제기했다. 우핑은 동만특위의 보고와 김일성과의 담화를 바탕으로 동만특위에 보내는 편지를 작성했다. 여기서 그는 한국인 공산주의자들이 한국의 혁명을 위해 투쟁할 권리가 있음을 중국공산당이 인정해야 한다고 설파했다. 이를 바탕으로 그는 중국공산당이 한국의 독립을 중심 구호로 삼아 한·중 공동 투쟁에 나서야 한다고 주장했다. 민생단 문제를 해결하기 위해서는 한국 민중이 민생단의 유혹에서 벗어날 수 있도록 한국인들이 공감하는 정책을 적극 시행해야 한다고 덧붙였다. 이는 한국의 독립과 혁명을 언급하기만 해도 민족주의자라 비판하며 민생단으로 몰던 동만특위의 반민생단투쟁에 중대한 변화를 가져올 수 있는 획기적인 인식의 전환이었다.

김일성은 우핑과 만난 이후 급히 동만으로 돌아왔다. 그리고 우핑과 저우바오중의 지원을 배경으로 1935년 2월 개최된 대황외회의에서 반민생단투쟁의 문제점을 제기했다. 마녀사냥을 끝내기 위한 최초의 문제 제기였다. 하지만 대황외회의의 결론은 예전과 크게 다르지 않았다. 동만특위는 아직 우펑과 김일성의 문제 제기를 적극적으로 수용할 준비가 되어 있지 않았던 것이다. 그러나 미약하나마 동만특위 내에도 변화의 기운이 감지되었다. 동만특위는 소수민족 문제를 언급하면서 한국인 공산주의자들이 중국공산당에 입당할 당시 확인했던 원칙, 즉 중국공산당이 한국의 독립을 돕는다는 원칙을 재확인했던 것이다. 과거와 달리 민생단 문제를 제기한 김일성에게 아무런 제재도 가하지 않았다는 점, 그리고 오히려 김일성을 동북인민혁명군 제2군 3단 정치위원으로 임명했다는 점도 변화의 징표였다.

새로운 방침

1936년 2월 코민테른 중국 대표부로 소환되었던 동만특위 서기 웨이증민이 돌아왔다. 그는 1935년 7월 코민테른 7차 대회 직전에 동만특위의 상황을 보고하기 위해 모스크바에 소환되었다. 동만으로 귀환하면서 그는 코민테른 중국 대표부가 만주성위에 보내는 새로운 방침을 가져왔다. 이것은 코민테른 7차 대회에서 결정된 반파쇼 인민전선전술을 반영한 새 방침으로, 여기에는 한국 혁명에 관한 내용도 포함되어 있었다.

한·중 민족이 연합하여 일만통치를 뒤엎고 간도한인민족자치구 건립을 주장할 것, 동북인민혁명군을 한·중 항일연군으로 개편하고 동만에 단독으로 한국민족혁명군을 조직하여 한국 내에서 유격전을 펼침으로써 한국의 독립을 쟁취할 것, 한국의 독립을 쟁취하기 위해 한국민족혁명당을 조직할 것, 한국인 단독의 당 소조 및 당 지부의 조직을 가능하게 할 것 등이 그 내용이었다.

이것은 중대한 변화였다. 새 방침은 한국인 공산주의자들에게 한·중 민족의 연합을 바탕으로 독자적인 당과 부대를 조직하여 한국의 독립을 위해 싸울 것을 지시했기 때문이다. 이는 한국인 공산주의자들의 항일투쟁을 모두 부정하고 그들 대부분을 숙청 대상으로만 바라보던 반민생단투쟁의 논리를 전면 부정하는 것이었다. 비록 새 방침에는 반민생단투쟁에 관한 직접적인 언급은 없었지만 이제 반민생단투쟁을 계속할 명분은 그 어디에도 없었다. 웨이증민이 돌아와 새 방침을 전달한 후 더 이상의 반민생단투쟁이 없었던 것은 그래서였다. 3년여에 걸쳐 최소 500여 명, 최대 1,000여 명 이상의 희생자를 낸 민생단사건은 이렇게 허무하게 종결되었다.

하지만 민생단사건의 폐해는 단지 인적 손실에만 그치지 않았다. 반민생단투쟁이 계속되는 동안 중국인과 한국인 사이에 형성된 불신의 벽은 더 이상 어떤 공동 투쟁도 불가능할 만큼 심각했기 때문이다. 반민생단투쟁이 진행되는 동안 중국인 공산주의자들은 일정 지위 이상에는 한국인을 등용하지 않았고, 한국인들은 새롭게 등용된 중국인 간부들을 신임하지 않았다. 양자의 관계는 거의 파탄 지경에 다다라 있었다.

코민테른 중국 대표부는 동북인민혁명군 제2군을 재편하여 한국인과 중국인의 갈등을 봉합하고자 했다. 그들은 제2군을 중국인과 한국인의 부대로 나누어 편성하고, 한국인 부대에는 한·중 국경 지역에 근거지를 마련하여 한국을 오가며 해방투쟁을 전개할 것을 지시했다.

하지만 김일성은 한국인만으로 부대를 조직하는 데 반대했다. 중국 땅에서 싸우는 형편에 한국인만으로 부대를 정비하면 더 이상 중국 인민들의 지지와 도움을 받기 힘들다고 생각했다. 또한 동만의 부대에서 한국인이 차지하는 비중이 워낙 높기 때문에 한국인만으로 부대를 구성할 경우 동만의 중국인 부대들이 조직적으로 붕괴할 위험이 커 결국 한·중 부대 양측의 역량 손실로 이어질 가능성이 높다고 보았다.

1936년 3월 안투현 미혼진의 밀영에 동만특위의 주요 지도자들이 모여들었다. 코민테른 중국 대표부의 새 방침을 동만에 적용하기 위한 회의였다. 이 자리에서 동만특위는 동북인민혁명군을 동북항일연군東北抗日聯軍으로 재편성했다. 동북항일연군이란 항일투쟁에 나서는 모든 계급의 연합부대이자 피압박 민족의 연합부대를 의미했다. 이로써 동북인민혁명군 제2군은 동북항일연군 제2군으로 개편되었다. 제2군은 사단 셋과 독립여단 하나로 구성되었다.

제2군의 모든 부대는 김일성의 주장대로 한국인과 중국인의 연합부대로 조직되었다. 제2군 내 한국인들은 한국의 혁명을 위해 복무할 권리를 그대로 인정받았다. 김일성은 3사의 사장이 되었다. 그는 3사의 병력을 구성할 때 푸쑹현(撫松縣) 마안산(馬鞍山)에 갇혀 있던 민생단 혐의자 100여 명을 중심 병력으로 삼았다. 민생단 혐의에서 가까스로 풀려난 그들이 이후 얼마나 열심히 항일투쟁에 임했을지는 상상하기 어렵지 않다. 이로써 김일성 부대는 2군 내에서 가장 강력한 부대가 되었고, 김일성 역시 2군 내에서 가장 앞서가는 한국인 지도자가 되었다.

김일성의 3사는 독립투쟁에서 중심 역할을 담당했다. 이제 그들은 민생단사건에서 비롯된 한·중 민족 갈등을 극복하고, 한국의 독립과 혁명을 위한 최전선에 당당히 섰다. 한국인 공산주의자들은 항일을 기치로 모든 계급과 계층을 망라한 독립운동기관을 만들고자 했다. 그것이 바로 조국광복회祖國光復會였다.

재만한인조국광복회 창설

전 동포를 포용하고 인간으로서 가치 있는 생활을 바라며 금수와 같이 노예생활을 바라지 않는 동포형제들이여! 각종 반일 단체 · 공장 · 광산 · 농촌 · 학교 · 도시 · 신문사 · 철로 · 병영 · 상점 등에 있어서 이 강령을 십이분 토의하고 아울러 이 강령에 찬성하는 동지들은 즉시로 조국광복회를 창립하여 무장대를 조직함과 동시에 대표를 선정하여서 미래 광복회의 제1차 대표대회를 소집하여 운동의 구체적 전개를 기대하여 마지않는다. 백의동포의 민족해방을 목표로 하여 싸우자! 재만 한인의 진실한 자치를 목표로 하여 싸우자! 대한국 민족 해방 독립 승리 만세!

— 「재만한인조국광복회 선언」, 1936년 6월 10일

1936년 5월 만저우의 한국인 공산주의자들이 만저우 푸쑹현 둥강(東江)에 모여 반일민족통일전선체 재만한인조국광복회在滿韓人祖國光復會를 창설했다. 조국광복회의 창립 선언과 10대 강령을 발표하고, 기관지 《3 · 1월간》의 발행을 결정하는 등 조국광복회를 조직하기 위한 준비를 구체적으로 시작했다.

1936년 6월 동북항일연군 제2군 1사와 3사는 창바이현으로 진출을 시도했다. 1935년 동계 토벌로 붕괴된 동만의 근거지를 대체하고 한국으로 진출할 새 근거지를 마련하기 위해서였다. 동북항일연군은 제1군과 제2군을 통합하여 제1로군으로 개편하고 산하 부대를 1사부터 6사로 재편했다. 김일성이 지휘하던 3사는 6사로 재편되었다. 동북항일연군 제1로군은 병력 2,000여 명을 동원한 푸쑹현성 전투를 통해 푸쑹현 지역에 유격대 근거지를 새로 마련하고, 백두산 주변 곳곳에 밀영을 건설했다.

· 한국의 레지스탕스

김일성이 지휘하는 6사는 새 근거지와 밀영을 바탕으로 본격적인 조국광복회 조직에 나섰다. 김일성은 1936년 말 권영벽權永璧(1909~1945)과 이제순李悌淳 등 정치공작원을 파견하여 창바이현 내에 조국광복회를 조직하고, 함경남도 갑산에 갑산공작위원회를 조직한 박달朴達(1910~1960) 및 박금철朴金喆(1911~?)과 접촉하여 조국광복회의 국내 조직 건설을 추진했다. 그 결과 1937년 1월 조국광복회의 국내 조직인 조선민족해방동맹朝鮮民族解放同盟이 건설되었고, 2월에는 조국광복회 장백현위원회가 결성되었다. 조국광복회는 이들 조직을 바탕으로 함경도 북부·평안북도 북부 지역으로 급속히 조직을 확대했고 흥남·함흥·원산·신의주까지 광범한 조직망을 구축하는 데 성공했다.(이준식, 「항일무장투쟁과 당건설운동」, 1991)

조국광복회는 반회를 기본으로 하여 분회·지회·구회 등으로 구성되었다. 이와 함께 항일청년동맹·반일그룹·반일회·결사대·구원회·독서회·야학회 등 다양한 외곽 조직을 구축하여 광범위한 항일 대중을 획득하고자 했다. 이렇듯 외곽 조직의 이름이 다양했던 이유는 별도의 조직처럼 꾸며서 서로 같은 계통임을 은폐하기 위해서였다. 조국광복회의 국내 조직을 조선민족해방동맹이라고 이름 붙인 것도 그래서였다.

조국광복회는 조직을 확대하는 과정에서 천도교 신자들을 조직적으로 포섭하는 데 성공했다. 이는 반일민족통일전선체로서의 성격을 강화한다는 점에서 의미가 컸다. 천도교 청년당원으로 6사에 입대했던 이창선李昌善의 역할이 컸다. 김일성은 이창선을 통해 갑산·삼수·풍산 등 3군의 종리원宗理院을 관할하는 천도교 도정 박인진朴寅鎭과 만나 천도교 신자들의 조국광복회 참여를 논의했다. 이 자리에서 박인진은 자신이 관리하는 종리원을 중심으로 조국광복회에 참여할 것을 결정했다. 그리고 천도교 최고 지도자 최린崔麟(1878~1958)를 만나 천도교 중앙의 조국광복회 참여 문제를 논의했다. 하지만 최린은 참여를 거부했다. 당시 최린은 친일 활동으로 돌아선 지이미 오래였다. 비록 최린과의 협의에는 실패했지만 갑산·삼수·풍산 지역의 천도교 신자들이 조직적으로 참여하면서 조국광복회는 크게 강화되었다.

만저우의 한국인 공산주의자들은 조국광복회의 조직 확대와 함께 조선공산당 재건에도 박차를 가했다. 당시 중국공산당은 코민테른으로부터 조선공산당을 재건하라는 임무를 부여받았는데, 한국인 공산주의자들의 활동은 여기 따른 것이었다. 김일성은 국내에 파견한 정치공작원들을 통해당 조직 건설 사업을 지도했다. 구체적으로는 박달·박금철 등 조선민족해방동맹의 주요 지도자들을 중국공산당에 입당시키고 당 조직 결성을 위한준비 작업을 수행하게 했다. 그 결과 1938년 8월에 중국공산당 한국 파견지부가 조직되었다. 이 조직은 김일성이 파견한 정치공작원 김재범金在範의지도하에 새롭게 중국공산당에 가입한 이용술李龍述·김성연金成演 등과 박달이 조직한 당 소조로, 조선공산당을 재건하기 위한 준비 조직이자 한국내 지도 조직이었다.

조국광복회는 동북항일연군의 군사력을 기반으로 만저우 일원과 한반도북부 지역에 성공적으로 안착했다. 이로써 만저우의 한국인 공산주의자들은 조국의 해방과 독립을 위한 비밀결사, 반일민족통일전선체를 확보했다.바로 조국광복회였다.

인민정부를 수립하라

1. 한국 민족의 총동원으로 광범한 반일통일전선을 실현함으로써 강도 일본 제국 주의의 통치를 전복하고 진정한 조선의 독립적 인민정부를 수립할 것.

2. 한·중 민족의 친밀한 연합으로써 일본 및 그 주구 만주국을 전복하고 중·한 인민이 자기가 선거한 혁명 정부를 창설하여 중국 영토 안에 거주하는 조선인의 진정한 가치를 실현할 것.

— 「재만한인조국광복회 10대 강령」, 1936년 6월 10일

만저우의 한국인 공산주의자들은 조국광복회를 통해 두 가지를 얻고자 했다. 하나는 한국의 해방과 독립이었고, 다른 하나는 만저우에서 일본 제국주의를 몰아내고 진정한 한국인 자치를 실현하는 것이었다. 중국공산당 입당 이후 몸속 깊숙이 각인된 이중의 사명, 즉 한국 혁명과 중국 혁명을 모두 이루고자 했다.

만저우의 한국인 공산주의자들은 한국 독립과 해방을 통해 '인민정부' 수립을 꿈꿨다. 인민정부란 반일민족통일전선에 기반한 정부, 즉 각계각층의 항일 세력이 참여한 정부다. 곧 노동자와 농민뿐 아니라 반일민족통일전선에서 이해를 같이하는 지주와 부르주아계급을 망라하는 인민민주주의적 정부를 의미한다.

'계급 대 계급' 노선이 철폐된 후 만저우의 한국인 공산주의자들은 더 이상 노동동맹을 계급적 기반으로 하는 소비에트 정권의 수립을 꿈꾸지 않았다. 그것은 비극적인 민생단사건과 함께 완전히 폐기되었다. 그리고 인민정부가 그 자리를 대신했다. 인민정부 역시 소비에트정부와 마찬가지로 노

동자와 농민 계급의 헤게모니를 바탕으로 한다. 양자의 차이는 부르주아계급과의 연대 여부에 있다. 한국인 공산주의자들의 지향이 소비에트 정권에서 인민정부로 교체되기까지 코민테른이 결정적인 역할을 담당했다. 인민정부는 코민테른 7차 대회에서 결정된 반파쇼 인민전선 방침을 구체화한 정권 형태였기 때문이다.

한국 혁명을 통해 수립될 인민정부의 과제는 반제국·반봉건주의에 입각하여 제반 민주주의적 개혁을 실현하는 것이었다. 일본의 모든 기업·철도·은행 등을 국유화하고 일제와 친일파의 재산과 토지를 모두 몰수하는 것, 일제의 수탈제도를 취소하여 민족적 산업을 육성하고 대중의 생활을 개선하는 것, 언론·출판·집회·결사의 자유를 보장하고 계급·남녀·민족·종교 등의 차별을 철폐하며 노동과 교육의 권리를 보장하는 것 등.

> 3. 일본 군대·헌병·경찰 및 그 주구의 무장을 해제하고 일본 군대의 우리 애국
>   지사로의 표변을 원조하여 전 인민의 무장으로 한국인의 진정한 독립을 위하
>   여 싸울 수 있는 군대를 조직할 것. (……)
> 10. 한국 민족에 대하여 평등하게 대우하는 민족 및 국가와 친밀하게 연락하며,
>   우리 민족해방운동에 대하여 선의와 중립을 표시하는 나라 및 민족과 동지적
>   친선을 유지할 것.
>
> — 「재만한인조국광복회 10대 강령」, 1936년 6월 10일

만저우의 한국인 공산주의자들은 한국의 독립과 해방, 만저우에서의 한인자치를 어떤 방법으로 얻고자 했을까? 첫째, 무장투쟁이었다. 무장투쟁은 식민지인들이 일본 제국주의로부터 주권을 되찾기 위해 행사할 수 있

는 최고의 투쟁 형태로 만저우의 한국인 공산주의자들이 가장 중시하던 전략이었다. 광범위한 인민이 무장하여 일본 제국주의 부대와 맞서는 것, 그리하여 그들의 무장을 해제하고 독립의 길로 나아가는 것이 그들의 목표였다. 이를 위해 만저우의 한국인 공산주의자들은 만저우와 한국의 조국광복회 조직을 통해 우수한 활동인자들을 동북항일연군의 대원으로 흡수하는 한편, 조국광복회 내에 생산유격대를 조직하여 유사시 항일연군과 연계하여 군사행동을 할 수 있게 준비했다.

둘째, 만저우의 한국인 공산주의자들은 전위당의 건설을 통해 한국의 혁명을 성공적으로 지도하고자 했다. 그들은 조국광복회 활동을 통해 우수한 인자를 선발하고 그들을 중심으로 당 소조를 결성하여 당 건설의 기반으로 삼고자 했다. 1938년 조직된 중국공산당 한국 파견 지부가 바로 그것이다. 만저우의 한국인 공산주의자들은 당 소조를 통해 통일된 지도로 조선공산당을 재건하고 이를 바탕으로 혁명에 성공하고자 했다.

셋째, 만저우의 한국인 공산주의자들은 국제적 지원 세력을 확보하여 한국 혁명을 지원받고자 했다. 그들이 한국인의 독자적인 군대 구성을 거부하고 중국인과의 연합부대를 고집한 이유도 모두 이 때문이었다. 만저우의 한국인 공산주의자들은 게릴라 활동을 통해 일제의 침략 정책에 타격을 가하면서 공산주의 모국인 소련을 방어하고, 중국 혁명의 성공을 통해 한국의 독립을 앞당기고자 노력했다. 만저우의 한국인 공산주의자들은 소련을 방어하고 중국 혁명을 위해 싸우는 것이 한국의 해방과 독립으로 가는 지름길이라 여겼다. 이를 통해 소련과 중국 인민의 지원을 받는다면 결국 한국의 해방과 독립도 앞당겨질 것이라 믿었다.

반일민족통일전선운동은 성공적으로 진행되었다. 조국광복회는 1937년까지 만저우에 구회 3개·지회 11개·분조 41개·반회 10개·생산유격대 6개를 조직했고, 국내에는 지회 3개·분조 3개·생산유격대 2개·산하 조직 16개 등을 조직했다. 단시일에 이루어낸 실로 놀라운 성과였다. 조국광복회를 조직하면서 자신감을 얻은 만저우의 한국인 공산주의자들은 이제 투쟁의 강도를 서서히 높이고자 했다. 그들이 생각한 것은 바로 동북항일연군의 국내진공작전이었다.

보천보를 습격하라

1937년 3월 서강에서 열린 동북항일연군 제1로군 간부회의는 일제의 식민지 통치를 정치·군사적으로 타격하는 동시에 전 민중을 궐기시켜 반일투쟁에 나서게 하기 위해 국내진공작전을 결정했다. 구체적 방법은 양동작전으로 정했다. 최현 등이 이끄는 4사가 무산을 공격하여 일제의 국경경비를 혼란시키는 사이 김일성의 6사가 갑산군 보천면 보천보를 습격한다는 계획이었다. 보천보사건은 이렇게 시작되었다.

1937년 5월말 4사가 무산 방면으로 진출하여 적의 관심을 집중시키는 가운데 6월 4일 오전 0시 김일성은 6사 대원 90명과 뗏목을 타고 압록강을 건넜다. 김일성 부대는 밀림 속에 잠복해 있다가 밤 10시에 공격을 개시했다. 그들은 먼저 전화선을 절단한 후 주재소를 공격하고 총기고에서 각종 무기와 탄약 수백 발을 탈취했다. 동시에 면사무소·우편소·농사시험장·삼림보호구 등 주요 관공서도 공격했다.

보천보는 순식간에 불길에 휩싸이며 아수라장이 되었다. 김일성 부대가

김일성·김정숙 부부는 1937년 6월 4일 보천보 전투시 함께 병력을 지휘하여 결국 승리를 이끌어냈다. 다음날 《동아일보》를 비롯한 국내 언론들이 일제히 보천보사건을 보도했고, 이 습격사건은 김일성이 이름을 알리는 계기가 되었다.

미리 준비한 삐라를 뿌리고 철수한 시각은 밤 11시였다. 공격이 시작된 지 약 한 시간 만이었다. 배포된 삐라는 조국광복회 10대 강령을 비롯하여 일본 군대에 복무하는 한국인 병사들과 반일 대중에 보내는 격문과 포고문 등이었다.

보천보가 습격당했다는 소식을 들은 일제 당국은 혜산진경찰서 경찰대 31명·국경수비대 60명·헌병대 8명으로 토벌대를 꾸려 게릴라 부대의 퇴로를 차단했다. 그러나 김일성 부대와 마주친 경찰대는 오히려 전사자 7명, 부상자 14명이라는 궤멸적 타격을 입고 퇴각했다. 보천보전투를 성공리에 마친 6사는 양동작전을 펼친 4사와 함께 창바이현 13도구에 있는 간삼봉에 집결했다. 후방에서 퇴로를 지원했던 차오예판(曹亞範)의 2사 병력도 간삼봉으로 이동했다. 이때 간삼봉에 집결한 총병력이 수백 명에 달했다.

초동작전에서 비참한 결과를 빚었던 일제 당국은 김인욱金仁旭 소좌가 지휘하는 함흥 제74연대를 출동시켜 게릴라 부대를 추격했다. 함흥 74연대는 김일성 부대가 간삼봉으로 이동했다는 첩보를 포착하고 간삼봉으로 향했다. 그런데 항일연군의 세 부대는 이미 일본군의 이동 경로를 파악하고 간삼봉의 울창한 밀림 속에 몸을 숨긴 채 그들을 기다렸다. 결과는 항일연군 측의 일방적인 승리였다. 6월 30일 동북항일연군은 추격해오는 일본군을 기습하여 괴멸적인 타격을 입혔다. 일본군은 아무런 성과도 얻지 못한 채 극심한 피해를 입고 퇴각했다.

보천보습격작전은 동북항일연군의 완벽한 승리로 끝났다. 이로써 일제의 식민지 통치를 타격하여 전 민중을 빈일투쟁에 나서게 하겠다는 항일연군의 의도는 일찌감치 초과 달성되었다. 보천보전투로 일제 식민통치의 허점을 최대한 부각했을 뿐만 아니라 전 한국에 항일 게릴라 부대의 존재를 알렸기 때문이다. 뒷날 김일성의 이름이 전국적으로 알려진 것도 모두 보천보 전투 덕분이었다. 언론들은 항일연군의 활동을 거의 실시간으로 전국에 전파하면서 한·중 국경 지역은 일제가 선전하듯 '금성철벽'이 아니라 치안 상태가 심각한 문제 덩어리임을 설파했다. 이것은 일반 민중에게 한국의 해방과 독립을 위해 싸우는 항일부대가 건재함을 알린 희망의 징표였다.

항일연군의 성과는 주재소 경찰 병력이 겨우 다섯 명에 지나지 않는 작은 면소재지를 공격하여 얻은 것이었다. 보천보는 보잘것없는 시골 도시에 불과했지만 배후에 교통 중심지인 혜산진惠山鎭이 존재하여 순식간에 항일부대의 소식이 전국으로 전파될 수 있었다. 항일연군은 애초에 의도한 대로 최소 노력으로 최대 성과를 얻는 데 성공했다.

중·일전쟁은 1937년 7월 7일 베이징 교외에서 있었던 루거우 다리 사건(盧溝橋事件)을 계기로 발발하여 1945년 9월 2일 일본이 항복(법적으로는 1972년 9월 29일의 중일공동성명)했을 때까지 계속된 중·일 간의 전면 전쟁이다.

조국광복회의 붕괴

중·일전쟁은 동양 약소민족의 해방을 촉진하는 절호의 기회다. 조선독립도 이 기회를 놓친다면 다른 기회는 없을 것이다. 항일 의식에 불타는 4억 5,000만 중국인과 2,300만 조선인이 항전한다면 아무리 일본군이 강하다 해도 승리할 것이다. 이제 조선인의 임무는 반일의 기치 아래 모든 계급을 망라하여 항일인민전선을 결성하고, 각지에 생산유격대를 극비리에 조직하며, 경찰서 주재소를 습격하여 총기와 탄약을 약탈하는 무장 봉기 후방 교란의 행동으로 나아가야 할 것이다.

― 김일성의 진술, 강덕상 편, 「현대사자료」 30, 1977년

1937년 7월 7일, 중 · 일전쟁이 발발했다. 중 · 일전쟁은 일제의 침략 전쟁이 만저우에서 중국 전역으로 확대되었다는 뜻이었다. 만저우의 공산주의자들은 중 · 일전쟁으로 최종 승리가 가까워졌다고 판단했다. 한국인 공산주의자들도 중 · 일전쟁이 한국의 독립을 촉진하는 최고의 기회라고 인식했다. 일제가 아무리 강하다 해도 중국인 전체를 적으로 삼는다면 반드시 패망의 길로 빠져들 것이라고 생각했다. 김일성은 중 · 일전쟁이 한국인들에게 결정적인 시기를 가져다줄 것으로 믿었다. 그리고 결정적인 시기가 도래하면 국내의 한국인들은 무장 봉기와 후방 교란을 통해 내란을 유발하고, 동북항일연군은 국내로 진공하여 일제를 패망시켜야 한다고 생각했다. 한국인 공산주의자들에게 한국 혁명의 성공은 이미 목전에 다다라 있었다.

만저우의 한국인 공산주의자들은 결정적인 시기에 대비한 활동을 개시했다. 그들이 가장 중시한 것은 생산유격대였다. 생산유격대란 평상시에는 생산 활동에 주력하다 결정적인 시기가 도래하면 무장 봉기를 통해 후방을 교란하는 전위적 실행기관으로, 비상시 일제의 군수시설 · 철도 · 통신기관 · 경찰관서 등 관공서를 습격하여 치안을 교란하는 군사 조직이었다. 김일성은 조국광복회 지도부에 생산유격대 조직에 박차를 가하라고 지시하는 한편, 6사 별동대를 파견하여 군사 훈련을 실시함으로써 생산유격대의 전투 능력을 고양시켰다.

그런데 시간이 흐르면서 동북항일연군의 정세 판단은 크게 빗나간 것으로 밝혀졌다. 일본군은 중국 전역으로 전선을 크게 확대했지만 공세를 더욱 강화했다. 일제는 대규모 치안숙정계획을 수립하고 동북항일연군에 대한 토벌을 강화했다. 한편 보천보습격사건에 대한 수사에도 박차를 가했다. 보천보사건의 배후에 분명 국내 세력의 준동이 있다고 판단했던 것이다.

1937년 9월 일제 공안 당국은 보천보에 잠입했다가 혜산읍으로 돌아간 혐의자 몇 명을 체포하는 데 성공했다. 불행히도 그들은 보천보전투 당시 보천보 지역에 대한 정보를 제공하고 길 안내와 감시를 맡았던 조국광복회의 회원이었다. 몇 달간 답보 상태였던 수사가 급진전되었다. 공안 당국은 대대적인 검거 작전을 펼쳐 조국광복회의 핵심 지도자 권영벽을 비롯한 관련자 221명을 검거했다. 박달 등 일부만 겨우 빠져나왔다. 하지만 1938년 7월 박달 등도 모두 체포되고 말았다. 두 차례에 걸친 검거 선풍으로 총 검거자는 739명에 달했고 188명이 기소되었다.

이로써 조국광복회는 궤멸적 타격을 입고 붕괴되었다. 만저우의 한국인 공산주의자들은 보천보전투라는 빛나는 전과를 얻었지만 그 대가로 힘겹게 조직한 조국광복회를 잃고 말았다. 대가라고 하기에는 너무나 가혹했다. 특히 간신히 몸을 피했던 박달이 성급히 조직을 재건하고 무장 봉기를 시도한 일은 조국광복회를 회생 불가능으로 몰고 간 최악의 선택이었다. 하지만 박달의 선택은 중·일전쟁을 한국 혁명의 총공세기로 판단한 동북항일연군의 정세 오판에 일정 부분 기인한 것이었다. 김일성 등 동북항일연군의 지도자들 역시 그 책임에서 결코 자유로울 수 없다.

고난의 행군

토벌작전은 겨울철 눈 내리는 시기를 이용하고 미리 목표 공비를 정한다. 눈 위의 발자국을 더듬어가고, 험준한 산속에서 밥 짓는 연기를 발견하면 추격해 박멸

한다. 적의 모습을 발견하면 단숨에 섬멸하도록 하며, 나머지 잔당은 추격, 또 추격하여 적에게 일각의 여유도 주지 않으며, 굶주림과 추위 때문에 투항 또는 귀순하지 않을 수 없게 한다.

− 「동남부치안숙정공작의 토벌방법」, 「만주국사 각론」, 1971년
(와다 하루키, 「김일성과 만주항일전쟁」, 1992에서 재인용)

일제의 토벌작전은 날이 갈수록 혹독해졌다. 일제는 집단부락을 건설하여 유격대를 민중들로부터 격리시키고, 끈질긴 추격작전으로 유격대원들을 괴롭혔다. 일제의 토벌작전으로 군대 내의 동요도 극심해져 곳곳에서 배신자와 이탈자가 속출했다. 특히 1로군 총지휘 양징위(楊靖宇)의 오른팔이자 1사 사장 청빈(程斌)의 투항은 1로군 전반에 심각한 타격을 입혔다. 청빈이 일제의 토벌대에 적극 협력하면서 1로군의 정보가 거의 대부분 노출되었기 때문이다. 결국 1로군은 더 이상의 정보 누설을 막기 위해 기존 군대를 통합하여 방면군과 경위려 하나로 재편했다. 김일성의 6사는 제2방면군이 되었다. 전투 역량을 잘 보전했던 그의 부대는 1로군 내에서 가장 강력했다.

하지만 김일성 부대에게도 1938년의 겨울은 시련의 연속이었다. 1938년 12월부터 다음해 3월까지 김일성 부대는 일본군의 대규모 동계 토벌작전을 피해 힘겨운 행군을 계속해야 했다. 이른바 '고난의 행군'이었다. 영하 40도를 넘나드는 혹한과 굶주림 그리고 일본군 토벌대와 싸우며 100여 일간 계속된 행군은 말 그대로 삶과 죽음을 넘나드는 고난의 연속이었다. 하지만 김일성 부대는 창바이현 북대정자에 이르러 일본군의 추격을 완전히 뿌리쳤다. 고난의 행군은 고통의 연속이었지만 그로 인해 그의 부대는 어

떤 부대보다 강한 결속력을 얻게 되었다.

1939년 5월 김일성의 제2방면군은 동만저우 무산 지역으로 이동했다. 동만을 배경으로 적극적인 유격전을 재개하겠다는 계획이었다. 그러나 그들이 동만에서 활동을 개시하자 일제는 또다시 대규모 토벌작전으로 대응해왔다. 이른바 '동남부치안숙정공작'이었다. 일제는 1939년 10월부터 1941년 3월까지 관동군 · 만주군 · 경찰대로 구성된 7만 5,000명의 병력으로 유례없이 긴 토벌작전을 수행했다. 그야말로 동북항일연군의 씨를 말리기 위한 최후의 토벌작전이었다.

일제는 양징위 · 차오예판 · 천한장(陳翰章) · 김일성 · 최현 등 항일연군의 주요 지도자들에게 거액의 현상금을 내걸었다. 그리고 투항한 유격대원과 가족 그리고 친지를 동원하여 귀순을 종용하고, 항일연군이 이미 와해되었다는 헛소문을 퍼뜨려 유격대의 투쟁 의지를 약화시켰다. 또한 여자의 나체 사진을 나무에 걸어두거나 백미와 술, 고기 등으로 유격대를 유혹하기도 했다.

일제의 토벌작전에 맞서 동북항일연군 1로군은 소부대로 편성하여 분산 유격전을 계획하고 둔화(敦化) · 창바이 · 푸쑹 방면으로 흩어졌다. 하지만 1939년 겨울부터 1940년 봄 사이에 1로군은 궤멸적인 타격을 입었다. 그들은 일제의 끈질긴 추격뿐 아니라 혹독한 추위와 굶주림과도 싸워야 했다. 제1방면군을 이끌던 양징위는 부하들의 잇단 배신 속에서 1940년 2월 몽강현 삼도위자에서 최후를 맞았다. 그의 목은 잘린 채 여기저기에 선전용으로 효시되었다. 일본군은 사살 즉시 그의 위를 꺼내 해부했다고 하는데, 그 속에는 들풀 뿌리 몇 개와 나무껍질만 들어 있었다고 한다.

김일성 부대의 상황은 어땠을까? 김일성의 제2방면군 역시 일본군의 대규모 토벌작전으로 고전했다. 특히 참모장 임수산林水山이 투항하면서 심각한 위기에 몰렸다. 임수산이 투항 직후 임수산공작대를 조직하고 김일성 체포 작전에 앞장섰기 때문이다. 하지만 김일성 부대는 1940년 3월 일본군에 쫓기는 와중에도 안투현 대마록구 홍기하에서 추격해온 마에다 부대를 전멸시키는 빛나는 승전을 기록했다. 하지만 대세를 거스르지는 못했다. 시간이 갈수록 동북항일연군은 궤멸의 나락으로 빠져들었다.

새로운 길의 시작

1940년 3월 동북항일연군은 두도류하 회의에서 중대한 결정을 내렸다. 혁명 역량을 보전하기 위해 적당한 시기에 각 부대를 안전한 소련 영내로 이동하기로 했다. 1940년 10월 김일성은 부대원 열두 명과 함께 소·만 국경을 넘었다. 항일연군의 다른 부대들도 이때를 전후하여 모두 소련 영내로 철수했다. 하지만 그 수는 크게 줄어 있었다. 1938년 3만 명에 이르던 병력은 소련 철수를 완료한 무렵 600명이 채 되지 않았다.

동북항일연군은 처음 소련 영내로 진입할 때만 해도 부대를 정비하고 장비를 보충하면 곧 만저우로 돌아갈 수 있으리라 생각했다. 하지만 그들 앞에는 완전히 새로운 미래가 기다리고 있었다. 소련 영토에 발을 딛는 순간 소련의 영향에서 결코 자유로울 수 없었던 것이다. 김일성은 소련군의 단기간부교육을 거쳐 소련군 장교로 거듭났다. 이제부터 그는 지금까지와는 전혀 다른 길을 가기 시작했다.

동북항일연군의 투쟁은 그렇게 끝이 났다. 1930년대를 촘촘히 수놓았던 만저우 한국인 공산주의자들의 치열한 항일무장투쟁도 종결되었다. 그들의 투쟁은 1920년대부터 이어온 항일무장투쟁과 공산주의운동의 빛나는 성과였다. 한국인 공산주의자들은 수많은 희생과 온갖 역경에도 꿋꿋이 앞으로 나아갔다. 그것은 한국의 독립과 해방 그리고 한국 혁명에 대한 열망이 만들어낸 신화였다.

민생단사건은 왜 일어났나?

동만저우(젠다오)에서 민생단사건이 발생한 이유는 무엇일까? 젠다오의 공산주의자들은 왜 말도 안 되는 이유로 서로를 죽고 죽여야 했을까? 오늘날 그들의 행동은 전혀 이해할 수 없다. 지난날 민족주의운동을 했다고 해서, 과거 어떤 파벌에 속했다고 해서, 사소한 실수를 했다고 해서 그것이 죽음의 이유가 될 수는 없기 때문이다. 히지만 1930년대 젠다오의 유격대 근거지가 처한 상황을 살펴보면 그들이 왜 그토록 극단적으로 행동할 수밖에 없었는지 어느 정도 이해된다.

당시 동만특위의 중국인 공산주의자들은 온통 한국인들에 둘러싸여 있었다. 젠다오의 전체 인구 중 70퍼센트 이상, 동만특위 공산당원 중 90퍼센트 이상, 동만 유격대 근거지의 인구 95퍼센트 이상이 한국인이었다. 언제 일본군의 공격을 받을지 알 수 없는 위기가 일상화된 공간에서 중국인 공산주의자들은 말도 잘 통하지 않고 습속도 전혀 다른 한국인들에 둘러싸여 목숨을 건 투쟁을 해야 했다.

중국인 공산주의자들이 보기에 한국인들은 이해하기 어려운 존재였다. 유격대 근거지 밖 젠다오의 한국인들은 언제나 중국인들과 갈등을 빚으면서 중국인들의 권리를 침해했고, 일제와 결탁하여 한국인 자치를 주장하면서 툭하면 젠다오의 영유권까지 넘보았다. 유격 근거지 내 한국인들도 마찬가지였다. 그들이 보기에 한국인 공산주의자들은 중국인에 대한 조직화 작업은 게을리하면서 한국인들에 대한 조직화에만 열을 올렸다. 그리고 한국인들은 중국인들을 소수민족 취급하며 잘난

척하기 일쑤였다. 한국인 공산주의자들은 언제나 편을 지어 행동하며 민족주의 성향이 강했다. 이것은 지난날 한국인 공산주의자들이 민족주의와 분파주의라는 잘못된 경험에 경도된 결과였다.

그런데 이런 상황에서 '민생단'이라는 일제의 간첩조직이 한국인들 사이에 침투한 것으로 밝혀지자 중국인 공산주의자들은 이성을 잃고 폭주했다. 자신을 둘러싼 한국인들 가운데 누가 적이고 누가 동지인지 전혀 구분할 수 없었기 때문이다. 한국인들이 언제 자신을 공격할지 모른다는 불안과 공포는 중국인 공산주의자들이 민생단 숙청에 목맬 수밖에 없는 이유가 되었다. 그들은 과거 민족주의와 분파주의에 경도되었던 자들이 가장 위험하다고 판단했다. 자신의 이익을 위해 언제나 조직을 배신할 수 있는 자들이라 생각되었기 때문이다. 사소한 실수 하나도 용서할 수 없었다. 이 모든 것이 일제의 주구가 된 한국인들의 의도된 행동일지도 모르기 때문이다.

그러면 한국인들의 입장은 어땠을까? 한국인 사이에 일제의 간첩조직이 침투했다는 사실이 밝혀지자 한국인들은 크게 당황했다. 중국공산당에 들어와 곁방살이를 하는 처지다 보니 자존심도 다 버리고 조심조심 지내왔는데, 당내 입지를 어느 정도 마련하나 싶었더니 이제 간첩사건이 벌어진 것이다. 한국인들은 문제를 수습하기 위해서는 자신들이 먼저 나서야 한다고 생각했다. 누구보다 반민생단투쟁에 열과 성을 다해 하루빨리 한국인 사이에 침투한 간첩조직을 색출하고 조직을 정상화해야 했다.

이것이 젠다오에서 민생단사건이 벌어진 이유였다. 중국인 공산주의자들의 불안과 공포가 한국인에 대한 편견과 어우러져 한국인 전체에 대한 반민생단투쟁으로 발전하고, 수세에 놓인 한국인 공산주의자들이 누구보다 열심히 반민생단투쟁에 앞장서면서 투쟁의 규모를 키웠다. 문제는 반민생단투쟁이 구체적 증거 없이 증언에만 의존하여 진행되었다는 점이다. 그러다 보니 반민생단투쟁은 갈수록 민생단 혐의자를 양산시켰다. 공포와 폭력이 만들어낸 끝없는 악순환이었다.

반민생단투쟁은 1936년 초 위증민이 코민테른의 새 방침을 가져온 다음에야 끝이 났다. 그런데 그전에 이미 반민생단투쟁을 가능하게 했던 조건들이 대부분 무너져 있었다. 동만특위는 1935년 일세의 토벌로 동만의 근거지를 잃고 남만으로 이동했고, 남만에는 한국인들이 많지 않았다. 때문에 동만특위는 남만에서 중국인 당원들을 충분히 확보할 수 있었다. 새로 건설한 근거지 내에도 한국인이 그다지 많지 않았다. 위증민이 가져온 새 방침에 반민생단투쟁에 대한 구체적인 지침이 없었기 때문에 반민생단투쟁은 계속될 수도 있었다. 하지만 중국인들의 불안과 공포가 이미 옅어질 대로 옅어져 있었다.

8

×

여운형이라면,
회색도 좋고 흑색도 좋아

| 조선건국동맹 |

1. 각인 각파를 대동단결하여 거국일치로
일본 제국주의 제 세력을 구축하고 조선 민족의 자유와 독립을 회복할 것.
2. 반추축反樞軸 제국과 협력하여 대일연합전선을 형성하고
조선의 완전한 독립을 저해하는 일체 반동 세력을 박멸할 것.
3. 건설부면에 있어서 일체의 시위施爲를 민주주의적 원칙에 의거하고
특히 노농대중의 해방에 치중할 것.

— 조선건국동맹강령

여운형의 예견

1942년 4월 18일 정오, 하늘을 찢는 듯 요란한 굉음이 일본의 수도 도쿄를 흔든다. 어디선가 나타난 정체불명의 항공기 10여 대가 내는 소리였다. 여기저기 폭발음이 작렬하고 곳곳에 화염이 피어오르면서 평화롭던 도시는 금세 아비규환의 전쟁터로 변한다. 충격과 공포로 혼란에 빠진 사람들이 아우성친다.

비상을 알리는 사이렌 소리와 함께 일본군의 대공포 사격이 시작되었다. 일본군 전투기들도 정체불명의 항공기들을 뒤쫓았다. 하지만 도쿄의 하늘을 유린한 항공기들은 일본군의 추격을 유유히 따돌리고 어느새 서쪽 하늘로 사라졌다. 일본의 전투기들은 좀처럼 그들을 따라잡지 못했다. 이날 사람들의 뇌리에는 항공기들의 동체에 그려진 문양이 남아 오래도록 지워지지 않았다. 그것은 하얀 별과 붉은 선으로 그려진 성조기였다.

아무도 예상치 못한 기습이었다. 어느 누구도 일본 제국의 수도가 이런 식으로 공격을 받으리라고는 생각지 못했다. 태평양전쟁으로 확전된 이후에도 태평양 도서 지역을 하나하나 장악해가며 승승장구하던 일본이 아니던가. 그런 일본군이 치욕적인 본토 공격을 받고 방어조차 제대로 하지 못했다. 방공망은 제 역할을 하지 못했고, 공군의 추격도 무용지물이었다. 이날 도쿄를 공격한 항공기들은 일본군의 추격을 따돌리며 요코하마와 나고야, 오사카와 고베에 이르는 일본의 주요 도시들을 똑같은 방식으로 공격한 후 서쪽으로 사라졌다.

도쿄 공습을 감행한 이들의 정체는 금세 드러났다. 이날 공습을 목격한 사람들 대부분이 항공기에 선명하게 그려진 성조기 문양을 보았다. 공습 규모가 작아 피해는 크지 않았다. 하지만 본토에 대한 공습은 결코 가볍지 않은 충격과 공포를 가져다주었다. 바로 미국이 원하던 바였다. 진주만공격 이후 태평양 지역에서 패퇴를 계속하던 미국은 전황을 반전시키기 위해 일본 본토를 강습했다. 미국은 겨우 경폭격기 열여섯 대로 일본인들 가슴 깊숙이 불안의 씨앗을 심는 데 성공했다. 공습을 목격한 일본인들은 대부분 자국 군대의 능력을 의심하기 시작했고, 10여 년이라는 긴 세월을 끌어온 전쟁이 혹시 불행하게 끝나는 것은 아닐까 불안해했다.

이날 도쿄 공습을 심상치 않은 표정으로 지켜보던 한 남자가 있었다. 겉으로 드러나지는 않았지만 그의 마음은 불안과 공포가 아니라 기쁨과 환희로 가득 차 있었다. 미국의 도쿄 공습은 그에게 평생의 염원이 점점 가까워진다는 계시와 같았다. 이제 일본의 패배는 멀지 않았고 한국은 곧 해방될 것이라는 생각이 그의 머릿속 가득히 확신으로 자리 잡았다. 도쿄 방문 중에 우연히 미국의 도쿄 공습을 목격한 한국인 노신사, 바로 여운형이었다.

"지난 4월 18일 미국 비행기의 동경 공습을 직접 목격했는데 미국기의 성능은 일본기 성능보다 우수해 일본기가 미국기를 추적하지 못했다. 동경에서 미국 방송을 들으니 미국도 전쟁 준비에 광분해 최후의 승리는 미·영에 있게 될 것이며, 미·영이 승리하면 조선 독립이 확실히 가능하고, 전쟁이 끝나면 미국에 거주하고 있는 조선인은 독립운동을 하게 될 것이다. 이 전쟁은 장기전이 될 것인데, 내

· 한국의 레지스탕스

생각에는 일본의 물자 부족 때문에 뜻밖으로 빨리 종결될 것이다. 미국에 거주하고 있는 조선인이 미국과 함께 일본에 선전을 포고했고, 나도 조선 독립을 희망하고 있다."

- 여운형이 친구 오건영吳建永에게 전한 말, 《사상휘보》 속간 26호, 1943년

1929년 여름, 여운형은 조국을 떠난 지 16년 만에 한국으로 돌아왔다. 상하이에서 일본 공안에 체포된 채였다. 한국에서 그를 기다리는 것은 3년에 걸친 힘겨운 감옥 생활이었다. 젊은 시절 조국의 독립을 꿈꾸며 한국을 떠났던 여운형은 그렇게 고국으로 돌아왔다.

오랜 해외 생활로 그는 한국에 아무런 기반도 없었다. 그는 처음부터 모든 것을 다시 시작해야 했다. 다행히 민족주의와 사회주의를 아우르는 오랜 독립투쟁 경력 덕분에 그는 순식간에 국내의 저명 인사가 되었다. 그래서일까. 운 좋게도 그는 출감 다음해인 1933년 2월 조선중앙일보朝鮮中央日報의 사장으로 선임되었다. 이는 날개를 단 것과 마찬가지였다. 1936년 8월 일장기말소사건으로 조선중앙일보가 자진 폐간할 때까지 3년 6개월 동안 여운형은 다양한 계층의 사람들을 만나며 한국의 유력한 민족운동가로 다시 태어났다.

조선중앙일보가 폐간된 다음해인 1937년 7월 중·일전쟁이 발발하자 여운형은 그때부터 일제의 패망을 예견했다. 그의 오랜 친구이자 사돈지간이었던 이만규李萬珪(1882~1978)는 당시 여운형이 전쟁은 장기전에 빠져들 것이고, 일제의 패망은 시간문제라고 장담했다고 증언했다.

여운형의 논리는 이랬다. 중·일전쟁은 중국이라는 거대한 원료 및 소비시장을 둘러싼 제국주의 국가들의 각축 과정에서 일본이 정치·경제적으로

자립하지 못한 중국의 상황을 이용하여 독점적 지위를 차지하기 위해 일으킨 전쟁이다. 그러나 중국에서 일정한 이권을 확보하고 싶어하는 미국과 영국이 일본의 중국 독점을 절대 허용할 리 없다. 미국과 영국은 어떻게든 일본에 대항할 것이며, 일본은 양국의 공동 공격 앞에 결국 자멸할 것이다.

여운형의 주장은 논리 정연했지만 믿는 사람은 거의 없었다. 그 말을 믿기에는 당시 일본의 기세가 너무 거셌다. 오히려 당시는 수많은 한국인들이 민족의 미래에 절망하며 일제의 강압과 회유 앞에 전향의 나락으로 빠져들던 암울한 시대였다.

1941년 12월 태평양전쟁이 발발하자 여운형은 점점 강하게 확신했다. 단순히 태평양전쟁 발발에 기댄 막연한 믿음이 아니었다. 여운형은 여러 경로를 통해 다양한 정보들을 수집하여 그 같은 결론에 이르렀다.

그의 주요 정보 출처 중 하나는 일본의 고급 관료들이었다. 당시 일본인 고위 관료들 중 일부는 중국 내에 다양한 인맥을 가지고 있고 중국 사정에도 밝았던 여운형을 한국의 통치 및 일본의 대외 정책에 이용하기 위해 접촉했다. 그들은 여운형에게 여러 고급 정보들을 흘리며 도움을 청했고, 여운형은 요령껏 거절하면서도 그들을 통해 일본의 전황 등 중요한 정보를 파악했다.

단파방송도 여운형의 주요 정보 공급처였다. 단파방송이란 전파의 파장이 짧은 단파를 이용한 방송으로, 주로 장거리 국제 방송에 이용된다. 태평양전쟁 발발 이후 충칭 임시정부와 미국의 이승만 등 해외 독립운동 세력은 각각 중국과 미국 정부의 도움을 받아 해외 독립운동 상황을 선전하고 국내의 분발을 촉구하는 단파방송을 실시했다. 일본은 이미 단파수신기 사용을 금지하는 등 국내 전반에 걸쳐 정보를 통제했지만 경성방송국 직원

등 일부 인사들은 방송국 수신기나 사제 수신기를 통해 몰래 충칭과 미주의 방송을 수신했다. 그들은 방송 내용을 주변 인사들에게 전달했고, 그 결과 일제가 그토록 은폐하고자 했던 태평양전쟁의 전황과 해외 독립운동의 상황이 일부 인사들을 중심으로 꼬리에 꼬리를 물고 급속히 퍼져나갔다. 결국 이는 1942년과 1943년에 걸쳐 대규모 단파방송사건으로 비화되는데, 관련 구속자만 150여 명에 달했다.

여운형도 단파방송을 수신한 인사들의 전언을 통해 미주 한국인들의 독립운동 소식을 알게 되었고, 대략적인 전황까지 파악할 수 있었다. 그리고 1942년 4월 18일 미국의 도쿄 공습을 직접 목격하면서 일본의 패망을 거의 확신하게 되었다. 아니나 다를까. 미국은 도쿄 공습을 계기로 미드웨이해전과 과달카날전투에서 승리하면서 서서히 전세를 뒤집기 시작했다.

여운형이 도쿄 공습을 목격하고 그것을 일본 패망의 결정적 증거라고 믿었던 것은 어쩌면 피할 수 없는 그의 운명이었을지 모른다. 원래부터 그렇게 되리라고 예정된 것처럼, 역사는 그에게 미국의 도쿄 공습을 보여주고 이어 결단을 촉구했다. 여운형은 운명을 피하지 않았다. 그는 드디어 행동할 때가 왔다고 생각했다. 일제의 식민통치를 끝장내고 민족의 새로운 미래를 준비하기 위해 그는 분연히 일어섰다. 한국 최후의 비밀결사운동은 그렇게 시작되었다.

최후의 비밀결사

"우리는 이미 늙었으니 명예나 지위나 다 잊어버리고 다만 거름이 됩시다. 그리하여 모든 책임과 명예를 청년들에게 전하는 것이 우리의 임무일 것입니다."

— 이만규, 『여운형 투쟁사』, 1946년

1944년 8월 10일, 현우현玄又玄의 집에 모인 몇몇 인사들은 여운형의 비장한 한마디에 금세 눈시울이 뜨거워졌다. 대부분 오랫동안 조국의 독립을 꿈꿔왔지만 젊은 시절 잠깐의 항일운동 이후 오래도록 독립운동의 대열에서 멀어졌던 사람들이었다. 그들이 이제 그동안의 무력감을 떨치고 마지막 남은 힘을 쏟아볼 직징이있다. 대부분 백발이 성성한 노인이었지만 의지만큼은 누구에게도 지지 않을 만큼 결연했다.

방 가운데 자리를 잡고 앉은 여운형이 그동안의 조직 활동을 정리하고 새로운 도약을 위해 조직의 확대 개편을 제안했다. 주요 목적은 일제의 패망을 가속화하기 위해 결정적 타격을 가하고, 해방 정국을 맞이할 주체 세력의 조직과 준비를 위해 중심 단체를 결성하는 것이었다. 중심 단체의 이름은 조선건국동맹朝鮮建國同盟으로 정했다.

사실 이날이 오기까지 우여곡절도 많았다. 2년 전인 1942년 12월, 일본의 패망을 확신하고 행동에 나서고자 결심했던 여운형은 일제 공안에 구속되고 말았다. 미국의 도쿄 공습과 단파방송의 내용을 몇몇 친구들에게 전한 것이 화근이었다. 발언 내용이 일제 공안 당국에 포착되면서 그는 유언비어 유포죄로 체포되었다. 비교적 가벼운 혐의였지만 일제 공안은 기회를 놓치지 않았다. 그들은 온갖 회유와 협박을 동원하여 그를 압박했다. 그들이 원하는 것은 여운형의 전향이었다.

1943년 6월 여운형은 그들의 요구에 끝까지 응하지 않은 채 징역 1년, 집행유예 3년을 선고받고 석방되었다. 하지만 6개월에 걸친 구속 기간 동안

심신이 극도로 쇠약해져 출옥과 동시에 경성요양원에 입원했다. 석방과 입원 후에도 공안 당국의 회유와 협박은 계속되었다. 집행유예를 핑계로 전향하지 않으면 다시 구속하겠다는 협박이 이어졌다. 결국 여운형의 건강을 걱정한 가족들은 일본인 검사 스기모토(杉木覺一)가 작성해온 전향서에 날인해주고 말았다. 역사에 여운형의 전향서가 남게 된 치욕의 순간이었다. 이와 함께 《경성일보京城日報》에 여운형 명의의 학병 권유 담화가 실렸다. 여운형과 5분간 면담한 기자가 제멋대로 작문한 기사였다.

하지만 여운형은 포기하지 않았다. 이내 몸과 마음을 추스르고 행동에 나섰다. 1943년 8월 여운형은 조동호 · 이상백李相佰(1904~1966) 등 사회주의자와 민족주의자를 망라하여 '조선민족해방연맹'을 결의했다.(정병준,『몽양 여운형 평전』, 1995) 이와 함께 조직의 하부를 구성하기 위해 각지에 연락원을 배치했다. 중앙과 지방을 아우르는 전국적 조직을 결성하여 민족해방 투쟁의 최전선에 서고자 하는 결의의 표현이었다. 이렇게 조선건국동맹의 전신 조선민족해방연맹이 탄생했다.

> K동 여 선생(여운형)은 현준혁 · 최 · 이K · 이T · 감T 등을 찾고, 조선해방연맹이거나 조선인민위원회를 만들자고 제의한 일이 있다. 여 선생 집에 출입하는 그룹 · 전 · 최 · 구 · 이 · 조…… 제씨의 소조직이 있었다. 나는 최 군을 통해서 그 소식을 듣고 있었다.
>
> — 김태준, 〈연안행〉, 《문학》 1~3호, 1946~1947년

일제강점기 최후의 대규모 공산주의 조직인 경성콤그룹 관련자이자 문필가였던 김태준金台俊(1905~1950)은 뒷날 당시 여운형의 집을 출입하던 공

산주의자 그룹이 몇 개 존재했고, 여운형이 그들을 중심으로 조선해방연맹 등과 같은 조직을 구상했다고 증언했다. 김태준은 사회주의자 그룹만 언급했지만 민족주의자들 역시 개인 및 소그룹 형태로 여운형과 접촉했다.

일제 말기에 공개적인 활동은 거의 불가능했기 때문에 조선민족해방연맹은 주로 여운형과의 개인적 인맥을 중심으로 철저히 수공업 방식으로 조직될 수밖에 없었다. 더구나 당시 전향이 일반화되어 있었기 때문에 애국자와 친일파를 분별하기도 힘들었다. 그만큼 작업은 더디고 힘겨운 싸움의 연속이었다. 하지만 1년여 만에 중앙과 지방을 망라한 구체적인 성과가 나타나기 시작했다. 그리고 이를 바탕으로 1944년 8월 민족해방과 자주독립국가의 수립이라는 기치하에 드디어 조선건국동맹이 결성되었다.

광범한 인민적 민주주의국가를 위하여

1. 각인 각파를 대동단결하여 거국일치로 일본 제국주의 제 세력을 구축하고 조선 민족의 자유와 독립을 회복할 것.
2. 반추축反樞軸 제국과 협력하여 대일연합전선을 형성하고 조선의 완전한 독립을 저해하는 일체 반동 세력을 박멸할 것.
3. 건설부면에 있어서 일체의 시위施爲를 민주주의적 원칙에 의거하고 특히 노농대중의 해방에 치중할 것.

— 「조선건국동맹 강령」, 1944년 10월

조선건국동맹은 민족해방과 자주독립국가 건설이라는 두 가지 목표를

• 한국의 레지스탕스

어떤 방법으로 이루고자 했을까? 강령 1조에 그 답이 있다. 바로 민족의 대동단결이었다. 각인 각파의 대동단결, 즉 광범위한 민족통일전선을 통해 일제를 구축하고, 보다 완전한 독립국가를 수립하는 것이 목표였다.

가정해보자. 당시 식민지 한국이 자주독립국가 수립이라는 목표를 달성하기 위해 가장 갖춰야 할 필수 조건이 무엇이었을까? 바로 민족의 역량을 총동원하여 자력으로 해방하는 것이었다. 스스로의 힘으로 일제를 구축한다면 해방 후 민족국가를 구성하는 과정에도 관련 국가의 이해관계로부터 자유로울 터였다.

하지만 현실은 전혀 다른 방향으로 흘러갔다. 일본과 전쟁을 치르는 나라는 미국과 중국을 비롯한 연합국이었고, 소련 역시 연합국의 일원으로 언제 참전할지 모르는 상황이었다. 한국의 독립운동 세력들은 나름대로 항일 전선에서 최선을 다해 싸웠지만 관련 국가로부터 제대로 인정받지 못하는 상황이었다. 이대로라면 일제는 연합국에 의해 구축될 것이 확실했고, 그 과정에서 한국은 점점 더 소외될 것이 분명했다.

그러나 아직 희망은 있었다. 자력으로 민족해방을 이루지 못한다고 해서 자주독립국가로 가는 길이 모두 봉쇄되는 것은 아니었다. 열쇠는 바로 민족의 대동단결이었다. 민족해방전선에 참여한 주요 세력들이 단일대오를 형성하고 민족의 뜻을 하나로 모은다면 어떤 외부의 힘도 극복할 여지가 아직은 남아 있었다.

국내외의 항일운동 세력들은 모두 단결의 필요성을 뼈저리게 느꼈다. 여기저기 분산되어 있는 민족의 역량으로는 어떤 것도 쉽게 이룰 수 없었기 때문이다. 국내외의 각 세력들은 서로를 갈구했다. 서로에게 연락원을 파견하고 의견을 모으고 함께할 방법을 모색했다. 조선건국동맹도 마찬가지였다. 민족의 역량을 모아 공동 투쟁의 길을 모색하는 것, 조선건국동맹이 국내외 각인 각파의 대동단결을 강령 1조로 내세운 것도 그래서였다.

조선건국동맹은 우선 국내에서 친일파와 민족 반역자를 제외하고 조직 가능한 모든 세력의 힘을 결집시키고자 했다. 사회주의자든 민족주의자든 노동자든 농민이든 학생이든 청년이든 부녀자든 하나의 깃발 아래 모두를 모아야 했다. 이와 함께 해외에 있는 충칭 임시정부와 조선독립동맹朝鮮獨立同盟 등 민족의 주요 독립운동 세력과 함께 공동 투쟁의 길을 모색해야 했다.

한편 조선건국동맹은 강령 2조를 통해 연합국과 반제국주의 연합전선을 상정했다. 자력으로 민족해방이 불가능하다면 최소한 연합국들과 함께 공동 전선을 구축해야 했기 때문이다. 항일 전선에 조금이나마 기여한다면 연합국들도 한국의 뜻을 최대한 고려해줄 터였다. 여기에 연합전선을 통해 연합국과의 관계를 개선하고 민족해방과 건국의 도상에서 연합국의 지원을 이끌어내 민족의 역량으로 흡수한다면 이보다 좋은 일은 없을 것이다. 1945년 4월 조선건국동맹이 연합국의 샌프란시스코회담과 관련하여 옌안에 대표를 파견하고자 했던 것도 이를 고려한 선택이었다.

민족해방이라는 당면 과제에 대해 연합국의 힘은 긍정적인 것이었다. 그러나 연합국이 대일전선을 주도한다는 사실은 결코 편하지만은 않은 현실이었다. 과거 한국은 열강들의 경쟁 속에서 식민의 나락으로 빠져들지 않았던가. 한국이 또다시 과거의 어두운 역사를 반복하지 않기 위해서는 최대한 민족의 역량을 세계만방에 증명해야 했다. 한국인이 일본 제국주의에 맞서 오랫동안 싸워왔고, 지금도 싸우고 있으며, 앞으로도 그러할 것이라는 증명, 그리고 한국이 충분히 독립국가를 운영할 수 있다는 증명 말이다. 이를 위해 한국은 연합국과 우호 관계를 맺고 연합전선을 형성해야 했다.

이것이 바로 조선건국동맹 강령 2조의 함의였다.

조선건국동맹은 민족해방을 이룩한 후 이 땅에 어떤 나라를 세우려고 했을까? 그 답은 강령 3조에 있다. 바로 민주주의 원칙에 따라 운영되는 국가이자 노농대중의 정치·경제적 해방이 전제되는 국가였다. 즉 조선건국동맹은 다수의 민중을 중심으로 한 민주주의국가를 건설하려 했다. 하지만 안타깝게도 강령 속에 조선건국동맹이 지향한 신국가의 모습이 구체적으로 드러나 있지 않다. 강령은 조선건국동맹에 참여한 좌·우 세력이 모두 공감할 수 있는 선에서 최소한의 원칙만 담았기 때문이다. 그나마 다행인 것은 여운형의 회고를 통해 조선건국동맹 결성 당시 그들의 국가관을 좀더 구체적으로 알 수 있다는 점이다.

4년 전 우리가 건국동맹을 결맹할 때에 조선의 당면한 단계, 지금으로 현 단계에는 조국을 외국의 굴레에서 해방함과 동시에 우리 민족으로서도 대다수 인민을 봉건적 토지제도와 대재벌의 독점적 착취에서 해방하고, 유산계급만의 정치적 특권이 행사될 수 없고, 구성원의 절대다수인 광범한 인민의 모든 자유와 기회 균등이 보장될 수 있는 민주주의적 국가로 재건하여야 할 시기이기 때문에, 당시의 동지 중에서는 20년 내의 공산주의자도 있었지마는 현 단계의 민주주의적 과업의 수행을 위하여 투쟁할 진보적 민주주의자를 널리 포섭할 수 있는 성격의 건국동맹 체제와, 계급적 정강이 아닌 광범한 인민적 민주주의 건국을 위한 현 단계적 정강을 가지고 나가자는 데에 동지들은 완전히 합의하여 그 노선을 실천하여왔다.

– 여운형, 〈민주정당 활동의 노선〉, 《조선인민보》, 1946년 8월 11일

여운형은 조선건국동맹이 '광범한 인민적 민주주의국가'를 지향했다고 회고한다. 그가 말하는 광범한 인민적 민주주의국가란 무엇인가? 그는 다수의 광범한 인민의 자유와 기회 균등이 보장되는 민주주의적 국가라고 설명한다. 이런 국가를 건설하기 위해 다수 인민의 정치·경제적 해방이 전제되어야 한다. 즉 대다수 인민은 소수 유산계급의 정치적 특권에서 벗어나 자유와 기회 균등을 기반으로 한 정치적 권한을 획득해야 하며, 봉건적 토지제도의 억압과 대재벌의 독점적 착취에서 벗어나야 한다고 생각했던 것이다.

그러나 광범한 인민적 민주주의국가란 여전히 모호하다. 이것이 현실 정치에서 공산주의적 지향을 가지는지, 사회민주주의적 지향을 가지는지 불분명하기 때문이다. 여운형은 조선건국동맹 결성 당시 "공산주의자와 진보적 민주주의자를 널리 포섭"해야 했기 때문에 계급적 정강을 내세우지 않았다고 밝혔다. 조선건국동맹의 인민적 민주주의국가가 태생적으로 모호할 수밖에 없었던 이유는 바로 여기에 있다. 다만 '공산주의자와 진보적 민주주의자'가 민족해방과 건국이라는 당면 목표를 위해 공동 투쟁할 수 있도록 설정된 것이니만큼 인민적 민주주의국가는 공산주의와 사회민주주의의 가치들이 혼합된 과도적 형태를 의미했을 것이다.

한 가지 짚고 넘어갈 것은 인민적 민주주의국가와 인민민주주의정부의 상관관계다. 1935년 코민테른 7차 대회에서 반파쇼 인민전선전술이 제기된 이래 공산주의자들은 '인민민주주의'를 적극적으로 수용했다. 여운형은 1920년대에 공산주의자로 활동했고, 이후에도 공산주의에 친화력을 느꼈기에 인민민주주의의 영향에서 자유롭지 않았을 것이다. 그러나 여운형이 말한 인민적 민주주의국가는 인민민주주의국가와 동일하지 않다.

공산주의자들이 말하는 인민민주주의국가는 민족통일전선정부지만 노동자와 농민의 헤게모니 장악을 전제조건으로 한다. 즉 인민민주주의국가란 노동자와 농민의 주도하에 민족주의자들과 연합하여 통일전선정부를 구성하는 것을 의미한다.

여운형은 공산주의자들이 말하는 인민민주주의의 화법을 그대로 차용하여 인민적 민주주의를 이야기한다. 그 때문에 그가 말하는 인민적 민주주의는 공산주의자들의 인민민주주의와 상당히 비슷해 보인다. 하지만 그의 인민적 민주주의국가에는 헤게모니가 누구에게 있는지 명확하지 않다. 그 이유는 일차적으로 여운형이 조선건국동맹을 과도적 성격의 단체로 규정했기 때문이다. 하지만 보다 중요한 이유는 여운형이 헤게모니보다 건국을 더 우선시했기 때문이다. 여운형에게 중요한 것은 광범한 계급의 연합, 민족 역량의 총집중을 통한 독립의 완성이었지 헤게모니 문제가 아니었다. 이것이 바로 여운형과 여타 공산주의자들을 구별 짓는 최대의 차이점이었다.

국내 세력을 결집하라

민족 역량의 총집중을 위한 첫걸음은 국내 세력을 총집중하는 것이었다. 조선건국동맹은 중앙에 내무부를 두고 조동호와 현우현에게 조직을 관리하고 국내의 동지를 규합하는 역할을 맡겼다. 특히 조동호와 이림수李林洙는 조선민족통일동맹 시절부터 보따리장사로 위장하여 전국을 누비고 다녔다. 그들은 중앙과 지방을 연결하는 연락 업무를 담당하는 한편 함께할 동지를 찾아 전국을 왕래했다.

지방에는 각 도마다 책임위원 두세 명을 선임하고 그들을 중심으로 조직을 관리·확대해나갔다. 대개 신간회 지회에서 활동한 경력이 있는 지역활동가들이 책임위원으로 임명되었다. 조선건국동맹의 지방 조직은 대개 조직 체계를 따로 꾸리지 않고 책임위원들이 중심이 되어 소그룹 형태로 운영되는 무형의 조직으로 구성되었다. 조직은 있지만 전체 조직도를 그릴 수 없도록 점조직 형태로 존재했다. 효율성은 떨어지는 대신 보안을 최우선으로 했던 셈이다. 지방에 따라서는 유형의 조직으로 꾸려진 곳도 더러 있었는데, 이들 지역은 대개 해방연맹이나 농민동맹이라는 이름을 사용했다. 조직이 드러나더라도 쉽게 조선건국동맹을 연상할 수 없도록 이명동체異名同體의 방식을 채택한 것이다. 문서를 남기지 않고, 조직에 대해 말하지 않으며, 이름을 말하지 않는다는 3대 규칙, 불문不文·불언不言·불명不名을 규칙으로 정한 것도 모두 조직을 지키기 위한 방편이었다.

조선건국동맹의 가장 큰 특징은 중앙과 지방 조직 외에 계층별로 산하 조직을 구성했다는 점이다. 조선건국동맹은 농민·노동자·청년·학생·부녀자 등 각 계층을 소그룹 형태의 여러 조직으로 묶어 각자의 역량에 따라 민족해방투쟁과 건국 준비 등의 분야에서 활동하게 했다. 이와 함께 학병·징병·징용 거부자를 조직하거나 군사 조직을 구성하여 군사 훈련을 실시하고 유사시에 대비한 것도 건국동맹 산하 조직의 특징이었다.

청년학생조직이었던 '청운회'를 보면 당시 산하 조직이 어떻게 꾸려졌는지 알 수 있다. 청운회 관련자 김순호의 증언에 따르면 그는 경복중학교 재학 중 여운형의 집에서 사회주의운동가 전사옥全嗣玉을 만났고, 그의 소개로 경기고등보통학교 출신의 청년 활동가 문규영을 만났다. 그 후 문규영의 지도하에 경복중학 동기동창생을 중심으로 청운회를 조직했다. 청운회원들은 졸업 후 각지로 흩어져 직장별로 조직 활동에 종사하다가 일제에 검거되어 감옥에서 해방을 맞았다. 이렇듯 조선건국동맹의 산하 조직은 몇몇 활동가를 중심으로 활동인자를 만들어내고, 그들을 통해 마치 피라미드처럼 전국으로 퍼져나가는 전형적인 점조직 형태를 띠었다.

안타깝게도 조선건국동맹의 지방 조직과 산하 조직의 규모가 어느 정도였는지, 그 수가 얼마나 되었는지 정확하게 파악되지 않는다. 많은 조직들이 해방까지 비밀을 유지했기 때문에 관련 자료가 남아 있지 않고, 여운형을 비롯한 관련자 대부분이 해방 정국과 한국전쟁의 파란 속에서 증언을 남기지 못했기 때문이다. 다만 조선건국동맹 관련 인사들이 해방 직후 건국준비위원회建國準備委員會에서 주도적으로 활동했다는 점으로 미루어 조직의 규모를 대략 추측할 뿐이다.

이렇듯 조선건국동맹은 중앙 조직·지방 조직·산하 조직을 통해 국내세력의 결집을 도모했다. 특히 조선건국동맹은 지방 조직과 산하 조직을 통해 하부 조직의 결성에 주의를 기울였다. 하지만 하부 조직의 결성만으로 국내 세력의 총역량을 모으는 데는 한계가 있었다. 사회주의·민족주의세력을 망라하여 국내에 존재하는 모든 세력과 연합하고 협조를 구하기 위해서는 상층부 간의 접촉이 필요했다. 이를 위해 조선건국동맹은 결성 초기부터 국내 모든 세력들과의 연결을 적극 도모했다.

당시 국내 주요 정치 세력의 동향은 어땠을까? 먼저 사회주의 세력의 동향을 살펴보자. 1941년 경성콤그룹이 일제의 대규모 검거로 해체된 이후 사회주의자들은 소규모 투쟁을 이어나갔다. 특히 경성콤그룹의 잔여 세력은 여러 소그룹을 결성하여 활동하면서 해방 직전까지 사회주의자들 사이에서 가장 큰 영향력을 발휘했다.

현재까지 알려진 소그룹 가운데 대표적인 것은 공산주의자협의회 · 자유와 독립 그룹 · 스탈린단 · 화요회 그룹 등이다. 공산주의자협의회는 서중석徐重錫(1904~?)을 국내 책임자로 하여 이정윤李廷允(1897~?) · 김일수金一洙(1896~?) · 김태준 등이 참여했다. 그들은 이현상李鉉相(1905~1953)과 연락하는 한편 박헌영과 연계를 맺기 위해 노력했다. 그들은 용산철도국 등 주요 시설에 조직선을 가지고 있었고, 경인 지역 노동자들과도 연결되어 있었다.

자유와 독립 그룹은 함경북도 청진의 일본제철을 중심으로 활동했다. 이승엽李承燁(1905~1953) · 김일수와 조직적으로 연결되어 있었다. 특히 김일수는 공산주의자협의회와 자유와 독립 그룹에 모두 관여하면서 두 조직의 연결 고리로 활동했다. 그 외에 스탈린단은 이영과 정백鄭栢(1899~1950)이 주도한 사회주의 그룹으로 평남 · 황해 · 강원 등 각도에 개별 조직 형태로 간부를 구성했다. 화요회 그룹은 조동호 · 정재달鄭在達(1895~?) · 최원택崔元澤(1895~1973) · 홍남표洪南杓(1888~1950) · 이승엽 등이 간부를 구성하고 인천 · 황해 · 경북 등에 지방 조직을 두었다.

경성콤그룹 해체 이후 사회주의자들은 일제 말 공안 당국의 감시와 탄압 속에 대규모 결사를 조직할 수도, 대중투쟁을 지도할 수도 없었다. 더구나 합법적 투쟁이 모두 막혀 있었기 때문에 주로 비합법적 공간에서 활동했다. 하지만 사회주의자들은 소규모로 활동하면서 서로 간의 연결을 도모하고, 최대한 조직을 확대해가면서 투쟁을 이어나갔다.

조선건국동맹은 결성 초기부터 여운형의 집을 왕래했던 사회주의자들을 중심으로 사회주의 세력과 조직적으로 연계했다. 사회주의자들은 조동호처럼 조직에 직접 참여하거나 동지적 협조 관계를 맺고 협력했다. 최용

달崔容達(1902~?)·이강국李康國(1906~1955)·박문규朴文奎(1906~1971) 등이 동지적 협조 관계에 있던 대표 인사들로, 그들은 조선건국동맹에 직접 가담하지는 않았지만 조선건국동맹의 청년학생조직과 연결되어 건국 사업에 적극 참여했다.

조선건국동맹은 주요 사회주의자들과 접촉을 시도하면서 조직의 역량을 강화했다. 앞서 살펴본 김태준의 증언에서 알 수 있듯이 여운형은 현준혁玄俊爀(1906~1945) 등 유명 사회주의 인사들과 연락하기 위해 백방으로 그들을 수소문했다. 여운형은 사회주의자들을 조선건국동맹의 주요 축으로 참여시켰다. 그 결과 조선건국동맹은 당시 활동하던 사회주의자 대부분과 조직적 연계를 맺는 데 성공했다.

당시 민족주의자들의 동향은 어땠을까? 일제 당국은 1944년 한국인 사상 동향을 분석하고 그 특징을 '민족주의의 고조'로 파악했다. 실제로 당시 사회주의보다 민족주의와 관련한 사상사건이 더 많았다.(변은진, 「일제 말 비밀결사운동의 전개와 성격」, 2001) 1937년 이후 국내 각지에서 조직된 소규모 비밀결사의 수는 최소한 100여 개에 달하는 것으로 추정되는데, 이 가운데 다수가 민족의식 고취를 목적으로 활동했고, 말기로 갈수록 민족주의 경향은 더욱 강화되었다. 일제의 패망이 눈앞에 가시화되는 과정에서 일제에 최후의 타격을 가하기 위해 투쟁에 나선 이들에게는 어떤 이념보다도 민족적 가치가 압도적이었다. 어떤 사상도 민족을 위한 투쟁에 앞설 수 없다고 생각했다. 민족주의의 고양은 해방 직후 사회·경제적 조건이 지극히 사회주의 세력에 유리했음에도, 끊임없이 고조되어갔던 민족주의적 열기를 이해할 수 있는 주요 키워드다.

문제는 일제 말 일반 민중 사이에 불어온 민족주의 바람을 제대로 지도할 상층 지도부가 존재하지 않았다는 점이다. 불행하게도 민족주의를 대변하던 흥업구락부興業俱樂部, 수양동우회修養同友會 등의 기독교 세력, 천도교 신·구파,《동아일보》와《조선일보》로 대변되는 언론계 세력의 대표자 대부분이 전향하여 치욕적인 친일화의 길로 빠져든 상태였다. 친일 문제에서 비교적 자유로웠던 인사는 송진우宋鎭禹(1890~1945)와 안재홍安在鴻 (1891~1965) 정도였다.

송진우는 1940년《동아일보》가 폐간된 이후 거의 모든 공식 활동을 접고 칩거에 들어갔다. 통치 정책에 협조하라는 일제 당국의 강압을 와병을 핑계로 회피했다. 이와 함께 그는 일제하에서 더 이상의 민족운동을 포기했다. 전시 파시즘의 광풍 속에서 어떤 정치적 활동도 무의미하다고 판단했다. 반면 안재홍은 한때 일제의 강제 전향이라는 덫에 빠져들긴 했지만 민족운동에 대한 신념을 포기하지 않고 태평양전쟁을 계기로 활동을 재개했다. 그는 신간회 때처럼 민족주의자들이 다시 한 번 결집하여 해방을 준비해야 한다고 생각했다.

조선건국동맹은 주요 민족주의 지도자들과 접촉하며 그들과의 협조를 통해 조직의 역량을 강화하고자 했다. 당연히 송진우와 안재홍이 주요 대상으로 거론되었다. 1944년 어느 날, 여운형은 안재홍에게 조선건국동맹을 함께하자고 제안했다. 하지만 안재홍은 지하조직이라면 하지 않겠다며 거절했다. 안재홍은 합법적 정치운동이라는 자신의 오랜 지향을 고수했다. 여운형은 1945년 5월 허헌과 안재홍을 조선건국동맹의 부위원장으로 추대하고자 했으나 이 역시 실현되지 않았다. 하지만 여운형과 안재홍은 이런저런 이유로 만남을 거듭하면서 서로에 대한 신뢰를 쌓아갔다. 그들은 시국을 논의하고 토론하면서 서로의 생각을 이해했고, 결국 서로의 활동에 대해 적극 협조하기에 이르렀다.

하지만 송진우는 달랐다. 1944년 7월 안재홍이 송진우를 찾아가 민족주의 진영을 주류 역량으로 삼는 조직을 결성하여 해방을 준비하자고 제안했다. 그러나 송진우는 단호히 거부했다. 그는 충칭 임시정부가 연합국의 정식 승인을 받았고, 독립군 10만 명을 보유하고 있으며, 미국 차관 10억 달러 중 1억 달러를 이미 확보했으니, 일본의 패전만 기다리면 된다고 주장했다. 그는 충칭 임시정부가 환국하기만 하면 국내 문제는 모두 해결된다고 생각했다. 오판도 이런 오판이 없었지만 식민지 한국 최고의 지성이자 현실 정세 인식에 가장 탁월하다던 그는 충칭 임시정부에 대한 과장된 말만 늘어놓으며 안재홍의 제안을 일언지하에 거절했다. 그래서였을까? 여운형은 섣불리 송진우와의 접촉을 시도하지 않았다. 하지만 언젠가 송진우와 반드시 협력해야 한다는 사실을 잘 알고 있었다. 송진우 뒤에는 《동아일보》라는 커다란 배후 세력이 있었기 때문이다. 여운형이 송진우와 접촉한 것은 해방을 며칠 앞둔 시점이었다.

충칭 임시정부와 조선독립동맹

이때에 회색 헬멧을 쓴 셔츠 바람의 Y씨가 곰처럼 둥기적거리며 기린처럼 사방을 둘러보면서 뚜벅뚜벅 들어온다. 들어오며 손에 든 살부채를 연신 흔들어 보이며 이리저리 인사를 하는 것이다. (……) 이 Y 거인은 전문학교 시절에 명 스포츠맨으로 이름을 날리다가 신문사 생활을 거쳐 북경에 들어온 지 이미 칠팔 년이 되는 사람이다. (……) 북경서 사업가로서도 비교적 탐탁한 존재라는 이 Y 거인이 과감스레도 지하공작을 하고 있구나 하는 새삼스러운 놀람이지만, 이렇게 수월히 단시간에 연락이 될 줄은 꿈에도 예기하지 못했던 것이었다.

— 김사량金史良(1914~1950), 「노마만리」, 2002년

1945년 3월 소설가 김사량은 조선독립동맹 산하 조선의용군朝鮮義勇軍에 투신하기로 결심하고 옌안과의 연결선을 찾아 베이징의 도심에 자리 잡은 북경반점에 여장을 푼다. 영사관의 끄나풀, 헌병대의 밀정, 특무가 바글바글한 그곳에서 우연히 만난 Y씨는 곰처럼 몸집이 거대한 베이징의 사업가였다. 그런 그가 남의 이목을 피해 던진 한마디. "이왕이면…… 가보시지?" 김사량은 놀라서 자기도 모르게 "어디로?"라고 반문하지만 순간 모든 것을 깨닫는다. 그가 바로 그토록 찾아 헤맨 옌안의 연결선이라는 사실을.

김사량은 당시 Y씨를 단지 옌안 조선독립동맹과의 연결선 정도로 파악했지만 그의 정체는 그리 단순하지 않았다. Y씨의 본명은 이영선李永善이었다. 연희전문학교 재학 당시 이름을 날리던 축구선수였고, 이후 《조선중앙일보》 기자로 활동하다가 《조선중앙일보》가 자진 폐간하자 홀연히 중국으로 건너가 사업가로 변신했다. 여기서 운동선수이자 기자라는 이력이 눈에 띈다. 여운형의 존재가 느껴지기 때문이다. 여운형은 해방 후까지 스포츠 애호가로 유명했고, 그의 주변에는 체육인들이 넘쳤다. 이영선도 그중 한 명이었다. 그의 뒤에 여운형이 있었던 것이다. 그는 조선건국동맹이 결성되기 훨씬 이전부터 중국으로 파견되어 독립운동 세력과 연락을 꾀했던 여운형 최고의 해외 연락원이었다.

서울의 여운형과 베이징의 이영선을 잇는 고리는 체육인 이상백 · 만주군 항공장교 박승환朴承煥 · 합동통신 기자 엄태섭嚴太燮 등이었다. 이들이 베

이징에 오면 이영선은 옌안의 소식을 전하거나 독립동맹의 연락원과 연결해주었고, 자신이 직접 독립동맹의 인사들과 회담하기도 했다. 모두 목숨을 담보해야 하는 일이었다. 베이징과 옌안을 잇는 도상에는 독립운동가들의 목숨을 노리는 수많은 밀정과 끄나풀, 특무와 한간이 넘쳐났다. 그들이 목숨을 걸고 활동하면서 원했던 단 한 가지는 민족의 자유와 독립이었다. 그리고 이를 위한 그들의 임무는 조선건국동맹과 해외 독립운동 세력을 연결하는 일이었다. 조선건국동맹이 수많은 위험을 무릅쓰고 이처럼 많은 연락원들을 동원하여 연결하고자 했던 해외 독립운동 세력은 누구인가? 바로 충칭의 대한민국임시정부와 옌안의 조선독립동맹이었다.

대한민국임시정부는 1932년부터 중·일전쟁의 전선을 따라 근 8년여 동안 힘겨운 이동 생활을 하다가 1940년 충칭에 안착하면서 비로소 안정적인 기반을 마련했다. 임시정부는 분립되어 있던 정치 세력들을 한국독립당韓國獨立黨이라는 통합 정당으로 결집하고, 김구를 주석으로 하는 강력한 단일 지도 체제를 탄생시켰다. 이와 함께 중국 국민당 정부의 지원 아래 오랜 숙원 사업이었던 한국인 군대 한국광복군韓國光復軍을 창설하는 데 성공하면서 임시정부라는 이름에 걸맞은 명실상부한 민족의 대표 기관으로 부활했다.

임시정부의 변화·발전은 내외의 관심을 촉발시켰다. 특히 미주 한국인 사회의 적극적인 지원을 이끌어내면서 보다 내실 있게 재정적 기초를 다졌다. 또한 임시정부는 1942년 사회주의 세력인 김원봉·김규식金奎植 (1881~1950)의 민족혁명당과 산하 군대인 조선의용대를 끌어들여 역량을 크게 강화했다. 민족혁명당과의 연합은 분립한 양 세력의 결집을 넘어 임시정부에 신뢰와 협력을 바탕으로 한 좌·우 합작의 경험을 제공하는 무대였고, 향후 좌·우를 망라하는 민족의 중심 세력으로 거듭날 기회를 제공하

1945년 11월 3일, 환국 20일을 앞두고 충칭 임시정부 요인들과 직원들이 청사 앞에 모여 기념사진을 촬영했다. 맨 앞줄 가운데 김구가 섰고, 왼쪽 옆으로 김규식과 이시영이 섰다.

는 일종의 시험대였다. 임시정부는 그 최초의 관문을 성공적으로 넘었고, 이를 바탕으로 진정한 민족의 최고기관으로 거듭날 기회를 붙여잡았다.

임시정부는 민족의 대표 기관으로서의 위상을 대내외에 인정받기 위해 중국과 미국을 중심으로 정식 승인을 받는 데 외교력을 집중했다. 동시에 연합군과의 합작하에 광복군의 대일전쟁 참전을 최우선 목표로 삼았다. 참전은 임시정부의 실력을 과시할 중요한 기회였다. 승인 외교와 대일전쟁 참전은 임시정부의 향후 정치적 위상을 좌우할 최고의 정책이었다.

하지만 임시정부가 처한 현실은 그리 밝지 않았다. 미국은 임시정부의 공식 승인 요구를 묵살한 채 미국 정보기관 OSS(Office of Strategic Services)와의 특수작전 등 광복군 일부의 부분 참전만 허용했다.

이 무렵 임시정부의 불안감을 키우는 사건이 발생했다. 폴란드가 독일로부터 해방하는 과정에서 소련이 폴란드의 망명정부가 아닌 자신들이 지지하는 폴란드 국민해방위원회를 공식 정부로 승인한 것이다. 만약 소련이 대일전쟁에 개입하게 되면 정세가 완전히 다른 국면으로 진행될 가능성이 있었다. 이런 상황을 타개하기 위해 임시정부는 외연을 확대하여 몸집을 불려야 했다. 임시정부의 배타적 영도하에 민족의 대단결을 이루는 것, 그것이 임시정부 지도자들 사이에 점차 중대한 문제로 부각되기 시작했다. 그들이 가장 중시한 대상은 조선독립동맹과 국내 세력이었다.

중국에는 임시정부 외에 또 하나의 주요 단체가 있었다. 바로 조선독립동맹이었다. 독립동맹은 1942년 7월 중국 화베이(華北) 지역의 한국인들을 기반으로 만든 공산주의자들과 민족주의자들의 통일전선 조직이었다. 조선독립동맹의 주석은 한글학자로 유명했던 김두봉金枓奉(1889~1960)이었고, 중국공산당 소속 팔로군 장교였던 무정武亭(1905~1951)과 중국으로 망명한 공산주의자 최창익崔昌益(1896~1957) 등이 주요 지도자로 활약했다. 그리고 중국공산당에 소속되어 활동하던 한국인 공산주의자들과 민족혁명당 등에서 활동하다 북상한 좌·우익 한국인들, 일본군에 강제 입영되었다가 탈출한 학병 지원병 등으로 구성되었다.

조선독립동맹은 등장과 함께 국내외의 관심을 받았다. 문인 김태준과 김사량처럼 독립동맹을 찾아 옌안을 방문하는 한국인들이 끊이지 않을 정도였다. 조선독립동맹이 대내외로 유명해진 이유는 바로 그들 산하의 강력한 군대 조선의용군 때문이었다. 조선의용군은 본래 화베이 지역으로 북상한 민족혁명당 소속 조선의용대를 기반으로 했다. 조선의용군은 본격적인 전투부대라기보다 무장 선전 부대에 가까웠지만 호가장전투胡家庄戰鬪 등을 거치면서 명성을 드높였다. 조선의용군은 이런 활약을 바탕으로 1945년 해방되기까지 약 1,000여 명에 달하는 민족 최대의 군대로 성장했다.

1943년 이후 조선독립동맹은 중국공산당의 강력한 영향하에 친중공 노선을 표방한다. 코민테른과 소련의 영향에서 벗어나 독자 노선을 걷고자 했던 중국공산당이 마오쩌둥 노선으로 독립동맹을 적극 유도한 결과였다. 중국공산당은 조선독립동맹 내에서 충칭 임시정부 · 중국 국민당 · 민족혁명당의 영향력을 제거하고, 국민당과 충칭 임시정부의 연대 관계에 필적하기 위해 중국공산당과 조선독립동맹의 연대를 강화했다. 이 과정에서 조선독립동맹과 조선의용군에 대한 중국공산당의 영향이 크게 확대되었고, 중국공산당 출신의 무정이 조선독립동맹과 조선의용군의 실질적인 지도자로 부상했다.

조선독립동맹은 조직의 투쟁 목표를 민주공화국 건설과 일제로부터의 독립 쟁취로 설정했다. 중국공산당과 공산주의자들의 지도하에 있으면서도 조선독립동맹의 강령은 공산주의적 색채를 거의 띠지 않았다. 그 이유는 조선독립동맹이 반일통일전선을 최우선 목표로 삼고, 민족주의자들도 긍정할 수 있는 최소 강령을 작성했기 때문이었다. 조선독립동맹은 공산주의자와 민족주의자가 모두 조선독립동맹의 기치 아래 광범한 통일전선을 형성하는 것을 최우선 목표로 삼았다. 여기에는 기본적으로 인민전선전술에 입각한 광범위한 계급동맹전술이 영향을 미쳤다. 조선독립동맹은 조직의 외연을 넓히기 위해 여러 운동 세력과의 연대에 집중했다. 일차 접촉은 조선건국동맹과 충칭 임시정부와 이루어졌다.

해외 세력을 결집하라

"선생(여운형)이 국내에서 운동을 하기 위하여는 회색도 좋고 흑색도 좋다. 우리
는 신뢰한다. 선생이 만일 혁명을 하다가 죽는다면 조선이 독립한 후 내가 귀국
하여 시체라도 지고 삼천리강산을 돌아다니며 선전하겠노라."

― 무정의 진술, 「여운형 투쟁사」, 1946년

1944년 6월과 9월 두 차례에 걸쳐 무정의 공작원들이 여운형을 찾아왔
다. 여운형은 처음에 그들을 믿지 않았다. 그의 주변에는 언제나 일제의 밀
정과 끄나풀이 넘쳐났기 때문이다. 하지만 그들이 가져온 무정의 편지를 받
아든 순간 여운형은 상하이 시절 함께 활동했던 무정의 필체를 알아보았다.
편지에는 당시의 세계 정세, 중국공산당과 독립동맹의 발전 상황, 독립동
맹의 국내 공작 방향과 방법 그리고 대상, 향후 연락 방법 등이 자세히 적혀
있었다. 조선건국동맹과 조선독립동맹의 첫 접촉은 이렇게 이루어졌다.

1945년 4월 연안 독립동맹과 연락이 있었을 때에 무정 장군으로부터 조선에는
무산계급혁명 단계가 아니고 공산당의 명칭을 가지고 나갈 단계가 아니기로 조
직을 조선독립동맹이라 하고 진보적인 민주주의의 강령을 채택했으니 앞으로
입국하여서도 조선건국동맹이라는 이념과 실천이 모든 점에서 완전히 합류된
것이라는 의사를 전하여 왔기로 관점과 실천이 미리 의논한 것처럼 일치한 데서
매우 유쾌했다.

― 여운형, 〈민주정당 활동의 노선〉, 《조선인민보》, 1946년 8월 11일

조선의용군은 1942년 조선의용대 화베이 지대를 개편한 조선독립동맹의 당군黨軍이다. 본격적인 전투보다는 주로 무장 선전 부대로 활동했다.

서로의 존재와 의사를 확인한 양측은 12월 베이징에서 대표자들을 통해 본격적인 회담을 가졌다. 조선건국동맹 대표로 이영선과 이상백이 나왔고, 조선독립동맹에서는 무명의 공작원이 참석했다. 이 자리에서 양측은 각각 옌안과 국내의 사정을 전달하고, 양측의 '완전한 연결을 맹약'했다. 이후 해방 직전까지 양측은 매월 한 차례 이상 정기적으로 만나 의견을 조율했다. 양 조직의 투쟁 목표·방략·전술을 구체적으로 협의했고, 이후 양측의 강령과 이념까지 조율했다. 이로써 조선건국동맹과 조선독립동맹의 완전한 연결이 이루어졌고, 조선건국동맹은 외연을 조선독립동맹은 내연을 확대·강화했다.

한편 조선건국동맹과 조선독립동맹은 또 다른 해외 독립운동 세력과 연결하기 위해 최선을 다했다. 조선건국동맹이 노력을 기울인 단체는 임시정부였다. 조선건국동맹은 최근우崔謹愚(1897~1961)를 통해 베이징에 나와 있는 임시정부의 연락원과 접선을 시도했지만 실패했다. 안타깝게도 임시정부는 당시 조선건국동맹의 존재를 몰랐다. 임시정부는 여러 차례 국내로 공작원을 파견했지만 대개 개별적인 활동에 그쳤고, 국내의 어떤 조직과도 연결되지 못했다.

하지만 기회가 아주 없지는 않았다. 임시정부는 조선독립동맹과 적극적인 연결을 도모했고 그 결과 몇 차례 서신을 교환할 수 있었다. 임시정부가 조선독립동맹과 연결된다면 자연히 조선건국동맹과도 관계를 맺게 될 터였다. 임시정부 입장에서 조선독립동맹은 반드시 합작에 성공해야 하는 최선의 대상이었다. 어떤 세력보다 연락이 용이할 뿐 아니라 양측의 지도자들 가운데 인맥으로 연결되는 사람들도 많았다. 외연을 확대해야 하는 임시정부로서는 조선독립동맹만큼 적당한 합작 대상도 없었다.

"김두봉을 만나 좌·우 통일전선을 중경에서 결성하자고 제의했더니 찬성해요. 자기가 중경으로 가겠다는 겁니다. 다른 간부들도 모두 찬성이었어요. 그때는 일제의 패망이 얼마 남지 않았음을 확신할 수 있을 때였으니까 우리가 하루빨리 뭉쳐 해방에 대비해야 한다는 생각을 쉽게 가질 수 있던 때였습니다."

– 장건상의 회고, 김학준 편, 『혁명가들의 항일 회상』, 1988년

1945년 4월 김구는 장건상을 옌안으로 파견하여 조선독립동맹과의 합작을 추진한다. 장건상의 증언에 따르면 조선독립동맹은 김구의 제안을 매우 반겼다. 하루빨리 뭉쳐 해방에 대비해야 한다는 생각이 거의 모든 독립운동 세력에 전파되어 있었기 때문이다.

만저우 항일 빨치산의 대표자 김일성도 마찬가지였다. 김일성은 충칭 임시정부와의 합작을 통해 조국 해방을 위한 최종 작전에 광복군의 무력을 동원할 수 있다고 생각했다. 김일성은 임시정부에 이런 생각을 담은 서한을 보냈지만 불행히도 전달되지 못했다. 소련 내 한국인 부대라는 존재는 반공적 성향의 김구에게 껄끄러울 수밖에 없었지만, 민족 해방을 위해서라면 함께하지 못할 이유도 없었던 것이다.(정병준,『광복 직전 독립운동세력의 동향』, 2009)

이렇듯 독립운동 세력들은 서로를 갈구했다. 자신의 모자란 힘을 다른 세력으로 보충하고 하나로 묶어 조국 해방을 위한 마지막 전쟁을 준비하고자 했다. 그들의 전술은 국외 무장 세력의 국내 진입과 이에 맞춘 국내 세력의 무장봉기였다.

최후의 결전

일제의 패망이 확실시되면서 국내외의 독립운동가들은 민족해방을 위한 최후의 전쟁을 어떻게 진행할지 진지하게 고민했다. 그들은 대부분 한국인의 힘으로 일제를 구축하기를 원했다. 아니, 최소한 연합국과의 협조를 통해 공동 투쟁이 가능하기를 바랐다. 민족해방을 위한 최후의 전쟁에 한국은 민족의 역량을 총동원해야 했다.

여운형은 결정적 시기가 도래하면 해외의 상비적 유격대가 국내로 진공하고, 이에 호응하여 국내에서는 비정규군인 노농군이 무장봉기하는 투쟁 전술을 구상했다.(정병준, 「조선건국동맹의조직과 활동」, 1993) 노농군이란 러시아혁명 당시 노동자·농민 병사 등이 구성했던 적위대를 염두에 둔 것으로, 결정적 시기에 자발적으로 조직되는 비정규 민병대를 의미했다. 여운형은 결정적 시기가 도래하면 마치 혁명과 같은 상황이 벌어질 것이라 예상했고, 러시아의 적위대처럼 자발적으로 조직된 노농군의 무장봉기로 일제에 마지막 일격을 가한다는 시나리오를 구상했다.

사실 결정적 시기에 해외 군사 조직의 국내 진공과 국내 비정규 군사 세력의 무장봉기라는 시나리오는 태평양전쟁 발발 이후 국내외 거의 모든 독립운동 세력들 사이에 보편화된 투쟁 전술이었다. 국내외 세력이 한꺼번에 폭동을 일으켜 독립을 쟁취한다는 무장봉기론이 좌·우를 망라한 독립운동가들 사이에서 가장 현실적이고 타당한 최후의 결전 방식으로 공유되었던 것이다. 여기에 여운형은 노농군이라는 자발적 군사 조직을 상정했다. 그는 학병·징병·징용 거부자들을 노농군의 핵심으로 삼을 생각이었다. 이제 필요한 것은 노농군 편성을 선도할 조직과 노농군을 지도할 군사 지도자, 노농군이 사용할 충분한 무기, 그리고 국내로 진공할 해외 군사 조직과의 전면적인 연대였다.

여운형은 만주군 항공장교 박승환과 함께 해외 독립운동 단체와의 연합 군사 행동을 계획하고, 만주군 내 선진적 군인들을 포섭하여 국내진공작전에 참여하게 하는 방법을 의논했다. 그리고 박승환을 옌안으로 파견하여 조선독립동맹과 최후의 결전을 위한 구체적인 전술을 가다듬었다. 조선건국동맹은 이 자리에서 국내 진공을 위한 유격대를 어떻게 편성할지, 어떻게 국경을 침투할지 등을 협의했다. 또한 만저우의 전 군대를 지휘할 계획을 수립하고, 만저우의 장교들이 입국할 때를 대비한 은신처 마련부터 식사 공급에 이르기까지 세밀하게 계획했다.

조선건국동맹은 1945년 초 국내 공산주의자협의회와 노농군 편성을 목적으로 하는 군사위원회를 설치하는 데 성공했다. 군사위원회는 황해도와 강원도에 책임자를 파견하고, 대구·부산·목포·평양 등에서 조직 활동을 펼쳤으며, 국내로 진공할 부대로 만저우에 조선독립군을 결성한 것으로 알려졌다. 군사위원회와 조선독립군에 관한 정보는 현재 단편적으로만 존재하기 때문에 실체와 활약상을 구체적으로 알기 어렵다. 다만 추측하건대 군사위원회는 유사시 노농군 편성을 선도하고, 조선독립군은 국내 진공을 담당할 상비적 유격대로 조선독립동맹의 조선의용군 등 해외 군대와의 연합작전과 국내의 무장폭동을 총지휘할 지휘 부대로 추정된다.

이와 함께 조선건국동맹은 유사시 무기를 확보하기 위해 경기도 주안(현재 인천)에 있던 조병창의 한국인 중좌 채병덕蔡秉德(1914~1950)과 접촉을 시도했다. 이를 담당한 여운형의 연락원은 베를린올림픽의 금메달리스트 손기정孫基禎(1912~2002)이었다. 손기정은 몇 차례에 걸쳐 채병덕을 만났지만 그는 여운형과의 만남을 거부했다고 회고했다. 하지만 채병덕이 해방 직전 여운형을 찾아왔다는 또 다른 관련자의 증언도 있다. 사실 여부는 확인할 수 없지만 여운형이 문제의 조병창에 또 다른 조선건국동맹 조직원을 심어 놓았다는 증언도 있어서 무기 확보를 위한 조선건국동맹의 준비가 이중 삼중으로 진행되었음을 짐작할 수 있다.

이렇듯 조선건국동맹은 국내 봉기를 위한 준비와 해외 세력의 국내 진공을 위한 준비를 착착 진행했다. 결정적인 국면이 도래하면 지휘 부대의 지시에 따라 국내외에서 동시다발적인 진격과 봉기가 진행될 터였다. 경우에 따라서는 연합군과의 공동 진격이 될 수도 있고, 한국인만의 단독 진격이 될 수도 있었다. 모든 가능성을 염두에 두고 최후의 결전을 준비해야 했다.

여운형은 1945년 당시 전쟁이 최소한 1년 정도 더 진행될 것으로 예상했다. 미국은 1945년 3월 대규모 도쿄 공습을 감행하며 일본 본토 상륙전이 얼마 남지 않았음을 예고했고, 일본군 역시 최후의 본토 방어전을 준비했기 때문이다. 전쟁의 끝은 아무도 예측할 수 없었다. 다만 전쟁이 막바지라는 것, 하루하루 최후의 결전이 다가오고 있다는 것, 그리고 우리에게 주어진 시간이 그리 많지 않다는 것만은 분명했다. 최후의 시간이 목전에 다다랐다.

민족대회를 개최하라

일제의 패망이 가시화되자 총독부 관료들의 관심은 온통 일본인의 신변 보호와 일본군의 안전한 철수에 쏠려 있었다. 그들은 여러 차례 여운형과 안재홍을 불러 자신들이 직면한 현실에 대해 대책을 논의하고자 했다. 그들이 보기에도 여운형이나 안재홍만큼 독립 정신이 투철한 애국자는 없었고, 두 사람이 뒷날 한국의 유력한 지도자가 될 것이 분명한 만큼 이들과 시국을 논의하는 것이 최선이라 판단했을 것이다.

1945년 5월 경무국장 니시히로 다다오(西廣忠雄) 등 총독부 관원이 자리를 마련했다. 여운형과 안재홍은 누가 먼저라고 할 것도 없이 '민족대회'를 소집하겠다고 말했다. 민족대회를 통해 민족의 대표자를 모으고, 대표자들의 의견에 따라 시국을 수습하겠다는 계획이었다. 당시 여운형과 안재홍은 만날 때마다 놀라운 얘기를 쏟아놓았다. 지난번에는 "학생과 사상범을 모두 석방하라", "일정한 언론과 행동의 자유를 달라"고 하더니 이번에는 "민족

자주에 입각하여 민족대회를 소집하겠다"고 했다.

총독부 관료들은 곤혹스러운 표정을 감추지 못했다. 여운형과 안재홍의 입장은 십분 이해가 되었지만 섣불리 요구를 들어주었다가 수습하지 못할 상황이라도 벌어지면 큰일이었다. 아무리 불리한 상황이라 해도 한국은 아직 일제 통치하의 식민지가 아니던가. 관료들은 치안유지법을 들먹이며 논의와 협조를 요구했지만 여운형과 안재홍은 요지부동이었다. 조선총독부의 양보가 없다면 어떤 협력도 하지 않겠다는 신념이 확고했다.

안재홍은 1944년 12월 무렵부터 조선총독부를 대상으로 합법적인 정치 공간을 마련하기 위해 노력했다. 비합법적 비밀결사만으로는 일제의 패망 이후를 제대로 준비할 수 없다고 판단했다. 안재홍은 언론과 행동의 자유를 확보하고, 감옥에 있는 민족지도자들까지 모두 한자리에 모아 민족의 장래를 논의해야 한다고 생각했다. 그런 자리가 마련된다면 민족 스스로의 힘으로 새로운 국가를 건국할 기초를 마련하고 미래를 준비할 수 있을 터였다. 안재홍도 조선총독부가 당장 양보안을 내놓으리라고는 기대하지 않았다. 그러나 계속 두드리다 보면 길은 열린다고 믿었다. 전쟁은 막바지에 다다랐고, 조선총독부 관료들은 결국 그 압박을 견디지 못할 것이었다.

이 외에 궁지에 몰린 일제가 한국인을 향해 벌일지도 모를 피의 학살에 대한 우려 때문에라도 합법적인 정치 공간을 열어야 했다. 일제는 본토 방어전을 기획하면서 한국도 그 영역에 포함시켰다. 만약 한국에서 일제의 방어전이 펼쳐진다면 자신들의 안전을 도모한다는 미명하에 사상범을 모아놓은 '대화숙大和塾'을 중심으로 한국인에 대한 대규모 학살극을 자행할 가능성이 높았다. 이처럼 한반도가 전쟁의 소용돌이에 휘말릴 가능성이 높은 상황에서 민족 최악의 희생을 막으려면 총독부와의 대화 채널이 닫혀서는 곤란했다.

민족대회를 실현하기 위해 여운형과 안재홍은 1945년 8월 12일 송진우와 접촉했다. 교섭을 담당했던 정백은 송진우 측 대리인 김준연과 수차례 만나 일제 패망 후의 시국 수습과 민족대회 소집을 목표로 협상을 진행했다. 그러나 송진우는 끝까지 거부로 일관했다. 그는 전쟁 말기 일제의 광풍이 몰아치는 시국에서는 어떤 운동도 불가능하다는 자신의 지론을 고집했다. 그가 보기에 민족대회는 허황된 꿈에 불과했다. 또 여운형과 안재홍이 이런 운동을 위해 수시로 일제 당국과 만나는 것 자체를 위험한 행동이라고 판단했다. 그들의 행동이 세간에 친일로 비칠 수 있을 뿐만 아니라 그들이 일제의 함정에 빠져 실제로 친일화할 수도 있다고 우려했다. 그러나 송진우의 생각은 편협했다. 민족의 미래를 결정할 가장 중요한 시기에 아무런 행동도 하지 않은 채 시국을 방관한 자신에게 장차 어떤 시선이 쏟아질지 그는 생각이나 해보았을까.

민족대회소집운동은 당시 안재홍이 주도한 것처럼 보였지만 실상은 조선건국동맹의 표리 양면의 전술에서 비롯되었다. 안으로는 조선건국동맹을 통해 최후의 일전을 준비하면서, 밖으로는 민족대회소집운동으로 합법적인 투쟁을 벌인다는 전술이었다. 안재홍은 여운형과의 전술적 교감하에 민족대회소집운동을 펼쳤던 것이다. 민족대회소집운동이 조선건국동맹의 전술적 선택이었음을 증명할 또 다른 증거는 국외에서 찾을 수 있다. 또 하나의 민족대회가 옌안에서 준비되고 있었다.

조선독립동맹은 8월 29일 국치기념일을 맞아 조선독립동맹 제3차 대회를 겸하여 전 조선민족대회를 준비했다. 전 조선민족대회는 항일독립운동 세력을 하나로 결집하고, 이를 바탕으로 최후 결전의 방침과 향후 새 국가

건설의 방향을 결정하기 위한 장이었다. 이를 위해 조선독립동맹은 재연 안주비위원회籌備委員會를 구성하고 모든 독립운동 세력이 동의할 수 있도록 조선독립동맹의 강령을 새롭게 초안했으며, 장차 각지로 연락원을 파견하여 가능한 모든 독립운동 세력을 옌안으로 불러 모을 계획이었다.

주목할 것은 임시정부와 조선독립동맹이 과연 합작에 성공할 것인가의 여부였다. 임시정부는 자신들이 독립운동의 중심 지도기관으로 인정받을 절차로 독립운동자대표대회를 구상했다. 김구는 앞에서 살펴보았듯이 민족혁명당 출신의 장건상을 옌안으로 파견하여 조선독립동맹 측의 의사를 확인하고자 했다. 장건상의 목적은 임시정부와 조선독립동맹의 합작 여부를 타진하고 임시정부 주도의 독립운동자대표대회에 조선독립동맹의 대표를 파견해달라고 요청하는 것이었다.

사실 조선독립동맹의 민족대회와 임시정부의 대표대회는 모두 민족의 중지를 모으기 위한 절차였지만 두 단체 사이에는 운동의 주도권을 둘러싸고 미묘한 긴장감이 흘렀다. 두 단체 모두 기본적으로 자파 중심의 민족 결집을 도모했기 때문에 경우에 따라서는 극심한 갈등이 발생할 소지가 있었다.

그러나 당시 상황이 부정적이지만은 않았다. 장건상이 조선건국동맹의 대표와 함께 조선독립동맹의 민족대회에 참석할 예정이었고, 조선독립동맹의 주석 김두봉은 장건상에게 자신이 직접 충칭으로 가겠다고 약속했다. 조선독립동맹의 여성 지도자 김명시金明時(1907~1950)의 증언에 따르면 전 조선민족대회에서 조선독립동맹은 임시정부에 대한 협조를 결의할 예정이었다.

운동의 주도권을 둘러싼 조선독립동맹과 임시정부 사이의 알력은 예상 외로 쉽게 풀릴 수 있었다. 만약 조선독립동맹의 민족대회가 성공적으로 개최되었다면 임시정부의 대표대회는 보다 구체적인 논의의 장으로 진전

해방은 갑작스럽게 이루어졌다. 민족 해방과 조국 건설을 위해 준비했던 모든 계획들이 수포로 돌아갔다. 일제가 떠난 자리는 또 다른 외세가 채웠다. 한국의 레지스탕스들은 새로운 싸움을 준비해야 했다.

되었을 것이고, 두 대회를 기반으로 주요 독립운동 세력이 하나의 노선 아래 뭉칠 수 있었을지도 몰랐다. 그러면 해외의 군사력을 통합하여 최후의 결전을 준비할 수 있었을 것이고, 민족 스스로의 힘으로 해방을 이루었을지도 몰랐다. 또 그렇게 민족의 역량을 하나로 모아 민족해방을 이룩했다면 그 성과는 고스란히 자주독립국가의 수립으로 연결되었을 것이다.

절반의 해방

그러나 실제 역사는 그렇게 흘러가지 않았다. 임시정부와 조선독립동맹이 어떤 구체적인 합의도 이루기 전에, 조선건국동맹과 임시정부가 본격적인 만남을 갖기도 전에, 김일성과 만저우 빨치산 세력이 임시정부 · 조선독립동맹 · 조선건국동맹과 만나기도 전에 조국은 해방되었다. 히로시마와 나가사키에 떨어진 핵폭탄 두 발이 모두가 예상했던 일본 본토 상륙전을 취소시켰다. 그리고 일본이 항복했다.

"마침내 그 악독한 일제가 패망하고 민족이 독립을 얻었다고 생각하니 나도 모르게 눈물이 흐릅디다. 이때 내 나이가 만으로 예순둘. 불초하나마 항일운동에 뛰어들기 위해 망명길에 올랐던 때로부터 만 37년이 지나서였습니다. 정말 감격했습니다. 그러나 나도 인간인지라 한 가지 아쉬움을 느꼈습니다. 그것은 임정과 조선독립동맹의 통일전선을 채 보지 못하고 해방을 맞이한 데서 오는 것이었습니다. 이 통일전선이 이룩되고 나서, 그 통일전선의 토대가 굳어졌을 때 해방이 왔더라면 얼마나 더 좋았을까 하는 안타까운 생각이 잠시 들었습니다."

— 장건상의 회고, 김학준 편, 『혁명가들의 항일 회상』, 1988년

민족은 해방되었다. 한국인이 있는 곳이라면 어디든 기쁨이 넘쳤다. 심훈沈熏(1901~1936)이 노래했듯 "삼각산이 일어나 더덩실 춤이라도 추고, 한강 물이 뒤집혀 용솟음칠" 것처럼 온 사방에 기쁨과 환희가 넘쳐흘렀다.

하지만 해방을 위해 싸웠던 수많은 사람들은 아쉬워했다. 그 많은 노력과 수고를 민족을 위해 제대로 써보지도 못한 채, 해방이 문득 눈앞에 다가와버렸기 때문이었다. 그들에게 해방은 리셋 버튼과 같았다. 모든 것을 무無로 돌려놓는 리셋 버튼. 해방과 함께 독립운동 세력들 사이의 모든 합의는 연기처럼 사라져버렸다. 그리고 해방과 함께 새로운 싸움이 시작되었다.

중·일전쟁 발발 이후 일본 제국주의의 침략 전쟁이 중국 전역으로 확대되어감에 따라 독립운동 세력들은 정치 조직과 함께 군사 조직을 결성하고 일제와의 최후 대결을 준비했다. 해방 직전 한국인들로 구성된 무장부대들은 어떤 것이 있었을까?

한국광복군

한국광복군은 1940년 9월 창설된 대한민국임시정부 휘하의 항일 무장부대다. 30여 명으로 구성된 한국광복군 총사령부를 중심으로 총 세 개 지대로 편성되었다. 지청천池靑天(1888~1957)·이범석李範奭(1900~1972) 등 만주독립군 출신을 주요 지도자로 해서 한국청년전지공작대韓國靑年戰地工作隊와 김원봉의 조선의용대 잔류 세력을 흡수하면서 민족의 대표적인 무장부대로 성장했다. 1945년 8월까지 제1지대 100여 명·제2지대 250여 명·제3지대 100여 명 정도의 병력을 확보했다. 처음에는 중국 군사위원회의 지휘를 받았으나 1944년 9월부터 독자적인 지휘 체제를 확립했다.

한국광복군은 본격적인 무장부대가 아니라 선전 활동과 모병 활동을 중심으로 하는 무장 선전 부대였다. 연합군과 함께 교전 단체로 참가한다는 목표하에 화베이의 조선의용군 및 만저우의 항일무장부대와 통합하고 국내 지하군 편성 및 만저우 지역 의용군 편성을 계획하여 명실상부한 민족 부대로 거듭나고자 했다. 그러나 이 계획은 실현되지 않았다.

1943년 9월 영국군과 합작하여 인도에 공작대를 파견하고, 국내 침투 작전을 위해 미국 정보기관인 OSS와 공동 훈련을 실시했으나 국내 침투 직전 일본의 항복으로 실행하지 못했다. 결국 민족해방전쟁에 큰 기여를 하지 못하면서 미국 등 연합국의 인정을 받는 데 실패했고, 해방 후 무장을 해제한 상태로 귀국했다. 일부가 대한민국 국군으로 편입되었다.

조선의용군

조선의용군은 1942년 7월 조선독립동맹 휘하에 결성된 항일무장단체다. 조선의용대를 이탈한 주력 80여 명과 최창익 계열의 공산주의자들을 기반으로 조직된 조선의용대 화북지대가 그 전신이다. 조선의용군은 본격적인 무장부대가 아니라 적지와 유격지를 넘나들며 무장 선전 활동을 주목적으로 하는 무장 선전 부대였다.

조선의용군은 최창익 계열의 공산주의자 · 중국공산당 팔로군 계열의 공산주의자 · 김원봉 계열의 민족주의자로 구성되었다. 결성 초기에는 세 세력이 균형을 이룬 가운데 독자적으로 활동했으나 1943년 이후부터 중국공산당의 강력한 영향력에 편입되어 팔로군의 지휘를 받았다. 화북지대 결성 당시 병력이 약 140여 명이었으나 1945년 8월 당시는 1,000여 명의 대부대로 성장했다. 해방 후 중국인민해방군에 편입되어 중국의 국공내전에 참여했다. 규모로 보나 무장투쟁 경험으로 보나 해방 당시 한민족 최고의 무장부대였으나 국공내전이 종료된 후 북한 인민군에 흡수되었다.

88독립보병여단

88독립보병여단은 1941년 6월 소련이 일제의 토벌을 피해 들어온 동북항일연군을 주축으로 조직한 특수부대다. 전체 1,500여 명 가운데 한국인 100여 명이 포함되어 있었다. 한국인들은 주로 김일성 등 동북항일연군 출신의 만저우 빨치산이었고, 러시아 국적의 한국인들도 일부 포함되어 있었다.

88여단은 참모부·정치부·후방부·군검찰부·네 개의 보병대대·통신대대·포병대대·자동소총대대·정찰중대·공병중대·수송중대로 구성되어 있었는데, 각급 부대 지휘관과 정치 담당 부지휘관은 한·중 빨치산이 담당했다. 88여단의 주요 업무는 소·만 국경의 정찰 임무였지만 무선통신·낙하·사격·요인 암살 등 특수훈련을 받고 국내 침투 임무도 담당했다. 한국인 대원들 가운데 우수한 인력은 하바로프스크 보병학교에서 단기 교육을 받았으며, 해방에 대비하여 건국 계획과 관련된 토론을 벌이기도 했으나 구체적인 내용은 전하지 않는다. 1945년 5월 이후 대일전쟁에 대비한 군사 훈련과 작전 연습을 실시했으나 일본군의 항복으로 대일전쟁에는 투입되지 못했다. 9월경 소련군을 따라 북한으로 들어온 후 북한 정권의 핵심 세력이 되었다.

도둑처럼 다가온 해방, 그 후

"짐은 세계의 대세와 제국의 현 상황을 깊이 고려하여 비상의 조치로써 시국을 수습코자 이에 충량한 너희 신민에 고한다. 짐은 제국 정부로 하여금 미·영·중·소 4국에 대하여 공동선언을 수락할 뜻을 통고케 하였다. (……) 지난날 미·영 양국에 선전포고한 이유는 제국의 자존과 동아의 안정을 열망한 결과이고, 타국의 주권을 배척하고 영토를 침범함은 짐의 뜻이 아니었다. 그러나 교전한 지 이미 4년이 지나고 (……) 최선을 다했음에도 (……) 세계의 대세는 우리에게 유리하지 않다. 뿐만 아니라 적은 새로이 잔학한 폭탄을 사용하여 번번이 무고한 백성들을 살상하였으며 그 참해는 참으로 헤아릴 수 없는 지경에 이르렀다. 교전을 계속한다면 결국 우리 민족의 멸망을 초래할 뿐만 아니라 나아가서는 인류의 문명도 파괴할 것이다. (……) 짐이 제국 정부로 하여금 공동선언에 응하도록 한 것은 이런 까닭이다."

1945년 8월 15일 정오, 일본 천황의 중대 선언이 전파를 타고 전국에 방송되었다. '대동아전쟁 종결의 조서', 즉 일본의 항복 선언이었다. 그런데 막상 천황의 선언은 무슨 소리인지 잘 들리지 않았다. 전파 상태가 엉망이었기 때문이다. 선언의 내용에도 문제가 많았다. 잘못은 인정하지 않으면서 마치 일본이 피해자인양 거짓과 핑계로 진실을 호도했기 때문이다. 더구나 일본 천황은 '항복'이라는 말을 끝까지 입에 담지 않고 연합국의 공동선언을 수락한다고만 밝혀 선언의 내용을 모호하게 만들었다.

천황이 말한 연합국의 공동선언이란 포츠담선언을 의미했다. 포츠담선언은 일본에 무조건 항복할 것을 요구하고, 일본의 점령과 무장 해제 등 항복 조건을 구체적으로 명시한 연합국 측의 공동선언이었다. 즉 포츠담선언을 받아들인다는 것은 일본이 무조건 항복한다는 뜻이었다. 이로써 일본의 주권은 포츠담선언에 명시된 대로 혼슈·홋카이도·규슈·시코쿠 등 일본열도로 제한되었고, 한국은 일본의 식민지배에서 해방되었다. 한국인들의 오랜 독립 투쟁이 카이로선언 이후 이어져온 연합국들의 합의에 의해 한국의 독립 보장으로 결실을 맺는 순간이었다.

"해방의 날은 왔다. 이제 민족해방의 제 일보를 내딛게 되었으니 지난날의 아프고 쓰리던 것은 이 자리에서 다 잊어버리고 이 땅에 합리적이고 이상적인 낙원을 건설하자. 개인적 영웅주의는 모두 버리고 끝까지 집단적으로 일사불란의 단결로 나아가자."

– 여운형, 1945년 8월 16일

8월 16일 해방의 기쁨이 전국을 뒤흔들었다. 광복 소식을 듣고 모여든 사람들은 만세를 부르며 기쁨을 만끽했고, 일제에 구속되었던 정치범들과 경제범들도 감옥에서 풀려나 감격을 함께 나눴다. 일제의 잔악한 식민통치는 종말을 맞았고 마침내 한국은 해방되었다. 이로써 우리 민족이 꿈꾸던 자유도 눈앞에 성큼 다가오는 듯했다.

그러나 안타깝게도 해방은 완전하지 못했다. 해방이 우리만의 힘으로 성취되지 않았기 때문이다. 우리 민족은 오랜 세월 동안 수많은 목숨을 희생하며 조국 해방을 위해 싸웠지만, 막상 해방은 세계대전의 와중에 연합국의 승리로 결정되었다. 한국의 레지스탕스들은 최후의 결전을 준비했지만, 안타깝게도 해방을 위한 마지막 싸움에서 결정적 역할을 하지 못했다.

해방은 일본 본토에 떨어진 핵폭탄 두 개로 결코 원하지 않았던 시간에 도둑처럼 급작스럽게 찾아왔다. 그리고 이것은 아무도 예상치 못한 결말을 낳았다. 일제로부터 아시아를 해방시킨 두 나라, 미국과 소련의 분할 점령에 의해 한국은 분단되었다. 해방과 함께 찾아온 분단으로 한국의 레지스탕스들은 새로운 싸움을 시작해야 했다. 바로 민족의 독립을 완성하고 민족통일국가를 수립하기 위한 싸움이었다.

레지스탕스들은 각자 자신이 믿는 민주주의에 입각하여 근대 민족국가를 건설하고자 했다. 그 길은 대체로 세 갈래로 나누어졌다. 첫째는 미국과 영국을 모델로 한 자유민주주의였고, 둘째는 소련을 모델로 한 부르주아민주주의였으며, 셋째는 자유민주주의와 부르주아민주주의를 절충한 제3의 민주주의였다.

한국의 레지스탕스들은 세 가지 길을 사이에 두고 협력과 대립을 반복했다. 그러나 그들은 미국과 소련이라는 양대 강국의 강력한 규정력 속에서 하나로 단결하지 못하고 분열했다. 미국과 소련에 빌붙어 민족적 과제를 방기하고 분단을 선택하는 자들이 나타났기 때문이다. 그들은 권력을 탐하거나 혹은 자신이 믿는 민주주의만을 고집하며 다른 세력들과 타협을 거부하고 민족을 분열로 이끌어갔다. 이로써 민족의 앞날에는 짙은 암영이 드리웠다. 그러나 민족의 독립과 통일을 위해 끝까지 투쟁한 이들도 있었다. 그들은 자유를 위한, 억압과 착취에서 벗어나기 위한 싸움을 계속했다. 민족의 분열과 분단이라는 고통스러운 역사 속에서 그들의 투쟁은 빛나는 성과로 기록되었다. 그리고 그것은 온전히 대한민국의 자랑스러운 역사가 되었다.

참고 문헌

1. 입헌공화국 건설 프로젝트의 시작 | 신민회 |

구니토모 쇼겐, 「불령사건으로 본 조선인」, 『105인사건자료집』, 不二出版, 1986.

국사편찬위원회, 「대한신민회의 구성」·「대한신민회취지서」·「대한신민회통용장정」, 『한국독립운동사』, 1968.

국사편찬위원회, 「105인사건 공판시말서」, 『한민족독립운동사자료집』 1~2, 1986.

국사편찬위원회, 「105인사건 신문조서」, 『한민족독립운동사자료집』 3~4, 1987.

김구, 『올바르게 풀어쓴 백범일지』, 너머북스, 2008.

김도훈, 「공립협회의 민족운동 연구」, 『한국민족운동사연구』 4, 1989.

김도훈, 「1910년대 미주지역 항일운동」, 『1910년대 국외항일운동 2, 중국 미주 일본』, 독립기념관 한국독립운동사연구소, 2008.

박만규, 〈한말 안창호의 근대국민 형성론과 그 성격〉, 《전남사학》 11, 1997.

박찬승, 〈한국의 근대국가 건설운동과 공화제〉, 《역사학보》 200, 2008.

박현환, 『속편 도산 안창호』, 삼협문화사, 1954.

반병률, 『성재 이동휘 일대기』, 범우사, 1998.

반병률, 〈이동휘와 한말 민족운동〉, 《한국사연구》 87, 1994.

서중석, 『신흥무관학교와 망명자들』, 역사비평사, 2001.

서중석, 「한말 일제침략하의 자본주의 근대화론의 성격 – 도산 안창호사상을 중심으로」, 『한국근현대의 민족문제연구』, 지식산업사, 1989.

선우훈, 『민족의 수난, 105인사건진상』, 태극서관, 1947.

신용하, 〈신민회의 창건과 국권회복운동〉 상, 《한국학보》 8, 1977.

신용하, 〈신민회의 창건과 국권회복운동〉 하, 《한국학보》 9, 1977.

신용하, 〈신채호의 생애와 사상과 독립운동〉, 《사상》 10, 1991.

〈안악사건, 신민회사건판결문〉, 《한국학보》 8, 1977.

윤경로, 「도산의 국내 행적과 구국계몽활동」, 『한성사학』, 1994.

윤경로, 『105인사건과 신민회 연구』, 일지사, 1990.

이광수, 『도산안창호』, 범우사, 1995.

이명화, 〈1910년대 국외 독립운동기지개척운동과 안창호〉, 《도산학연구》 10, 2004.

조동걸, 〈안동유림의 도만경위와 독립운동상의 성향〉, 《대구사학》 15, 16 합집, 1978.

조동걸, 〈한말계몽주의의 구조와 독립운동상의 위치〉, 《한국학논총》 11, 1989.

주요한, 『안도산전서』 상, 범양사, 1990.

키노시타 타카오, 「신민회상의 형성에 관한 비판적 고찰」, 『한국민족운동사연구』 62, 2010.

『105인사건 공판참관기』, Japan Chronicle, 1912.

2. 중국 혁명의 방법으로 한국을 혁명하라 | 대한광복회 |

경상북도경찰부, 『고등경찰요사』, 1934.

광복단중앙총본부, 『광복단약사』, 1946.

광복회, 『광복회부활취지연혁』, 1945.

권대웅, 『1910년대 국내독립운동』, 독립기념관 한국독립운동사연구소, 2007.

김창수, 「풍기 광복단의 조직과 활동」, 『대한광복단학술회의』

김호일, 「일제하 대한광복단의 역사적 위상」, 『백산학보』 70, 2004.

김희곤 편, 『박상진자료집』, 독립기념관 한국독립운동사연구소, 2000.

김희주, 「대한광복단 연구」, 동국대학교 박사학위논문, 2003.

김희주, 〈일제하 채기중의 항일투쟁과 그 성격〉, 《동학연구》 17, 2004.

박맹진, 『고헌실기약초』, 1946.

박영석, 〈대한광복회연구 · 박상진제문을 중심으로〉, 《한국민족운동사연구》 1,
　　1986.

박영석, 〈대한광복회연구 · 이념과 투쟁방략을 중심으로〉, 《한국민족운동사연구》
　　15, 1997.

박종해, 〈항일구국운동의 원조 대한광복회 총사령장 박상진 의사〉, 《경주문화》 12,
　　2006.

박환, 〈대한광복회에 관한 새로운 사료 의용실기〉, 《한국학보》 44, 1986.

박환, 〈화사 이관구의 민족의식과 항일독립운동〉, 《숭실사학》 23, 2009.

양한위, 『양벽도공제안실기梁碧濤公濟安實記』, 연도미상.

오세창, 「벽도 양제안의 항일구국운동」, 『윤병석교수화갑기념 한국근대사논총』,
　　1990.

우재룡, 『백산실기』, 1955.

우재룡, 『우재룡은 고우 박상진의 약력을 수초』, 1946.

이관구, 『의용실기』, 연도미상

이성우, 「광복회연구」, 충남대학교 박사학위논문, 2007.

이성우, 〈대한광복회 만주본부의 설치와 활동〉, 《호서사학》 34, 2003.

이성우, 〈대한광복회 충청도지부의 결성과 활동〉, 《한국근현대사연구》 12, 2000.

이성우, 〈김좌진의 국내민족운동〉, 《호서사학》 44, 2006.

장석흥, 〈광복단결사대의 결성과 투쟁노선〉, 《한국근현대사연구》 17, 2001.

조동걸, 〈대한광복회 연구〉, 《한국사연구》 42, 1983.

조동걸, 〈대한광복회의 결성과 그 선행조직〉, 《한국학논집》 5, 1983.

조동걸, 『한국독립운동의 이념과 방략』, 독립기념관 한국독립운동사연구소, 2007.

3. 정부인가 독립운동 최고기관인가 | 대한민국임시정부 |

강덕상, 『여운형평전 1』, 역사비평사, 2007.

고정휴, 〈대한민국임시정부의 성립과정에 대한 검토〉, 《한국근현대사연구》 12, 2000.

고정휴, 〈대한민국임시정부의 통합정부 수립운동에 대한 검토〉, 《한국근현대사연구》 13, 2000.

고정휴, 〈삼일운동과 천도교단의 임시정부 수립구상〉, 《한국사학보》 3, 1998.

고정휴, 〈세칭 한성정부의 조직주체와 선포경위에 대한 검토〉, 《한국사연구》 97, 1997.

고정휴, 『이승만과 한국독립운동』, 연세대 출판부, 2004.

고정휴 외, 『대한민국임시정부의 현대사적 성찰』, 나남, 2010.

국사편찬위원회, 『한국독립운동사 자료』 1~2, 1970~1971.

김구, 『올바르게 풀어쓴 백범일지』, 너머북스, 2008.

김희곤, 『대한민국임시정부 연구』, 지식산업사, 2004.

김희곤, 『대한민국임시정부 1 상해시기』, 한국독립운동사편찬위원회, 2008.

김희곤, 〈신한청년당의 결성과 활동〉, 《한국민족운동사연구》 1, 1986.

박만규, 「초기 임시정부의 체제정비와 안창호」, 『도산사상연구』 4, 1997.

반병률, 「대한국민의회와 상해임시정부의 통합정부 수립운동」, 『한국민족운동사연구』 2, 1988.

반병률, 『성재 이동휘 일대기』, 범우사, 1999.

반병률, 「일제초기 독립운동노선논쟁」, 『동양정치사상』 5-2, 2005.

서희경, 〈대한민국 건국헌법의 역사적 기원〉, 《한국정치학회보》 40, 2006.

여운홍, 『몽양 여운형』, 청하각, 1967.

오영섭, 〈상해 임정내 이승만 통신원들의 활동〉, 《한국민족운동사연구》 52, 2007.

오영섭, 〈이승만의 대한민국임시정부 통치구상〉, 《한국민족운동사연구》 61, 2009.

윤대원, 『상해시기 대한민국임시정부 연구』, 서울대 출판부, 2006.

이애숙, 〈상해임시정부 참여세력의 대소 교섭〉, 《역사와 현실》 32, 1999.

이현주, 〈삼일운동 직후 국민대회와 임시정부 수립운동〉, 《한국민족운동사연구》, 1997.

이현주, 〈임시의정원 내 정치세력의 추이와 권력구도 변화〉, 《정신문화연구》 108, 2007.

정병준, 『몽양 여운형 평전』, 한울, 1995.

정병준, 『우남 이승만 연구』, 역사비평사, 2005.

주요한, 『안도산전서』, 범양사, 1990.

4. 일제의 심장에 폭탄을 던지다 | 의열단 |

김영범, 『한국 근대민족운동과 의열단』, 창작과비평사, 1997.

김영범, 『혁명과 의열』, 경인문화사, 2010.

김학준 편, 『혁명가들의 항일 회상』, 민음사, 1988.

님 웨일즈, 『아리랑』, 동녘, 1984.

박태원, 『약산과 의열단』, 백양당, 1947.

박한용, 〈혁명의 길은 파괴부터 개척할지니라〉, 《내일을 여는 역사》 제1호, 2000.

서중석, 『신흥무관학교와 망명자들』, 역사비평사, 2001.

손염홍, 〈1920년대 중국 지역에서 전개한 김성숙의 민족혁명과 사회주의운동〉, 《한국근현대사연구》 44, 2008.

송건호, 『의열단』, 창작과 비평사, 1985.

신복룡, 〈신채호의 무정부주의〉, 《동양정치사상사》 제7권 제1호, 2007.

염인호, 『김원봉연구』, 창작과비평사, 1993.

이종범, 『의열단 부장 이종암전』, 광복회, 1970.

이호룡, 〈류자명의 아나키스트 활동〉, 《역사와 현실》 53, 2004.

이호룡, 〈일제강점기 재중국 한국인 아나키스트들의 민족해방운동〉, 《한국민족운
　　　동사연구》 35, 2003.

최선웅, 〈1924~1927년 상해 청년동맹회의 통일전선운동과 대한민국임시정부〉,
　　　《한국근현대사연구》 44, 2008.

한상도, 『대륙에 남긴 꿈』, 역사공간, 2006.

황용건, 〈항일투쟁기 황옥의 양면적 행적 연구〉, 《안동사학》 13, 2008.

5. 민족해방과 공산주의 실현을 꿈꾸다 | 조선공산당 |

강호출, 〈재노령 고려공산당창립대표회준비위원회(오르그뷰로) 연구〉, 《역사와 현
　　　실》 28, 1998.

권희영, 『한인사회주의운동연구』, 국학자료원, 1999.

김준엽 · 김창순, 『한국공산주의운동사』 1~3, 청계연구소, 1986.

박종린, 〈1920년대 통일조선공산당의 결성과정〉, 《한국사연구》 102, 1998.

박철하, 〈북풍파 공산주의 그룹의 형성〉, 《역사와 현실》 28, 1998.

박철하, 〈1920년대 전반기 사회주의 청년운동과 고려공산청년회〉, 《역사와 현실》
　　　9, 1993.

박철하, 〈1920년대 전반기 조선공산당 창립과정, 꼬르뷰로국내부를 중심으로〉,
　　　『숭실사학』 제8집, 1994.

역사학연구소 편, 『한국공산주의운동사연구』, 아세아문화사, 1997.

우동수, 〈1920년대 말~30년대 한국 사회주의자들의 신국가건설론에 관한 연구〉, 《한국사연구》72, 1991.

윤석수, 〈조선공산당과 6 · 항일시위운동〉, 《역사비평》6, 1989.

이균영, 〈김철수 연구, 초기 공산주의운동사는 다시 써야 한다〉, 《역사비평》5, 1988.

이애숙, 〈1922~1924년 국내의 민족통일전선운동〉, 《역사와 현실》28, 1998

이준식, 『한국독립운동의 역사 43, 조선공산당 성립과 활동』, 독립기념관 한국독립 운동사연구소, 2008.

이현주, 『한국사회주의세력의 형성』, 일조각, 2003.

임경석, 〈서울파 공산주의 그룹의 형성〉, 《역사와 현실》28, 1998.

임경석, 〈운양 김윤식의 죽음을 대하는 두 개의 시각〉, 《역사와 현실》57, 2005.

임경석, 〈일제하 공산주의자들의 국가건설론〉, 《대동문화연구》27, 1992.

임경석, 『잊을 수 없는 혁명가들에 대한 기록』, 역사비평사, 2008.

임경석, 『한국독립운동의 역사 42, 초기 사회주의운동』, 독립기념관 한국독립운동 사연구소, 2008.

임경석, 『한국사회주의의 기원』, 역사비평사, 2003.

전명혁, 『1920년대 한국사회주의운동연구』, 선인, 2006.

〈조선공산당선언〉, 《불꽃》제7호, 1926(《역사비평》21, 1992에 수록).

지중세, 『조선사상범검거실화집』, 신광출판사, 1946.

6. 청년과 학생들은 왜 짱돌을 들었을까? | 성진회와 독서회 중앙부 |

고석규 · 김민영 · 박만규 · 박찬승, 『광주학생독립운동과 나주』, 경인문화사, 2001.

광주학생독립운동동지회 편, 『광주학생독립운동사』, 1996.

김성민, 「광주학생운동연구」, 국민대학교 박사논문, 2007.

김성민, 〈광주학생운동의 확산과 서울지역 시위의 성격〉, 《한국독립운동사연구》 20, 2003.

김성민, 〈1920년대 후반 광주지역 학생운동 조직의 발달〉, 《한국근현대사연구》 37, 2006.

김성보, 〈광주학생운동과 사회주의 청년학생조직〉, 《역사비평》 6, 1989.

김정화, 〈1920년대 중반 이후 학생운동 연구〉, 《한국독립운동사연구》 13, 1999.

김호일, 『한국근대학생운동사』, 선인, 2005.

역사문제연구소 편, 『한국근현대 지역운동사 2 호남편』, 여강, 1993.

이기호 편저, 『광주학생독립운동정사』, 민족사 바로찾기 연구원, 1998.

장석흥, 〈광주학생운동의 사회경제적 배경〉, 《역사비평》 6, 1989.

최성원, 『11·운동』, 대한교과서, 2004.

한국역사연구회 근현대청년운동사 연구반, 『한국근현대청년운동사』, 풀빛, 1995.

한국역사연구회 전남사학회 공편, 『광주학생운동연구』, 아세아문화사, 2000.

한규무, 『광주학생운동』, 한국독립운동사편찬위원회, 2009.

한규무, 〈성진회의 조직과 활동에 대한 재검토〉, 《한국독립운동사연구》 22, 2004.

한정일, 『일제하 광주학생민족운동사』, 전예원, 1981.

7. 한국인 공산주의자, 만저우의 전설이 되다 | 조국광복회 |

〈국경의 비적수괴 김일성회견기〉, 《삼천리》, 1937년 10월호.

기광서, 〈1940년대 전반 소련군 88독립보병여단 내 김일성 그룹의 동향〉, 《역사와 현실》 28, 1998.

김성호, 〈민생단사건과 만주 조선인 빨치산들〉, 《역사비평》 51, 2000.

김일성, 『항일연군 제1로군 약사』, 1942.

김춘선, 〈조선공산주의자들의 중공 가입과 '이중 사명' 연구〉, 《한국근현대사연구》
    38, 2006

성주현, 〈1930년대 천도교의 반일민족통일전선운동에 관한 연구〉, 《한국민족운동
    사연구》25, 2000.

신주백, 〈김일성의 만주항일유격운동에 대한 연구〉, 《역사와 현실》12, 1994.

신주백, 『만주지역 한인의 민족운동사 1920~45』, 아세아문화사, 1999.

신주백 편, 『1930년대 민족해방운동론 연구』, 새길, 1989.

와다 하루키, 『김일성과 만주항일전쟁』, 창작과비평사, 1992.

이덕일, 〈동북항일연군 창설 배경에 관한 연구〉, 《숭실사학》9, 1996.

이덕일, 〈민생단사건이 동북항일연군2군에 미친 영향〉, 《한국사연구》91, 1995.

이재화, 『한국근현대 민족해방운동사』, 백산서당, 1988.

이종석, 「북한지도집단과 항일무장투쟁」, 『해방전후사의 인식』5, 1989.

이준식, 「항일무장투쟁과 당건설운동」, 『일제하 사회주의운동사』, 1991.

한홍구, 「만주의 한국민족해방운동과 중국공산당」, 『한국민족운동사 연구의 역사
    적 과제』, 국학자료원, 2001.

한홍구, 「상처받은 민족주의-1930년대 간도에서의 민생단사건과 김일성」, 워싱턴
    대학교 박사학위논문, 1999.

황민호, 〈남만지역 중국공산당의 항일무장투쟁과 한인대원〉, 《한국민족운동사연
    구》31, 2002.

황민호, 〈동북항일연군의 민족운동사적 성격〉, 《한국민족운동사연구》26, 2000.

8. 여운형이라면, 회색도 좋고 흑색도 좋아 | 조선건국동맹 |

고하선생전기편찬위원회 편, 『독립을 향한 집념』, 동아일보사, 1990.

김사량, 『노마만리-김사량 작품집』, 동광출판사, 1989.

김순호, 〈독립할 때가 됐다, 각지에서 준비하라〉, 《민족21》, 2002년 5월호.

김인식, 『안재홍의 신국가건설운동』, 선인, 2005.

김인식 · 남광규 · 유병용, 〈해방 전후 중간파 민족주의의 성격〉, 《한국정치외교사
논총》 제29집 제1~3호, 2007.

김태준, 〈연안행〉, 《문학》 1, 1946~1947.

김학준 편, 『혁명가들의 항일 회상』, 민음사, 1988.

변은진, 〈일제말 비밀결사운동의 전개와 성격〉, 《한국민족운동사연구》 28, 2001.

변은진, 〈일제말 청년학생층의 국내외 항일운동세력에 대한 인식〉, 《한국학논총》
33, 국민대학교 한국학연구소, 2010.

여연구, 『나의 아버지 여연구』, 김영사, 2001.

여운홍, 『몽양 여운형』, 청하각, 1967.

여운형, 『조선독립의 당위성(외)』, 범우사, 2008.

윤덕영, 「일제하 해방직후 동아일보 계열의 민족운동과 국가건설노선」, 연세대학
교 박사학위논문, 2010.

이기형, 『몽양 여운형』, 실천문학사, 1984.

이동화, 〈몽양 여운형의 정치활동 (상)〉, 《창작과 비평》 제13권 제2호, 1978.

이만규, 『여운형 투쟁사』, 민주문화사, 1946.

이정식, 〈일제말기의 여운형과 일본〉, 《계간 사상》 50, 2001.

이정식 · 한홍구 편, 『항전별곡』, 거름, 1986.

정병준, 『몽양 여운형 평전』, 한울, 1995.

정병준, 『우남 이승만 연구』, 역사비평사, 2005.

정병준, 〈조선건국동맹의 조직과 활동〉, 《한국사연구》 80, 1993.

정병준, 『한국독립운동의 역사 56, 광복직전 독립운동세력의 동향』, 한국독립운동
사편찬위원회, 2009.

프롤로그 · 에필로그

님 웨일즈, 『아리랑』, 동녘, 1984.

박영석, 〈일제하 재만 한인의 독립운동과 민족의식〉, 《사학연구》 33, 1981.

이만규, 『여운형 투쟁사』, 민주문화사, 1946.

정순교, 『미래를 여는 한국의 역사』 4, 웅진지식하우스, 2011.

참고한 웹사이트

고하 송진우 기념사업회 http://www.goha.or.kr

국가보훈처 공훈전자사료관 http://e-gonghun.mpva.go.kr

국립중앙도서관 전자도서관 http://www.dlibrary.go.kr/JavaClient/jsp/
wonmun/index.jsp

국사편찬위원회 전자도서관 http://library.history.go.kr/index.ax

국사편찬위원회 한국사 데이터베이스 http://db.history.go.kr

국회도서관 http://www.nanet.go.kr/main.jsp

대한광복단기념관 http://www.kwangbokdan.com

도산안창호기념관 http://www.ahnchangho.or.kr

독립기념관 한국독립운동사 정보시스템 https://search.i815.or.kr

몽양 여운형 기념사업회 http://mongyang.org

백범학술원 http://www.kimkooin.org

서울대학교 규장각 한국학연구원 http://kyujanggak.snu.ac.kr

한국언론진흥재단 미디어 가온 http://www.mediagaon.or.kr

한국의 레지스탕스

지은이 | 조한성

초판 1쇄 발행일 2013년 4월 19일
초판 3쇄 발행일 2016년 4월 25일

발행인 | 박재호
편집 | 이둘숙
종이 | 세종페이퍼
인쇄 | 우진제책
출력 | ㈜상지피앤아이

발행처 | 생각정원 Thinking Garden
출판신고 | 제 25100-2011-320호(2011년 12월 16일)
주소 | 서울시 마포구 동교동 165-8 LG팰리스 1207호
전화 | 02-334-7932 팩스 | 02-334-7933
전자우편 | pjh7936@hanmail.net

ⓒ 조한성 2013 (저작권자와 맺은 특약에 따라 검인은 생략합니다)
ISBN 979-11-85035-00-0   03910

만든 사람들
기획 | 박재호
편집 | 윤정숙, 이둘숙
디자인 | 이석운, 최윤선